「卑弥呼の鏡」が解く邪馬台国

安本美典
Yasumoto Biten

中央公論新社

卑弥呼が、魏の皇帝から与えられた
100面の鏡の中にはいっていた可能性が、
きわめて大きい2面の鏡。

[写真A]
辺《へ》津《つ》鏡《かがみ》（直径9.5cm）
内《ない》行《こう》花《か》文《もん》昭《しょう》明《めい》鏡《きょう》
（籠神社歴代宮司家海部氏伝世鏡）

［写真B］
息津鏡《おきつかがみ》（直径17.5cm）
雲雷文長宜子孫銘内行花文鏡《うんらいもんちょうぎしそんめいないこうかもんきょう》
（籠神社歴代宮司家海部氏伝世鏡）

「辺津鏡」「息津鏡」と同種の鏡は、
中国の洛陽付近からも、出土している。

上 ［写真C］「辺津鏡」と同種の鏡（直径8.6cm）
内行花文昭明鏡
中国河南省洛陽市焼満村出土。
（写真は、『洛陽銅華』〔中国・科学出版社、2013年刊〕による）

下 ［写真D］「息津鏡」と同種の鏡（直径17.5cm）
雲雷文長宜子孫銘内行花文鏡
中国河南省陝県《せんけん》後漢後期墓出土。直径も、「息津鏡」と同じ17.5cmである。
（写真は、『中国銅鏡図典』〔中国・文物出版社、1992年刊〕による）

「辺津鏡」「息津鏡」と同種の鏡は、わが国の弥生時代、おもに北部九州から出土している。

上 ［写真Ｅ］「辺津鏡」と同種の鏡（直径9.0cm）
内行花文昭明鏡
佐賀県神埼郡吉野ヶ里町三津永田遺跡甕棺墓（弥生中期）出土。
（写真は、海部光彦編著『元伊勢の秘宝と国宝海部氏系図』
〔元伊勢籠神社社務所、2012年刊〕による）

下 ［写真Ｆ］「息津鏡」と同種の鏡（直径18.8cm）
雲雷文長宜子孫銘内行花文鏡
福岡県糸島市有田平原墳墓（弥生末期）出土。
（写真は、『平原遺跡』〔前原市教育委員会、2000年刊〕による）

目次

第2章　「辺津鏡」と「息津鏡」とにまつわる伝承　103

——尾張氏と海部氏の東遷

第3章　「邪馬台国東遷説」研究小史　137

——おもに、東大系文献史家たちの支持した説

「卑弥呼の鏡」が解く邪馬台国

この本を、亡き妻玲子に捧げる

はじめに

笠井新也氏は、徳島県の旧制脇町中学校（現・県立脇町高等学校）の国漢地歴の教諭であった。笠井新也氏は、邪馬台国研史上に残る大きな業績をあげた方である。

笠井新也氏は、卑弥呼を「わが古代史上のスフィンクス」とよび、およそつぎのようにのべる。

「邪馬台国と卑弥呼とは、『魏志倭人伝』中のもっとも重要な二つの名で、しかも、もっとも密接な関係をもつものである。そのいずれか一方さえ解決を得れば、他はおのずから帰着点を見出すべきものである。すなわち、邪馬台国はどこであるかという問題さえ解決すれば、卑弥呼が九州の女酋であるか、あるいは、大和朝廷に関係のある女性であるかの問題は、おのずから解決する。また卑弥呼が何者であるかという問題さえ解決すれば、邪馬台国が畿内にあるか九州にあるかは、おのずから決するのである。したがって、私は、この二つのうち、解決の容易なものから手をつけて、これを究明し、そののちに他に考えおよぶのが、怜悧な

研究法であろうと思う。」(「邪馬台国は大和である」〔『考古学雑誌』第一二巻第七号、一九二二年三月〕)

「思うに、『魏志倭人伝』における邪馬台国と卑弥呼との関係は、たがいに密接不離の関係にあり、これが研究は両々あいまち、あい援《たす》けて、初めて完全な解決に到達するものである。その一方が解決されたかに見えても、他方が解決しない以上、それは真の解決とは言いがたいのである。たとえば錠と鍵との関係のごとく、両者相契合《あいけいごう》(割符《わりふ》の合うように合うこと)して始めてそれぞれ正しい錠であり、正しい鍵であることが決定されるのである。」(「卑弥呼の冢墓と箸墓」〔『考古学雑誌』第三二巻第七号、一九四二年七月〕)

この笠井新也氏の提言は、「邪馬台国九州説」「邪馬台国畿内説」のどちらの立場に立つにせよ、守られていることが望ましい基本的なテーゼのように思える。

邪馬台国九州説において、おもに東大系の文献史家によって、根づよく支持されてきた説に、「邪馬台国東遷説」がある。この説では、卑弥呼のことが、神話化し、伝説化したものが、天照大御神であり、天照大御神のいた「高天の原《たかまのはら》」は、北部九州にあった邪馬台国の伝承化した姿で、のち、西暦三〇〇年前後に、邪馬台国の後継勢力が東に移動して、大和朝廷をたてた、と考える。

「邪馬台国東遷説」は、はじめ、東大の東洋史の教授であった白鳥庫吉《くらきち》氏によって示唆され、哲学の教授であった和辻哲郎氏によって体系的にととのえられ、日本史の井上光貞氏、東洋史の和田清《せい》氏、上代文学の専門家の金子武雄氏などの東大教授によって支持されてきた。（拙著『研究史 邪馬台国の東遷』〔新人物往来社、一九八一年刊〕参照）。

「邪馬台国東遷説」は、笠井新也氏の求める基本的なテーゼに合致する仮説のようにみえる。卑弥呼はだれか、という問題と、邪馬台国はどこかという問題とに、ともに答えている。そして、さらに、大和朝廷の成立事情についても説明する。

私は『邪馬台国への道』（筑摩書房、新書、一九六七年刊）、『卑弥呼の謎』（講談社現代新書、一九七二年刊）などをあらわし、数理統計学的年代論の立場から、「邪馬台国東遷説」を支持できることを示した。

すなわち、日本の天皇、中国の皇帝・王、西洋の皇帝・王などの「在位年数」を統計的にしらべると、つぎのようになることを示した。

(1) 天皇、皇帝、王などの「在位年数」は統計的にみると、日本、中国、西洋の三者で、ほとんど同じような傾向を示す。すなわち、「在位年数」は古代へさかのぼるにつれ、平均して短くなる傾向がはっきりとみとめられる。

(2) 存在と在位年数とが確実な天皇、皇帝、王のデータによるとき、日本のばあいも、中国のばあいも、西洋のばあいも、「十七世紀～二十世紀」の四〇〇年間の「平均在位年数」

は、二十三年ていどである。いっぽう、「一世紀〜八世紀」の八〇〇年間の「平均在位年教」は十年前後である。日本のばあい、たとえば「奈良七代七十年」といわれるように、八世紀の奈良時代の七天皇の平均在位年数は、一〇・五七年である。

(3)　このようなデータにより、代の数をもとに、天皇などの在位時期を推定して行けば、卑弥呼と天照大御神とは、活躍年代が重なる。神武天皇の活躍年代は西暦三〇〇年前後となる。すなわち、大和朝廷のはじまりは、すべての天皇の実在をみとめても、邪馬台国時代よりもあとのこととなる。

最近になり、以上のような「邪馬台国東遷説」を支持するような重要な二つの事実に気がついた。

その二つの事実について、少しくわしくお話するのが、本書の眼目である。

この二つの事実は、やや奇跡的で、結論だけを聞けば、ちょっと、容易には信じられないような事実である。しかし、この本を読み終えていただけば、なっとくしていただけると思う。

第Iの事実

「魏志倭人伝」によれば、魏の皇帝は、倭王卑弥呼に「銅鏡百枚」を与えた。その「百枚」の鏡のうちの二枚の鏡で、卑弥呼の手にしたものが、尾張《おわり》氏、海部《あまべ》氏の家で、代々伝えられ、千七百年以上の時をへて、その写真をいまこの本でみることができるという事実である（巻頭写真A・B参照）。

この二枚の鏡は、京都府の元伊勢籠《もといせこの》神社の宮司家に、国宝海部氏系図とともに、うけつぎ伝えられてきたもの（伝世品）である。

伝承によれば、この二枚の鏡は、天照大御神から尾張氏の祖先の天《あめ》の火《ほ》の明《あかり》の命《みこと》（たんに、「火の明の命」とも「火明《ほあかり》の命《みこと》」ともいう）に与えられたものであるという。

そして、この二枚の鏡は、あきらかに中国で作られた鏡で、同種の鏡が、魏の国の都洛陽《らくよう》に存在していたとみられる鏡である。

天照大御神が、中国と外交関係をもっていた？　神話の中から、ぬっと現実の中国鏡が出現する。この事実は、天照大御神こそが、史的事実である卑弥呼と重なりあう存在と考えることによって説明できる事実であるようにみえる。

元伊勢籠神社の宮司家の海部氏は、尾張氏の別名か、または、尾張氏の子孫とみられる。

第Ⅱの事実

数理統計学的年代論によって、卑弥呼と天照大御神の年代がほぼ重なりあうことが示された。

ところが、数理統計学的年代論とは異なる「パラレル年代推定法」と名づけられるものを考えると、ほとんどピンポイントで、正確に、卑弥呼と天照大御神との時代が重なる。

日本の天皇も、中国の皇帝・王も、古代にさかのぼるにつれて、在位年数が、平均して短くなる傾向がみとめられる。

確実な歴史時代のデータにもとづくとき、その傾向の類似性は顕著である。

そこで、つぎのような「パラレル年代推定法」を考える。

わが国は、魏の国、そして、魏の国のつぎの西晋の国、そのつぎの東晋の国、そしてそのつぎの南朝宋の国と外交関係をもった。

日本の第21代雄略天皇は、西暦四七八年に、南朝宋の国と外交関係をもった倭王武のこととみられる。このときの南朝宋の国の皇帝は、第8代皇帝の順帝準《じゅん》（在位四七七年〜四七九年）である。

中国の皇帝の在位時期は、史書により明確である。

そこで、中国の皇帝の在位時期を手すりとして古代への階段をのぼる。天皇の代を、一代さかのぼるごとに、中国の皇帝の代も、一代さかのぼらせる。すると、雄略天皇から、二十五代前の天照大御神の時代は、中国の皇帝では、ちょうど魏の斉王芳《せいおうほう》（在位二三九年〜二五四年）の時代にあたる。そして、この斉王芳の時代の二三九年（景初三年）、二四三年（正始四年）に、卑弥呼は、魏に使いをつかわしている。

つまり、天照大御神と卑弥呼の時代とが、重なりあう。そして、天照大御神も、卑弥呼も、ともに、女性とされている。

もし、天照大御神が、のちの時代に創作された神ならば、なぜ、ちょうど卑弥呼と時代があうのか。また女性の神であるのか。

わが国最初の女帝は第33代の推古天皇（在位五九三～六二八）である。

中国の長い歴史上、唯一の女性皇帝は、唐の高祖の皇后、在位六八九～七〇五）である。

推古天皇も、則天武后も、ともに、中国の唐の国（六一八～九〇七）のころの人である。「物語の祖《おや》」といわれる『竹取物語』が成立するのが、平安時代の初期である。それ以前の日本人が、天照大御神を中心とする長大な神話を創作する力をもちえたであろうか。

以上の、第Ⅰ、第Ⅱの二つの、かなり特異な事実は、「邪馬台国東遷説」の成立の可能性、邪馬台国北部九州説成立の可能性を大きくするものとみられる。また、わが国の古代史を考えるにあたっての、年代論にもとづく、基本的な骨格をもたらすものとみられる。

以上が本書をまとめる理由である。

なお、古代の天皇、皇帝、王などの「平均在位年数」は、当時の「平均寿命」と関係しているとみられる。

わが国が、外交関係をもった中国の、魏・西晋・東晋の三王朝の、皇帝になった人の「平均寿命（没年時平均年齢）」は、しらべて計算してみると、三十六歳である。わが国の古代の天皇などの「平均寿命」も、中国と、それほど変らなかったとみられる。

卑弥呼のあとつぎの宗女（同族のむすめ）、台与《とよ》は、年十三歳で、女王となっている。中国の魏、西晋、東晋のいずれの王朝でも、十代で皇帝になっている例がみられる。

「平均寿命」や、天皇、皇帝、王などの「平均在位年数」は、大きくみれば、その国や社会の、文化・文明の発展のていどと関係しているようにみえる。

第1章

「卑弥呼の鏡」出現!!

天《あめ》の火《ほ》の明《あかり》の命《みこと》の子孫の海部《あまべ》氏が伝えてきた鏡

京都府の丹後半島のつけ根にある元《もと》伊《い》勢《せ》籠神社《このじんじゃ》の神職家で代々伝えられてきた鏡に、「辺津《へつ》鏡《かがみ》」と「息津《おきつ》鏡《かがみ》」とがある。

「辺津鏡」や「息津鏡」と同じタイプの鏡の考古学的出土状況では、北部九州、とくに福岡県を中心とし、そこを震源地とするような県別分布を示している。

そのような鏡が、なぜ、北部九州から遠くはなれた京都府にある神社に伝えられているのか。

この謎を解くことが、邪馬台国問題をはじめ、数々の日本古代史の謎を解く鍵となる。

奇跡の二面の鏡

私は、本書で、これから、日本の古代史についての、かなり奇跡的な出来ごとについて、お話ししようと思う。結論だけをさきに聞けば、「え⁉」と思うような、ちょっと、容易には信じられないような話である。

それは、いわゆる「魏志倭人伝」に記されている「魏の皇帝が、倭の女王卑弥呼に与えた」とされる百枚の鏡のうちの二枚が、尾張《おわり》氏の祖先の天《あめ》の火《ほ》の明《あかり》の命《みこと》（饒速日《にぎはやひ》の命《みこと》と重なる可能性がかなりある）に与えられ、それが、現代まで伝えられ、その写真を見ることができる、という話である。この本の巻頭に示した二枚の写真がそれである。

卑弥呼が見て、手にしたはずの二枚の鏡が、一七〇〇年以上の時空を超えて現代に伝えられている。その写真が、目の前にある。このような話が、そうとうに確実な根拠をもつことを、この本で、お話ししようと思う。

この本でのべる話は、すでに、朝日カルチャーセンター新宿教室や、私の主宰している「邪馬台国の会」の講演会で、お話しした。「おもしろい」という意見をのべて下さった方はおられても、とくに大きな異論や疑問などが提出されることはなかった。

これらの講演会の受講者の中には、かなりよく勉強、研究しておられる方々もすくなくない。中には、古代史関係の著作をあらわしている方などもおられる。

この本でお話しする内容に、やや近い奇跡的なことは、旧大陸の東のはての海の上に浮かぶわが国では、ときどきおきている。

たとえば、すくなくとも、確実に一五〇〇年以上つづく王家である皇室が、現在も、日本を代表する「天皇」の母体であることは、世界に例がない。奇跡的な話である。しかし、厳然たる事実である。天皇家の祖先の姿は、神話の中に没する。

また、西暦五七年に、後漢の光武帝から、「漢の倭《わ》の奴国王《なこくおう》」に与えられた金印が、江戸時代に、九州の志賀島《しかのしま》から出土している（この金印については、一部に、江戸時代に制作された偽造物とする見解がある。しかし、実印説は、そうとうに根拠をもつ。これについては、拙著『真贋論争「金印」「多賀城碑」』〔勉誠出版、二〇一五年刊〕参照）。

また、天照大御神《あまてらすおおみかみ》が、いわゆる天孫降臨のさい、「八咫の鏡《やたのかがみ》」を、天孫瓊瓊杵の尊《ににぎのみこと》に与えている。「八咫の鏡」は、王権のシンボル「三種の神器」の一つである。「三種の神器」は、歴代の天皇が、受けついできたとされる。

「八咫の鏡」は、三重県の伊勢市にある皇大神宮に伝えられ、祭られていることになっている。

しかし、伊勢の皇大神宮は、歴史上、しばしば、火災などにあっている。

伊勢の皇大神宮の火災などについては、つぎのような記録が残っている。

〔伊勢の皇大神宮の火災〕

(1)　七九一年（延暦《えんりゃく》十）八月三日。夜、盗人《ぬすびと》がはいり、伊勢神宮の正殿一棟、財殿《たからどの》二棟、御門三棟、瑞垣《みずがき》一重を焼いた。（『続日本紀』）

(2)　七九一年（延暦十）八月五日。夜、子《ね》のとき（十二時ごろ）、太神宮正殿、東西の宝殿、また、重々の御垣門および外院の殿舎など、あわせて、地を掃って焼き失なわれた。八咫の鏡も、左右の相殿《あいどの》のご神体も、ともに猛火につつまれた。八咫の鏡が飛び出して、まえの黒山のいただきで、光明をはなってかかっていた。種々の神宝など、千万が焼けうしなわれた。盗人の炬火《かがりび》による。（『大神宮諸雑事記』。(1)(2)は、同一の事件の記載とみられるが、日づけが二日ずれている。いずれかが、日を書き誤っているとみられる。『兵範記《ひょうはんき》』に、この事件についての太政官府の引用があり、八月三日が正しいとみられる。）

(3)　一〇七九年（承暦《じょうりゃく》三）二月十八日。未《ひつじ》のとき（午後二時ごろ）、大神宮内宮《ないくう》、外院《げいん》六十余棟が、地をはらって焼け失なわれた。（『扶桑略記』）

(4)　一一六八年（仁安三）十二月二十一日。申《さる》のとき（午後四時ごろ）、出火。正殿をはじめ、西宝殿、ならびに中外院殿舎、御垣門、鳥居、神職の人たちの宿館などが、地をはらって焼け失せた。八咫の鏡と、左右の相殿および荒祭宮のご神体はとりだすことができた。

（『兵範記』）

もともとの「八咫の鏡」は、焼失している可能性がある。

また、現在伝えられている「八咫の鏡」の写真などは、公開されていない。

「八咫の鏡」については、拙著『日本神話120の謎——三種の神器が語る古代世界——』（勉誠出版、二〇〇六年刊）の中で、ややくわしく検討したことがある。

さらに、「三種の神器」の一つで、神話時代から伝えられているものとして、「草薙《くさなぎ》の剣《つるぎ》（天《あめ》の叢雲《むらくも》の剣《つるぎ》ともいう）」がある。

高天の原で乱暴をはたらきすぎた須佐《すさ》の男《お》の命《みこと》は、神々によって、高天の原から追放される。

追放された須佐の男の命は、出雲の国の鳥髪《とりかみ》の地に降《くだ》る。

須佐の男の命はこの地で、八俣《やまた》の大蛇《おろち》を退治する。大蛇の尾から、草薙《くさなぎ》の剣《つるぎ》をうる。この剣は、現在名古屋市の熱田神宮《あつたじんぐう》の御神体として存在している。

現在、私たちは、草薙の剣を、自由にみることはできない。しかし、草薙の剣を見た、という記録は、いくつか残っている。

一八九七年（明治三十）、東京帝国大学の栗田寛《くりたひろし》教授が、『神器考証』という本を書いている。この本は後に発禁本（皇室の尊厳をおかすため）となっているが、この中で栗田教授は、江戸時代において、垂加神道の学者・玉木正英《まさひで》（一七三六年没）がその著『玉籤集《ぎょくせんしゅう》』の裏書（吉田家蔵）に、熱田大宮司社家四、五人が志を合わせて、草薙の剣を見たということを記した記事を引用して、そのことを紹介している。

御神体についてこう述べている（文章の一部に傍線を引き、その部分の文字をゴシックにしたのは、安本。以後の引用文でも同じ）。

「御神体は長さ二尺七、八寸計《ばか》り、刃先は菖蒲《しょうぶ》の葉なりにして、中程はむくりと厚みあり、**本《もと》の方六寸ばかりは、筋立ちて魚などの脊髄の如し**、色は、全体白しという。大宮司窺《うかが》ひ奉ること神慮に叶《かな》はざるにや、不慮の事にて流罪される。其の余も重病悪病にて亡び、其の内一人幸に免れて、此事《このこと》を相伝せり。（神体は、**長さ二尺七、八寸（八十一センチ～八十四センチ）ほど**、刃先は、菖蒲の葉のような形で、中ほどは、むくりと厚みがある。本《もと》のほう（つかのほう）六寸（十八センチ）ほどは、筋立っていて、**魚などの背骨のようであった**。色は、全体に白かったという。大宮司がうかがい見たことは、神のお心にかなわなかったのであろうか。不慮のことで、流罪となった。その他の人々も、重病や悪病でなくなり、そのうちの一人が、さいわいに生き残って、このことを、あい伝えた。）」

草薙の剣についても、さきに紹介した拙著『日本神話120の謎』の中で、ややくわしく検討した。

また、鳥髪の地はどこか、草薙の剣は、鉄製なのか、銅製なのか、などについては、拙著『邪馬台国と出雲神話』(勉誠出版、二〇〇四年刊)の中でややくわしく議論している。

草薙の剣も、写真などは、公開されていない。

以上のように見てくると、神話の時代からの伝世品(親から子へ、などの形で伝わったもの)などで、その写真などが公開されており、それにもとづき、くわしく検討できるのは、この本でとりあげる京都府の元伊勢籠《もといせこの》神社宮司家、海部《あまべ》氏の伝世鏡だけのようにみえる。

元伊勢籠神社の伝世鏡問題について検討しておくことは、「三種の神器」についての検討や、さらには、邪馬台国問題をはじめ、日本古代史全体の解明に、大きなヒントを与える可能性がある。

神話・伝承のなかの史実

ここで、あらかじめ議論をしておきたい重要な問題がある。

それは、現在、世界の考古学において主流となっている考え方と、第二次世界大戦後のわが国の考古学においてかなり盛んな考え方とでは、基本となる考え方が、大きく異なることである。

現在の、世界で基準となっている「考古学」は、ギリシャ、ローマの考古学や、『聖書』の考古学などが母体となったものである。**その考古学は、神話、伝承といったものにみちびかれて成立したものであった。**このことを忘れてはならない。

このことは、たとえば、『世界考古学事典　上』（平凡社）で、「シュリーマン」の項を引くと、つぎのように記されているとおりである。

「（シュリーマンは、）ホロメスの世界は虚構ではなく、実在したことを明らかにした。彼の研究が契機となって、それまで別々の学問とされていた先史学と古典考古学とは、考古学という一つの学問体系に統一される機運が生じた。」

シュリーマンは、神話伝説で語られてきた古代ギリシャ文明が、考古学の対象となりうるものであることを示した。

世界基準の「考古学」を知るために、まず、三人の、西洋史学者、西洋人史学者の見解を紹介しておこう。

(1)　村田数之亮《かずのすけ》氏の見解

シュリーマン著の『古代への情熱――シュリーマン自伝――』（岩波書店、一九五四年刊）の訳者であり、『沈黙の世界史3　ギリシア　英雄伝説を掘る』（新潮社、一九六九年刊）の著者であり、C・W・ツェーラムの名著『神・墓・学者』（中央公論社、一九六二年刊）の訳者であり、エーゲ文明の研究者であった村田数之亮《かずのすけ》氏*は、かつて、私が拙著を贈呈したさいに、お手紙を下さった。そのなかで、つぎのようにのべておられる。

「なぜ、わが国では、伝承がすべて虚構だとしりぞけられるのかと、ギリシアのばあいとくらべて、その拒否反応というか潔癖というか、そんなものの強さが、私には異常なような気がしております。ギリシアのばあいとは、伝承の成立が異なるにしてもなぜ伝承のなかになにか真なるものを探ろうとする態度が認められないのかと、日ごろ感じておりました。」

村田数之亮氏は、その著『英雄伝説を掘る』の中で記している。

「伝説（伝承）というものには、なんらかの真実があることを、つまり、伝説にたいする正しい態度を後世に教えた点にこそシュリーマンの直観の意義を認めたいのである。」

(2)　サンソム卿の見解

イギリスの外交官で、長く日本に滞在し日本研究家となり、アメリカのコロンビア大学やスタンフォード大学の教授となった人に、サンソム*という人がいる。

この人の著書に、『日本史（A History of Japan）』という本がある。

東京大学の教授であった日本史家の坂本太郎氏は、「『サンソム卿の日本史』第一巻を読んで」（坂本太郎著作集　第十一巻『歴史と人物』〈吉川弘文館、一九八九年刊〉373ページ以下）という文章で、サンソムの『日本史』第一巻の、要領のよい紹介をしておられる。つぎのようなものである。

「かつて英国の駐日商務参事官として永らく日本に在留し、いまはアメリカのスタンフォード大学にいられるジョージ・サンソム卿が畢生の著述として、『日本史』三巻を計画し、その第一巻を出版されたことは、かねて聞き及んでいたが、このたびその書物を読む機会に恵まれた。

サンソム卿は、サトウ、アストンなどと続く英国における日本学の伝統をうけついだ真摯な学者で、世界史的な見地から日本の歴史、文化を論ぜられた著書はすでに幾つか公にされており、全世界に令名の高い日本学者である。いま、『日本史』第一巻を読んで、日本に対する理解の深さ、比較史的な視野の広さ、対象把握の的確さに、感嘆の思を深くしたが、わけても私の感銘の禁じ得なかったものが一つある。それは、戦後の新しい日本の歴史叙述、

＊村田数之亮（一九〇〇〜一九九九）東京大学西洋史学科卒業。大阪大学名誉教授、甲南大学教授など。西洋古典考古学専攻。
＊ジョージ・サンソム（Sir George Bailey Sansom　一八八三〜一九六五）イギリスの外交官、日本研究家。コロンビア大学教授、のち、スタンフォード大学教授。著書に、『日本文化史』など。

歴史認識に対する鋭い警告と考えられる数々の叙述をしていることである。以下、その二、三の例をあげよう。

周知のように、戦後のわが史学界は、古代史の叙述において、神経質に過ぎるくらい、神話・伝説を排除し、考古学の成果ばかりに依存して、古代史の骨格を作り上げた。科学主義に徹するとき、一応このような立場は支持されようが、しかし考古学だけで歴史は成り立たない。しいていえば、歴史の骸骨はできるかもしれない。けれど、血肉の通った歴史は生れてこない。神話・伝説を毛ぎらいした歴史は、まさに角をためて牛を殺した愚者のたとえにぴったりだと、私は思っていたのである。」

「神武東征、日本武尊の遠征などの物語は、こまかに委曲を叙述して、それが歴史事実の反映であることをみとめる。九州にあった邪馬台国の勢力が東に進んで、畿内の大和の勢力となった。その東遷の事実が、神武天皇東征の物語となって伝えられたというのである。神代の物語も、『国民、その風俗、信仰』の条で、こまかに取り上げられ、日本歴史を動かした基底の力がそこにあることに注意する。要するに、神話・伝説はおちなく紹介され、合理的に解釈せられて古代史の初めを飾っているのである。」

このように、サンソム卿は、邪馬台国東遷説の立場をとり、神武東征の時期が、邪馬台国の時代のあとであるとするのである。

なお、坂本太郎氏は、東大の史料編纂所の所長をされた方である。わが国において、『古事記』『日本書紀』をはじめとする古文献・諸史料に、もっとも広く、かつ深く目を通された方の一人といってよい。

(3) 林健太郎氏の見解

西洋史学者で、東京大学の学長もされた林健太郎教授*は、その著『歴史と体験』(文藝春秋社、一九七四年刊)の中で、拙著の『神武東遷 数理文献学的アプローチ』(中央公論社、中公新書、一九六八年刊)をとりあげ、その方法論の大略を紹介されたのち、つぎのように述べておられる。

「私もこれが今日の史料学の正しいあり方であると思う。かつての史料学の素朴実証主義は正《まさ》に『樹を見て森を見ない』危険性を包蔵しているのである。」

素朴実証主義的文献批判学は、かつて、十九世紀に、西欧において盛んであった文献学である。

わが国において、素朴実証主義的文献批判学の立場をとった学者の代表的人物が、早稲田大学の教授などであった津田左右吉《つだそうきち》氏(一八七三〜一九六一年)である。

*林健太郎(一九一三〜二〇〇四)東京大学卒。西洋史学者。東京大学学長、参議院議員(自民党)など。

林健太郎氏は、学園紛争はなやかなりしころ、学生との長時間の団交にあたり、また、自民党の参議院議員などもされたので、右翼的なイメージの強い方である。しかし、もともとは、唯物史観の立場から研究をはじめた方である。第二次大戦後も、しばらくは、左翼的な立場にたっていた方である。左翼思想にも、理解のある方で、また、西洋史学が専門で、その動向に、深い学識をもつ方である。その一端は、「林健太郎氏は語る　戦後日本史学の問題点」（『季刊邪馬台国』21号、一九八四年刊）と題する対談で、うかがうことができる。

林健太郎氏は、この対談のなかで、シュリーマンのトロヤの発掘、エバンスのクレタ島のクノッソスの発掘、『聖書』と考古学との関係などを、ややくわしく紹介しておられる。

そして、林健太郎氏はのべる。

「戦前津田史学に対しても批判的な見解がありましたし、別の角度からの研究もありました。しかしそれが、敗戦後極端なもとの素朴実証主義へ逆もどりした。」

村田数之亮氏、林健太郎氏の二人の西洋史学者は、戦後日本の史学のあり方を、「異常」で、「極端」と述べているのである。

「考古栄えて記紀滅ぶ」ということばがある。

極端な見解でも、多数意見になると、それが自然な見解のように見えてしまうものである。

しかし、「旧石器捏造《ねつぞう》事件」などは、日本考古学が、「みんなで間違える」体質をもっていることを、極端な形で示している。

ただ、考古学者でも、同志社大学の教授であった森浩一氏*は、のべている。

「後藤（守一）先生は「三種の神器の考古学的検討」という論文を雑誌『アントロポス』に発表し、翌年には『日本古代史の考古学的検討』（山岡書店）という冊子風の単行本にその論文を収めた。先生の知識の豊かなことや自由な発想に、当時十八歳の僕は驚嘆した。もちろん先生の勇気にも感心した。

僕は考古学だけでは歴史にせまれないことを、この本によってさらに痛感した。神話をも含め『古事記』や『日本書紀』からも信頼できる文献資料を見いだし、考古学資料と総合した時に初めて本当の歴史は描ける。」（『森浩一の考古交友録』朝日新聞社、二〇一三年刊、137ページ）

私は、森浩一を、全体をよく見る幅の広い考古学者であったと思う。

私は、神話・伝説を信じましょう、とのべているのではない。

神話、伝承は、古代史解明の重要な手がかり、古代史の大すじについての重要な「仮説」を

＊森浩一（一九二八～二〇一三）考古学者。同志社大学卒業。同志社大学教授、同大学名誉教授など。南方《みなかた》熊楠《くまぐす》賞受賞。

もたらす宝庫であることをのべているのである。

神話・伝承は、史実が核になっていることがある。神話・伝承にもとづいて「仮説」をたて、そこに史実の核が含まれているか否かを、「検証」して行きましょう、とのべているのである。シュリーマンは、「発掘」によって、神話・伝説のなかの「史実」を「検出」した。「検出」の方法は、「発掘」以外にも、さまざまなものがある。中国の文献や資料（墓誌など）に記されている年代、統計学的推定論（確率論にもとづくもの）、鏡の銅にふくまれている鉛の同位体比分析、……など。それらによって、「史実」を「検出」して行きましょう、とのべているのである。

京都府の元伊勢籠神社の宮司家に、魏の時代、卑弥呼の時代のものとみてもおかしくない「二枚の鏡」が、たしかに、現在でも、「存在」している。これは、厳然たる事実である。

「二枚の鏡」については、それにまつわる神話・伝説もある。

なぜ、この「二枚の鏡」は、そこに存在しているのか、それにまつわる神話・伝説は、なにを語るのか。他の資料なども考慮して、鏡の由来をたずねようというのが、この本の趣旨である。

京都府「元伊勢籠神社《もといせこのじんじゃ》」の二面の鏡

長くのびた京都府。その北部は、丹後半島として、日本海につき出ている。その丹後半島のつけ根の宮津市の大垣に、「元伊勢籠神社《もといせこのじんじゃ》（たんに、籠神社《このじんじゃ》ともいう）」がある（地図１参照）。そのすぐ南の目の前に、日本三景の一つ「天《あま》の橋立《はしだて》」が連なる（地図２参照）。

元伊勢籠神社は、丹後の国の一の宮（各国の由緒があり、信仰のあつい神社で、その国の一位のもの）である。

いわゆる「式内社《しきないしゃ》」で、『延喜式』の神名帳《じんみょうちょう》の与謝《よさ》郡の筆頭に、「籠神社」と記されている。現在の神社がある場所の西側は、丹後の国の国府の所在地で、古代・中世を通じて、丹後の国の中心地であった。

この神社は、別名を、与謝宮《よさのみや》、吉佐宮《よさのみや》といい、「お伊勢様のふるさと」といわれている。

なお、丹後の国は、もともとは、丹波《たんば》の国に属していた。七一三年（和銅六）に、丹波の国の五郡を割《さ》いて、丹後の国が成立した。本書では、七一三年の分割以前の丹波の国を、分割以後の丹波の国と区別して、「旧丹波の国」と呼ぶことにする。

昭和六十二年（一九八七）十月三十一日に、突如この神社に伝世されている二つの鏡が発表

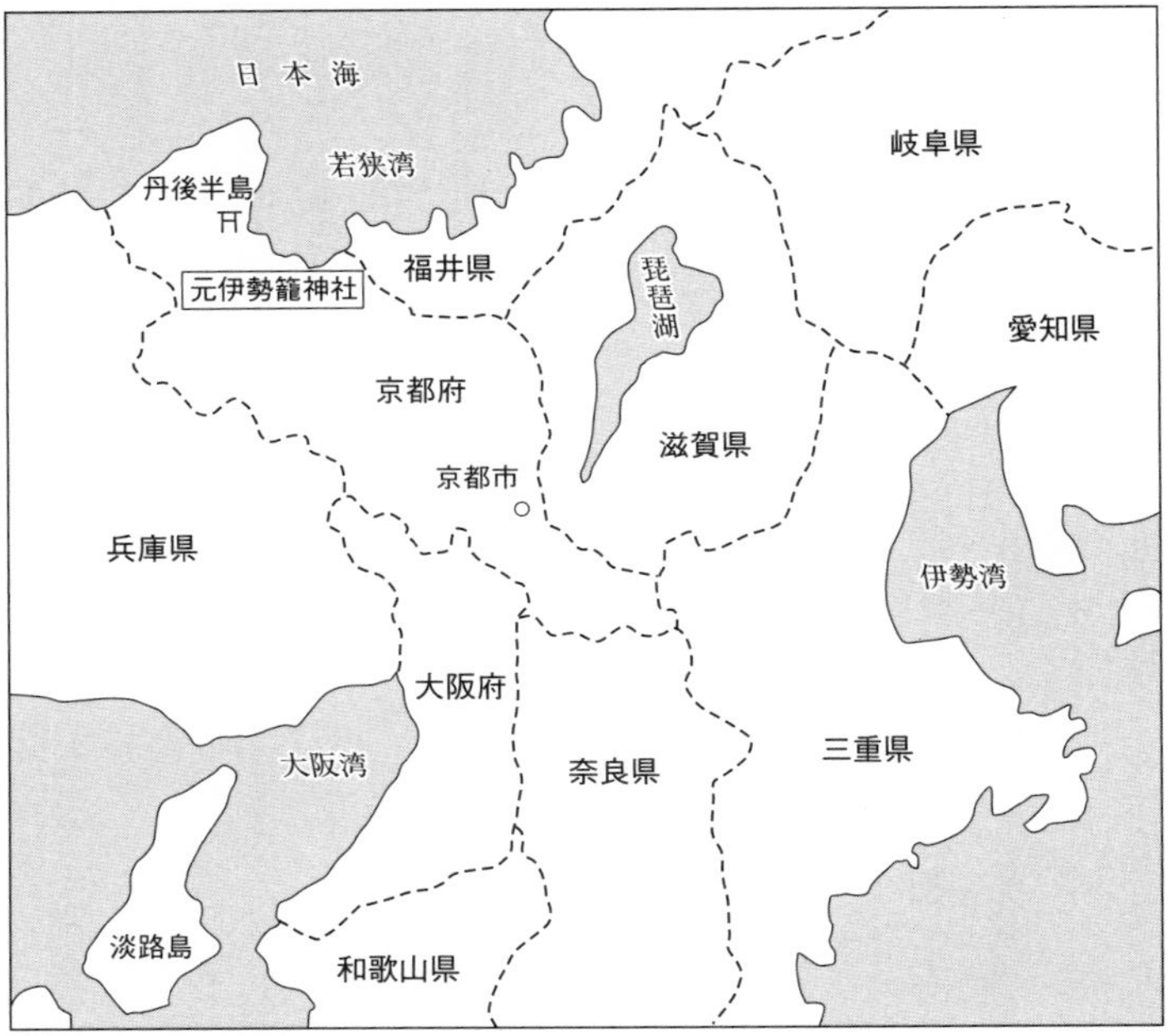

地図1　元伊勢籠神社の位置（1）

された。

元伊勢籠神社の祭神については、諸説あるが、現在は、天照大神・豊受《とようけ》の大神《おおかみ》・天《あめ》の水分《みくまり》の神《かみ》で、海部《あまべ》氏の祖の彦火《ひこほ》の明《あかり》の神《かみ》と氏神の住吉神とをあわせまつっている。

この神社は、貞観《じょうがん》十三年（八七一）から元慶《がんぎょう》元年（八七七）のあいだに記された日本最古の系図ともいわれる、「海部氏系《あまべしけい》図《ず》（本系図）」一巻のあることで著名である。「海部氏系図」は、それに付属する江戸時代初期に書写された「海部氏勘注《あまべしかんちゅう》系図《けいず》」一巻とともに、国宝に指

地図２　元伊勢籠神社の位置（２）

地図３　元伊勢籠神社と、主要な神社との位置

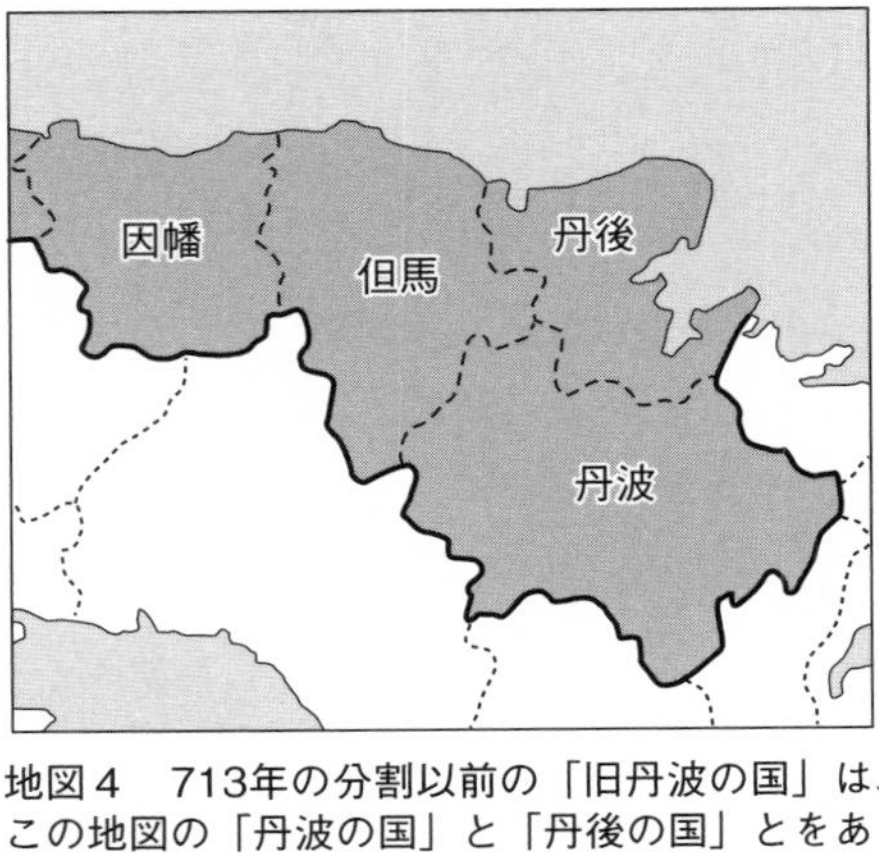

地図４　713年の分割以前の「旧丹波の国」は、この地図の「丹波の国」と「丹後の国」とをあわせた地域

定されている。

国宝の「海部氏系図」「海部氏勘注系図」については、『元伊勢の秘宝と国宝海部氏系図』（改訂増補版、海部光彦編著、元伊勢籠神社社務所、二〇一二年刊）に、つぎのようにのべられている（一部の漢字をかなに改めた。また、括弧内は安本が補った）。

「国宝海部《あまべ》氏系図に就《つ》いて

これは昭和五十一年（一九七六）六月に、現存する日本最古の系図として国宝に指定された。同系図は平安時代初期貞観《じょうがん》年中（八五九〜八七七）に書写されたいわゆる祝部《はふり》系図（本系図）と、江戸時代初期に書写された勘注系図（丹波国造本記）とからなる。本系図は始祖彦火の明の命から平安時代初期に至るまで縦一本に、世襲した直系の当主名と在位年月だけを簡潔に記したいわゆる宗主系図であり、稲荷山鉄剣銘とよく似た様式で、竪《たて》系図のもっとも古い形を伝えたものといわれる。各当主名の上に押された二十八カ所にも及ぶ朱印は、今まで未解明であったが、昭和六十二年（一九八七）夏、美術印刷に秀れた便利堂の色分解による解析写真撮影で印影が浮かびあがり、これを中世文書の権威村田正志博士が見事に解読して、「丹後國印」の文字であることが判明した。

これによって当系図は海部氏がわたくしに作成したものでなく、これを作成の後に丹後国庁に提出して認知を受け、さらにそれを大和朝廷に差し出したいわゆる本系帳の副本であり得ることが証明され、国家公認のものとしてその権威が一段と高まったのである。

一方海部氏勘注系図は、始祖以来平安初期までの系譜が省略なく記載され、これに当主の事績を始め兄弟などの傍系に至るまで詳密な注記が付されているが、その中には他の古記録には失なわれている古代の貴重な伝承も含まれているといわれ、今学界の注目を浴びている。

元伊勢の創祀以来の祀職である海部《あまべ》氏は神代以来血脈直系で世襲し、大化改新以前は（旧）

丹波国造であったが、その後祝部《はふり》（神職）となり、現宮司に至り八十二代と伝えられる。」

海部氏の系図については、金久与市著『古代海部氏の系図』（学生社、一九九九年刊）などの本もでている。

まず、この「第1章」では、元伊勢籠神社の宮司家、海部《あまべ》氏に伝世された「辺津鏡《へつかがみ》」と「息津鏡《おきつかがみ》」とについては、中国の魏の時代、そして、卑弥呼の時代に、中国においても、わが国においても、同種の鏡が、たしかに「存在」していたことを「証明」する。

「辺津鏡《へつかがみ》（邊津鏡）」

「辺津鏡」をとりあげる。

「辺津鏡」は、「昭明鏡（明光鏡ともいう）」とよばれる類の鏡である。

「昭明鏡」については、大塚初重・戸沢充則共編の『最新日本考古学用語辞典』（柏書房、一九九六年刊）の、「明光鏡」の項に、つぎのように説明されている。

「**明光鏡**　めいこうきょう　中国・前漢鏡の1型式で、銘帯に楔形体《せっけいたい》・ゴシック体によって『内清質以昭明光輝象夫日月』という銘文を入れることからこう呼ばれる。異体字銘帯鏡に含まれ、昭明鏡ともいう。平縁・半球鈕《ちゅう》をもち、面径11～12㎝ほどのやや小形のものである。内区は内行花文となりその外側に銘帯がまわる。前漢中期に日光鏡とともにあらわれ、前漢末期に盛んにつくられた。日本では弥生中期後半から後期前半の甕棺の副葬品として出土することが多い。」

この説明文のうち、「前漢鏡」「異体字銘帯鏡」「内行花文」などについては、同じ辞典で、別に項目をたてて説明がある。

「前漢鏡」の項では、「弥生時代中期後半に清白鏡・日光鏡などの前漢鏡が舶載（輸入）された。」などの説明がある。

「異体字銘帯鏡」の項では、「前漢鏡のうち、銘帯を主文様としたものの総称。このなかには清白鏡・日光鏡・明光鏡・昭明鏡が含まれる。」「その（銘文の）独特の書体に着目したうえで、それらを一括して異体字銘帯鏡と呼び、……」などの説明がある。

図1　辺津鏡

「内行花文」の項では、つぎのような説明がある。

内行花文　ないこうかもん　銅鏡の鏡背文様の一種。主に内区（鏡の内側の部分）文様で、鈕《ちゅう》（紐を通すつまみ）側に張り出す弧形を並べた文様を花形にみたてた用語。これを主文様とする銅鏡を内行花文鏡というが、本来花形である証拠がないため連弧文鏡の語を用いるべきだという意見がある。」

また、『元伊勢の秘宝と国宝海部氏系図』（元伊勢籠神社社務所刊）では、「辺津鏡」について、つぎのような説明を行なっている。

「神宝　辺津鏡　前漢時代　学名　内行花文昭明鏡
籠神社歴代宮司家に伝わった海部氏伝世鏡。
この鏡には『内而清質以而昭而明而光而夫而日而月』と十七文字、ゴチック体で銘文があり、『この鏡の質は清純で、明るく照らし、光り輝く様は日月のようである』という意味である。」

銘文を読み下せば、つぎのようになろう。

「内（内質、実質）は清き質にして、昭《て》り明るく、光は夫《かの》日月のごとし。」

中国での鏡の出土状況

中国でも、大量の鏡を、墓に副葬した例がないわけではない。

中国南部の広東《かんとん》省広州市（省都）北郊の南越王墓から、合計三十八面の鏡が出土している。

南越国は、現在の広東・広西の両省と、ベトナムの北部とを領有していた国である。

南越国は中国の秦の滅亡後、漢の武帝の時代まで存在した。紀元前一一一年に滅亡している。南越国の建国者の趙佗《ちょうだ》は河北省出身の人であったが、住民の大部分は越人であった。

南越墓は、南越王第２代文帝・趙胡（眜）と、その婦人たちとの墳墓である。

鏡は、三つの部屋から発見された。そのうち文帝趙胡の荷物部屋から発見された鏡は、総じて大きく、なかには直径四十一センチという超大型の鏡もあった。

大量の鏡の副葬のみられること、超大型鏡が出土していることなど、わが国の古代の鏡の埋納状況との共通性が気になるところである。

ただ、これは中国の最南部のほうでの話である。

華北の「洛陽焼溝漢墓《らくようしょうこうかんぼ》」のばあい、二二五基の墓からなっている。そのうちの九十五基の墓から、銅鏡一一八面、鉄鏡一二七面が出土している。一つの墓からの出土は、一、二面ていどで多くて三面である。

「洛陽焼溝漢墓」での鏡の出土の状況は**表１**のようになっている。

一古墳に一人の被葬者で、鏡が一面のものが、もっとも多い。三十二基である。つぎに多いのが、一古墳に二人の被葬者で、鏡が一面のものである。これが二十二基である。つぎが、一古墳に二人の被葬者で、鏡が二面のもの七基。

一人の被葬者に、二面の銅鏡が埋納されている例が、三例みられる。これは合わせ鏡であろ

表1　洛陽焼溝漢墓における被葬者数と鏡の副葬数の関係

被葬者数	銅鏡			鉄鏡		
	1枚	2枚	3枚	1枚	2枚	3枚
	基	基	基	基	基	基
不　明	5	1			1	
1　人	32	3	1	1		
2　人	22	7	1		1	
3　人	4	1				
4　人	2					
5　人						
6　人						1
基　数	65	12	2	1	2	1

杉本憲司・菅谷文則「中国における鏡の出土状態」（森浩一編『鏡』〔社会思想社、1978年刊〕所収）による。

うとみられる。

考古学者の森浩一氏は、合わせ鏡について、つぎのようにのべている。

「中国では、日本のように、一人の墓の中にたくさん二十何枚もの鏡は入れないのですね。入れるばあい、十センチ足らずの鏡と十二センチ～十三センチの鏡。あれは合わせ鏡なのですね。大きいほうの十二センチ～十三センチの鏡で、前を映して、小さい鏡でうしろあたりを見たりする、合わせ鏡です。そういうふうに使ったのですね。二枚ある。たしか馬王堆《まおうたい》古墳（湖南省長沙市）では、お墓の中に入れた品物のリストを一緒にお墓に入れていますね。遺策（竹簡）と言ったのかな、その中に大きな鏡と小さな鏡と二つきちんと書いてあります。」（森浩一「魏鏡と『倭人伝』への認識をぼくが深めていった遍歴」〔『季刊邪馬台国』110号、梓書院、二〇一一年刊〕)。

合わせ鏡が墓のなかにいれられているということは、その鏡が、被葬者生前の使用品であったということである。化粧用の鏡であったということである。

鏡は、漆ぬりの奩《れん》(化粧箱)にいれられているものがあり、鈕《ちゅう》(つまみ)には繊維の残るものがあった。つまり、紐《ひも》が通されていたのである。

死者が、生前に使用していたものを、死後も使用してもらうのに埋めた、という感じである。

これに対し、わが国の古墳時代の墳墓から大量に出土する三角縁神獣鏡などでは、鈕《ちゅう》の孔が、「鋳放《いはな》し(鋳たままで、仕上げをしていないもの)」で、鈕の孔がふさがっていて、紐《ひも》の通らないものであったりする。

三角縁神獣鏡は、わが国では、五五〇面以上出土している(下垣仁志著『三角縁神獣鏡研究事典』〔吉川弘文館、二〇一〇年刊〕による)のに、中国では、全中国を通じて、一面も出土例がみられない。

三角縁神獣鏡などは、いわば花輪的に、葬具として制作され、墓に埋納された、という感じである。

中国洛陽市郊外の前漢・後漢時代の墓出土の鏡

中国の河南省洛陽市の北西の郊外三キロメートルほどのところに、墓地がある。すでにのべた「洛陽焼溝漢墓」である。

「洛陽焼溝漢墓」は、洛陽市の旧城の北西の焼溝村に存在し、千基以上の漢墓の存在があり、九十三面以上の鏡が出土している。

「洛陽焼溝漢墓」については、報告書『洛陽焼溝漢墓』（中国科学院考古研究所編集、科学出版社、一九五九年刊）が出ている。

洛陽焼溝漢墓の出土鏡を、時期別にみれば、**表2**のようになる。

墓から出た陶器に、初平元年（一九〇）の朱の文字のあるものがあるから、二世紀末ごろまで行なわれたとみられる墓群である。

また、洛陽の「焼溝漢墓」と「西郊漢墓」との出土鏡をあわせたものの時期別出土状況をみたものが、高倉洋彰・田中良之共編『AMS年代と考古学』（学生社、二〇一一年刊）にのっている。**表3**のとおりである。

表2、**表3**をみれば、つぎのようなことがわかる。

表2 洛陽焼溝漢墓の時期別出土鏡

推定実年代	前漢中期（前一一八~前六五）	前漢中期（前六四~前三三）	前漢晩期（前三二~後六）	王莽（後七~後三九）	後漢前期（後四〇~後七五）	後漢中期（後七六~後一四六）	後漢晩期（後一四七~後一九〇）
流行時代 件数 鏡型	第一期	第二期	第三期		第四期	第五期	第六期
			後期	前期			
草葉文鏡	1						
星雲鏡	4	3					
日光鏡		3	8	5			
昭明鏡		3	10	6			
(1)変形四螭文鏡			9	2			
(2)四乳鏡			3	1	2		
(3)連弧文鏡				1			
(4)規矩鏡				4	3	2	
(5)雲雷文鏡						4	
(6)夔鳳文鏡						1	
(7)長宜子孫鏡						1	5
(8)四鳳鏡							1
(9)人物画像鏡							1
(10)変形四葉鏡							2
(11)三獣鏡							1
鉄鏡							7

（日本での鏡名）
(1)四虵（虺）鏡 (2)四乳四禽文鏡、八禽文鏡、方格四乳鏡などを含む (3)「日光鏡」「昭明鏡」を除く異体字銘の連弧文「日有喜」銘鏡、連弧文「清（精）白」銘鏡の類 (4)方格規矩（四神）鏡 (5)雲雷文内行花文鏡 (6)夔鳳鏡 (7)「長宜子孫」銘内行花文鏡 (8)四鳳鏡 (9)人物画像鏡 (10)獣首鏡 (11)盤竜鏡

『洛陽焼溝漢墓』（中国科学院考古研究所編、科学出版社、1989年刊）および、奥野正男「内行花文鏡とその仿製鏡」（『季刊邪馬台国』32号）による。第六期に属する墓の陶器に、西暦170年（建寧3年）、190年（初平元年）にあたる年を朱で記したものがあった。

表３　洛陽焼溝漢墓・西郊漢墓における漢鏡の変遷

鏡の種類	出土数の合計	前漢			王莽～	後漢		
		中期		晩期	後漢早期	早期	中期	晩期
		第一期（前一一八～前六五）	第二期（前六四～前三三）	第三期前期（前三二～後六）	第三期後期（後七～後三九）	第四期（後四〇～後七五）	第五期（後七六～後一四六）	第六期（後一四七～後二二〇）
四乳草葉文鏡	2	1		1				
内行花文星雲鏡	8	4	4					
日光鏡	52		9	27	13		3	
昭明鏡	60		10	28	16	3	3	
清白鏡系	3			2	1			
四乳虺竜文鏡	33			12	10	6	5	
方格規矩鏡	59				19	14	25	1
細線式獣帯鏡	5			1	3	1		
四乳鏡	11			1	4	3	3	
四葉座内行花文鏡	8						8	
蝙蝠座内行花文鏡	6						1	5
半肉彫式獣帯鏡	1							1
単夔鏡	1							1
獣首鏡	2							2
双頭竜文鏡	2						1	1
環状乳神獣鏡	1							1

①　焼溝漢墓では118面、西郊漢墓では175面の銅鏡が出土している。蟠《ばん》螭《ち》文《もん》鏡《きょう》などの鏡や、時期を特定できない鏡が若干あり、それらは表に含んでいない。そのため出土総数とは一致しない。

②　焼溝漢墓の各期の年代については、次のようにまとめられている（蔣1959）。

第一期（前漢中期）　武帝～宣帝　前118年～前65年
第二期（前漢中期）　宣帝・元帝　前64年～前33年
第三期前期（前漢晩期）　成帝～平帝　前32年～後６年
第三期後期（新・後漢早期）　王莽・光武帝　後７年～後39年
第四期（後漢早期）　光武帝・明帝　後40年～後75年
第五期（後漢中期）　章帝～順帝　後76年～後146年
第六期（後漢晩期）　桓帝～献帝　後147年～後220年

（出典：高倉洋章・田中良之共編『ＡＭＳ年代と考古学』〔学生社、2011年刊〕）

(1)「昭明鏡」は、中国では、すでに、前漢の中期の第二期、紀元前六四年〜紀元前三三年ごろに出現をみている。

(2)　最盛期は、前漢の晩期（紀元前三三年〜紀元後六年）ごろのようにみえる。

なお、私のこの本では、くわしくはのべることができないが、原料の銅に含まれている鉛の同位体比による分析の結果、「昭明鏡」「日光鏡」「清白鏡」などの「異体字明帯鏡」は、いずれも、「中国北部（華北）系」の、ほぼ共通の銅原料が用いられている。

これは、のちの時代の、「三角縁神獣鏡」などが、中国南部（華中・華南）系」の銅原料が使用されているのと、大きく異なるところである。

また、元伊勢籠神社の、いま一つの伝世鏡「息津鏡《おきつかがみ》」は、あとでややくわしくのべるように、「雲雷文内行花文鏡」といわれるタイプの鏡である。この鏡は、**表2**の(5)の「雲雷文鏡」、**表3**の「四葉座内行花文鏡」にあたるとみられる。

表2、**表3**によれば、中国において、「雲雷文内行花文鏡」は、「昭明鏡」よりも、おくれて出現しているようにみえる。後漢中期（西暦七六年〜一四六年）ごろに出現している。

「洛陽西晋墓」の出土鏡

すでに、この章の22ページでのべたように、わが国は、西暦五七年に、後漢の光武帝から、金印を与えられている。

つまり、中国と国交をもっていたのである。後漢以後、わが国は、魏・西晋・東晋・宋（劉宋、南朝）・斉・梁などの国と外交関係をもった。これらの国々の成立年代などを図示すれば、**図2**のようになる。

魏の国をうけつぎ、わが国と外交関係をもったのが、西晋王朝である。

後漢・魏・西晋の三つの王朝は、いずれも、河南省の洛陽を国の都とした。

西晋時代の、鏡を出土した代表的な遺跡に、「洛陽西晋墓」がある。報告書が出ている。

「洛陽西晋墓」のばあい、総数五十四基の墓から、二十二面の銅鏡、七面の鉄鏡が出土している。

その内容は、**表4**のとおりである。

表4をみれば、元伊勢籠神社の伝世鏡である「辺津鏡」と同じ種類である「昭明鏡」が出土している。

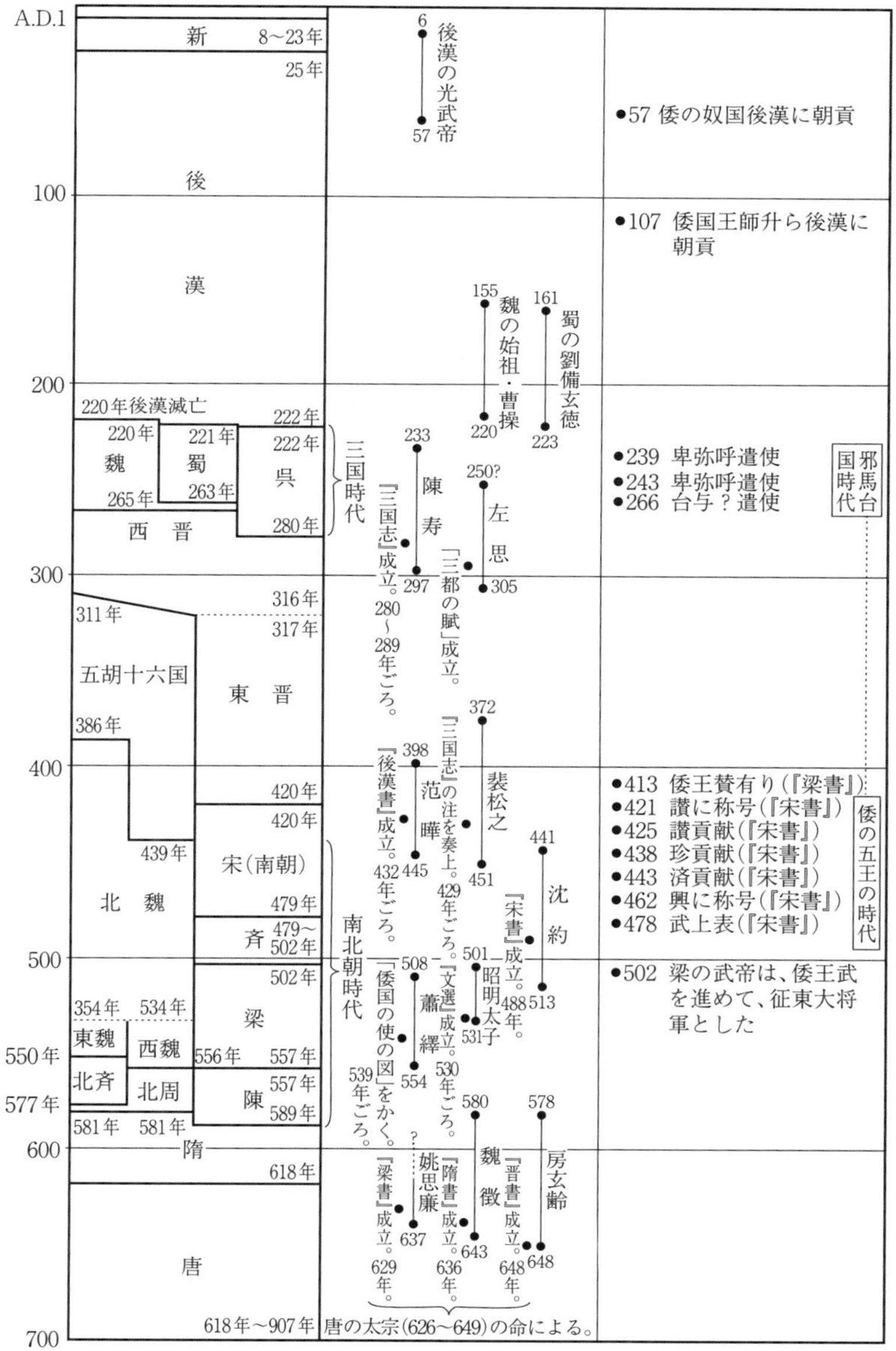
A.D.1
100
200
300
400
500
550年
577年
600
700
新 8〜23年
25年
後漢
220年後漢滅亡
222年
220年 魏
221年 蜀
222年 呉
265年
263年
280年
西晋
三国時代
311年
316年
317年
五胡十六国
東晋
386年
420年
420年
439年
北魏
宋(南朝)
479年
斉 479〜502年
502年
梁
南北朝時代
354年 534年
東魏 西魏
550年
556年 557年
北斉 北周
陳 557年 589年
581年 581年
隋
618年
唐
618年〜907年
6 後漢の光武帝 57
155 魏の始祖・曹操 220
161 蜀の劉備玄徳 223
233 陳寿 297
『三国志』成立。280〜289年ごろ。
250? 左思 305
『三都の賦』成立。
372 裴松之 451
『三国志』の注を奏上。429年ごろ。
398 范曄 445
『後漢書』成立。432年ごろ。
441 沈約 513
『宋書』成立。488年。
501 昭明太子 531
『文選』成立。530年ごろ。
508 蕭繹 554
『倭国の使の図』をかく。539年ごろ。
? 姚思廉 637
『梁書』成立。629年。
580 魏徴 643
『隋書』成立。636年。
578 房玄齢 648
『晋書』成立。648年。
唐の太宗(626〜649)の命による。
●57 倭の奴国後漢に朝貢
●107 倭国王師升ら後漢に朝貢
●239 卑弥呼遣使
●243 卑弥呼遣使
●266 台与?遣使
邪馬台国時代
●413 倭王賛有り(『梁書』)
●421 讃に称号(『宋書』)
●425 讃貢献(『宋書』)
●438 珍貢献(『宋書』)
●443 済貢献(『宋書』)
●462 興に称号(『宋書』)
●478 武上表(『宋書』)
倭の五王の時代
●502 梁の武帝は、倭王武を進めて、征東大将軍とした

図2　後漢から唐までの中国王朝

また、「昭明鏡」と同じく、いわゆる「前漢鏡」で、「異体字銘帯鏡」である「日光鏡」も出土している。なお、わが国で出土している「昭明鏡」と「日光鏡」は、鉛同位体比の分析によれば、いずれも、北中国（華北）系銅原料が用いられている。わが国で出土している「昭明鏡」は、中国からの輸入鏡とみられる。

表4　洛陽西晋墓出土の鏡の種類

	鏡　式	枚数	備　考
銅鏡	日光鏡	1	漢代　4枚
	昭明鏡	1	
	規矩鏡	1	
	内行花文鏡	1	
	六禽鏡	2	漢ないし三国　5枚
	雲雷文内行花文鏡	1	
	変形S字文鏡	1	
	半円方形帯神獣鏡	1	
	蝙蝠鈕座内行花文鏡	1	西晋　10枚
	夔鳳鏡	1	
	位至三公鏡	8	
	小鏡無紋	1	不明　3枚
	破片	2	
	計	22枚	
鉄鏡		7枚	

河南省文化局文物工作隊第2隊「洛陽晋墓的発掘（洛陽晋墓の発掘）」（中国『考古学報』1957年第1期）所載のデータをもとに、杉本憲司・菅谷文則「中国における鏡の出土状態」（森浩一編『鏡』〔社会思想社、1978年刊〕）所載の表を参考にして作成。

また、**表4**をみれば、元伊勢籠神社の伝世鏡である「息津《おきつ》鏡《かがみ》」と同じ種類である「雲雷文内行花文鏡」も出土している。

わが国で出土している「雲雷文内行花文鏡」のうち古いもの（弥生時代以前の遺跡から出土したもの）は、北中国（華北）系銅原料のうちの、貨泉《かせん》（新の国をたてた王莽《おうもう》が発行した銅銭（現代日本の十円玉とほぼ同じ大きさのコイン））系の銅原料が用いられている。

なお魏の時代は、銅原料が不足していたため、あらたな青銅鏡は、ほとんど制作されなかった。

西暦二八〇年、西晋の国が、中国南方の呉の国を滅ぼした。そのために、南中国（華中、華南）系の銅が、西晋の国の都洛陽などに流れこみ、「いわゆる西晋鏡」（位至三公鏡、蝙蝠鈕座《こうもりちゅうざ》内行花文鏡《ないこうかもんきょう》、夔鳳鏡《きほうきょう》など）が作られるようになった（**写真1**参照）。「いわゆる西晋鏡」は、それより前の時代と異なり、南中国系の銅原料が用いられている。

西晋王朝は、「西暦二六五年〜三一六年」のあいだつづいた、すなわち、卑弥呼の時代のあとの、三世紀末から、四世紀はじめごろに存在した王朝である。

中国の秦・漢時代から南北朝時代までの、洛陽付近での考古学的発掘の、報告書類を集大成したものとして、『洛陽考古集成——秦漢魏晋南北朝巻——』（上・下二巻、中国・北京図書館出版社、二〇〇七年刊）が発行されている。

また、洛陽付近から出土した鏡をまとめた図録に、『洛鏡銅華』（上・下二冊、中国・科学出版社、二〇一三年刊）がある。この『洛鏡銅華』は、『洛陽銅鏡』と題名を変更して、日本語訳も出ている（岡村秀典監訳、科学出版社東京、二〇一六年刊）。

「いわゆる西晋鏡」の代表といえる「位至三公鏡」をとりあげよう。

「洛陽西晋墓」から発掘された鏡について、大阪府教育委員会の西川寿勝氏は、『三角縁神獣

位至三公鏡C（径8.8cm）
山口県山口市下宇野令、赤妻古墳出土（『倭人と鏡』埋蔵文化財研究会刊による。）

蝙蝠鈕座内行花文鏡（径13.6cm）
魏晋朝の時代になると、鈕（まん中のつまみ）座のまわりの文様が、葉（スペード）の形から、蝙蝠の形へ変化したものが多くなる。日本では、北九州を中心に出土する。日本出土のものは、280年以後に制作されたものがほとんどとみられる。（図は、福岡県糟屋郡粕屋町大字大隈の、上大隈平塚古墳出土のものによる。『倭人と鏡』〔埋蔵文化財研究会編集・発行〕所蔵の図をもとに作成。）

夔鳳鏡（径12.6cm）
栃木県那須郡小川町大字吉田、那須八幡塚古墳出土（『倭人と鏡』埋蔵文化財研究会刊による。）

写真１　「いわゆる西晋鏡」

鏡と卑弥呼の鏡』（学生社、二〇〇〇年刊）のなかで、つぎのようにのべている。

「中国では蝙蝠《こうもり》鈕《ちゅう》座《ざ》連弧《れんこ》紋《もん》鏡や通称『位至三公《いしさんこう》』鏡とよばれる双頭竜紋《そうとうりゅうもん》鏡の小型鏡が三国時代以降も引き続いて製作され広く分布している。『位至三公』鏡は、魏晋《ぎしん》代に都があった洛陽《らくよう》市で発掘された洛陽晋墓五十四基中、主流となる鏡式である。」

さきに紹介した『洛鏡銅華』には、「位至三公鏡」の類といえるものが、十二面紹介されている。いずれも、「西晋」時代の鏡とされている。

『洛陽考古集成』『洛鏡銅華』にのせられている「位至三公鏡」のうち、出土地と出土年のはっきりしているものすべてを、表の形にまとめた（**表5**）。

これらはすべて、魏や西晋の都であった洛陽付近から出土しているものである。

これらのデータから、つぎのようなことがいえる。

(1)「位至三公鏡」は、後漢晩期に出現している。

(2) 洛陽付近から出土した全部で二十七面の「位至三公鏡」のうち、後漢時代のものは、一面のみで、魏や西晋期のものが二十六面である。圧倒的に、魏や西晋（二六五年～三一六年）の時代のものが多い。52ページの**表4**と57ページの**表5**のNo.2～9に記すように、「洛陽西晋墓」のばあい、二十二面の出土鏡のうち、八面は、「位至三公鏡」である。「洛陽西晋墓」のばあい、西暦二八七年（太康八）、二九九年（元康九）、三〇二年（永寧二）の、

26	君宜	8.3	洛陽612所地下車庫西晋墓M9884	西晋	②P213
27	位至三公	9.4	洛陽市澗西区礦山機械廠宿舎西晋墓M3	〃	②P213

出典は、つぎのとおりである。

①『洛陽考古集成―秦漢魏晋南北朝巻一』上、下（中国・北京図書館出版社、2007年刊）。

②『洛鏡銅華』上冊（中国・科学出版社、2013年刊）。

表６　中国（洛陽付近以外）出土の「位至三公鏡」の年代（墓誌による）

時代	年代	出土地（直径）
西晋	285年	山東（記載なし）
西晋	285	江蘇（9.8cm）
西晋	287	浙江（8.3cm）
西晋	289	遼寧（８cm）

(1)　この表に記したもの以外に、山東出土の「元嘉元年」のもの（9.6cm）があるが、後漢の元嘉元年（151年）か、（劉）宋の元嘉元年（424年）か、確定しがたい。そこから出土した「位至三公鏡」そのものは、西晋代のものとみられている。

(2)　河北省・北京市順義県大営村西晋墓から、２面の「位至三公鏡」が出土しており、同じ封土内の塼室墓から、西晋の泰始７年（271年）銘の塼が出土している。

表５　洛陽付近出土の「位至三公鏡」

No.	銘文	直径（cm）	出土墓	時期	出典ページ
1	位至三公	7.6	洛陽西郊漢墓	後漢晩期	①P368
2	位至三公	9.5	洛陽西晋墓	西晋時代 晋の太康８年（西暦287）、元康９年（299）、永寧２年（302）の墓誌がでている。洛陽晋墓54基の埋葬の年代は、墓の形式や、同類の器物の形態の変化が大きくないことなどから、たがいにそれほど大きくは異ならないとされる。	①P894
3	〃	9.0	〃		〃
4	〃	不記載	〃		〃
5	〃	〃	〃		〃
6	〃	〃	〃		〃
7	〃	〃	〃		〃
8	〃	〃	〃		〃
9	〃	〃	〃		〃
10	位至三公	11	洛陽市東郊178号墓	「曹魏遠からず」 墓は、晋の太康８年（287）と形が近い。魏の正始８年（247）の墓から出土した器物と似たものがでている。 魏の晩期～西晋早期	①P927
11	〃	〃	〃		〃
12	〃	〃	〃		〃
13	位至三公	8.87	洛陽谷水晋墓	西晋早期か	①P946
14	君宜高宮	7.7	洛陽谷水晋墓	西晋中晩期	①P956
15	位至三公	9.70	河南省伊川県槐庄墓地西晋墓	西晋中晩期	①P993
16	位至三公	8.8	洛陽衡山路西晋墓	西晋早期	①P1011
17	位至三公	10.5	洛陽孟津県邙山郷三十里鋪村	西晋	①P1037
18	位至三公	10.4	洛陽孟津県邙山西晋墓	〃	①P1077
19	〃	7.7	〃	〃	〃
20	〃	10.5	洛陽市吉利区河陽家園住宅区工地	西晋中晩期	②P205
21	〃	〃	洛陽市澗西区東方紅拖拉《トラクター》機廠防空洞	西晋	②P206
22	〃	9.4	洛陽市澗西区東方紅拖拉《トラクター》機廠	〃	②P208
23	〃	7.7	洛陽市曙光機械廠西晋廠Ｍ１	〃	②P209
24	〃	9.0	偃師高竜半個寨磚廠Ｍ１	〃	②P210
25	〃	9.4	洛陽612所地下車庫西晋墓M9884	〃	②P211

三つの墓誌がでていることが注目された。いずれも、西晋時代のもので、西暦三〇〇年前後である。日本では、このような埋納年代のわかる墓誌がでてくることはない。

(3) 西晋よりもあとの、南北朝時代のものとしては、双頭竜鳳文鏡系の「宜官」銘翼虎文鏡が一面、北朝(三八六〜五八一)の鏡として、洛陽市郊区岳家村から出土している。ただし、これは、出土年がしるされていない(この鏡のことは、『洛鏡銅華』および、『洛陽出土銅鏡』に記されている。)

「位至三公鏡」が、主として西晋時代のものであることは、洛陽付近以外から出土した「位至三公鏡」についてもあてはまる。

いま、近藤喬一《たかいち》氏の論文「西晋の鏡」(『国立歴史民俗博物館研究報告』55集、二〇〇三年刊)にのっている「紀年墓聚成」の表にもとづくとき、年代の確定できる中国出土の「位至三公鏡」は、表6のとおりである。

この表6のものに、さきにのべた「洛陽西晋墓」出土の八面の「位至三公鏡」を加えれば、年代のほぼ確定できる十二面の「位至三公鏡」のすべてが、西暦二八五年以後に埋納されたものといえる。すべて、西晋時代のものである。

表5、表6に示されている鏡の年代からみて、わが国から出土する「位至三公鏡」も、そのほとんどは、西暦二八五年以後ごろ、埋納されたもので、中国と日本との地域差、年代差を考

えれば、西暦三〇〇年ごろ以後に埋納されたとみるのが穏当である。

そして、その「位至三公鏡」が、わが国においては、北九州を中心に分布している。

さらに、王仲殊氏や徐苹芳氏が、いわゆる「魏晋鏡」としている鏡に「蝙蝠鈕座内行花文鏡」がある。

近藤喬一氏の論文にのっている「紀年墓聚成」の表をみると、江蘇省揚州市胥浦六朝墓から出土しているもので、「蝙蝠文座半円雲気文鏡」(径一〇・二センチ)とされているものがある。これは、「蝙蝠鈕座内行花文鏡」のことを指しているようにもみえる。この鏡を埋納した墓の年代は、西暦二九七年である。やはり、三世紀の後半、西暦三〇〇年に近い。

以上見てきたように、中国のばあい、墓誌などにより、鏡の埋納年代が、そうとうはっきりしているものがある。墓誌などがまずでてこない日本のばあいとは、事情が、かなり異なっている。

52ページの**表4**の洛陽西晋墓出土の鏡の種類の状況を見れば、つぎのようなことがわかる。
(1)　洛陽西晋墓から、「辺津鏡《へつかがみ》」と同じタイプの「昭明鏡」が出土している。また、「昭明鏡」の仲間の「異体字銘帯鏡」である「日光鏡」も出土している。これらの「前漢鏡」については、わが国で出土する「異体字銘帯鏡」のほぼすべてが、鉛同位体比の分析により、中国北部(華北)系の銅原料が使用されていることを示している。このことからみて、これらの鏡は、前漢時代ごろに「鋳造」され、その後化粧鏡として使用、伝世され、西晋時代になって、洛陽西晋墓に「埋納」されたものとみられる。

(2) 表4をみれば、洛陽西晋墓から、「息津鏡《おきつかがみ》」と同じタイプの「雲雷文内行花文鏡」も、出土している。わが国で出土する弥生時代以前の遺跡から出土する「雲雷文内行花文鏡」は、ほぼすべて、鉛同位体比の分析により、中国北部（華北）系の「貨泉」タイプの銅原料が使用されている。このことからみて、後漢時代ごろに「鋳造」され、その後伝世され、西晋時代になって洛陽西晋墓に「埋納」されたものとみられる。

(3) 洛陽西晋墓出土の「位至三公鏡」「蝙蝠鈕座内行花文鏡」「夔鳳鏡《きほうきょう》」などの、「いわゆる西晋鏡」については、わが国で出土するもので、鉛同位体比の測定されているすべての「いわゆる西晋鏡」が、中国南部（華中・華南）系の銅原料が用いられていることを示している。これは、西暦二八〇年に、西晋の国が中国南部の呉の国を滅ぼし、その結果、中国南部の銅原料が、中国北部の洛陽に流れこみ、中国南部の銅原料を用いて、中国北部系の文様、意匠をもつ「位至三公鏡」などが制作されるようになったためとみられる。

以上みてきたように、「辺津鏡」「息津鏡」タイプの鏡は、中国においては、卑弥呼の時代、魏の時代の前の、前漢・後漢ごろにも「存在」し、埋納されている。卑弥呼の時代・魏の時代の後の西晋時代にも「存在」し、埋納されている。

したがって、前漢・後漢の時代と、西晋時代の中間の、卑弥呼の時代、魏の時代にも、これらの鏡は、伝世されて「存在」していたことになる。

以上が、中国において、卑弥呼の時代、魏の時代に、これらの鏡が、「存在」していたことの「証明」になると思う。

国立歴史民俗博物館の館長であった考古学者の佐原真《まこと》氏（一九三二〜二〇〇二）はのべている。

「弥生時代の暦年代に関する鍵は北九州地方がにぎっている。北九州地方の中国・朝鮮関連遺物・遺跡によって暦年代をきめるのが常道である。」（「銅鐸と武器形青銅祭器」『三世紀の考古学』中巻、学生社、一九八一年刊）

そのとおりである。

奈良県からは、西暦年数に換算できるような年号を記した土器などは、まったく出土していない。

奈良県からは、弥生時代〜庄内様式期の鏡が、福岡県にくらべ、はるかに、わずかしか出土していない。それにもかかわらず、奈良県の土器編年などをもとに、鏡の年代を考えるのは、非常な無理がある。

遺跡の築造年代や、遺物の「埋納年代」の手がかりを欠いたまま、空想をたくましくすれば、なんでもいえる。

亡くなった考古学者の森浩一氏は、のべている。

「最近は年代が、特に近畿の学者たちの年代が、古いほうに向かって一人歩きしている傾向がある。」（『季刊邪馬台国』53号、一九九四年）

中国からは出土しない「三角縁神獣鏡」と異なり、「位至三公鏡」などの「いわゆる西晋鏡」は、中国からも、わが国からも、相当数出土する。

そのため、「位至三公鏡」などは、わが国出土の青銅鏡全体についての「埋納年代」を考える上での、重要な手がかりを与えてくれる。

魏の時代の墓から、青銅鏡が出土することは、まれである

ここで、つぎのことを記しておく必要がある。

それは、魏の時代の墳墓などから、青銅鏡が出土することは、きわめてまれであることである。

さきに紹介した『洛鏡銅華』に、写真入りでのっている鏡の総数は、一四一面である。それを時代別（主として、埋納された墓の時期による）に分類してみると、**表7**のようになる。

表７　『洛鏡銅華』に、写真入りでのっている鏡の数

国名による時代	西暦年代	足かけ存続期間	面数
「前漢」時代	紀元前206～紀元後８年	214年間	**55面**
「前漢」～「新」時代	紀元前206～紀元後23	(229)	1
「新」の時代	９～23	15	3
「新」～「後漢」時代	９～220	(212)	7
「後漢」時代	25～220	196	**43**
「漢代」とのみあるもの	紀元前206～紀元後220	(426)	1
「魏」の時代	220～265	46	1
「西晋」時代	265～316	52	**30**
計			141

「前漢」時代のものが五十五面、「後漢」時代のものが四十三面、「西晋」時代のものが三〇面示されている。にもかかわらず、「魏」の時代のものは、わずか一面しか示されていない。

なぜ、魏の時代の墓から出土したものが、このようにすくないのであろうか。

魏の文帝曹丕《そうひ》（在位二二〇～二二六）は、盗掘されるのをさけるために、陵墓がめだたないようにすることを命じた。

魏の時代の墓において、相当数の青銅鏡が埋納された墓群などが、現在発見されていないのは、そのためであろうか。

しかし、死者が生前に使用していた鏡を、墓に埋めたとすれば、それが、墓をとくにめだたせることには、ならないと思う。

魏の時代の墓とわかるものに、青銅鏡の埋納がすくないのは、おもに、魏の時代、中国の北方では、銅材が不足していたためとみられる。

このことについて、中国の考古学者、徐苹方《じょへいほう》氏は、「三国・両晋・南北朝の銅鏡」（王仲殊他著『三角縁神獣鏡の謎』〈角川書店、一九八五年刊〉所収）という文章のなかで、つぎのようにのべている。

「漢代以降、中国の主な銅鉱はすべて南方の長江流域にありました。三国時代、中国は南北に分裂していたので、魏の領域内では銅材が不足し、銅鏡の鋳造はその影響を受けざるを得ませんでした。魏の銅鏡鋳造があまり振るわなかったことによって、新たに鉄鏡の鋳造がうながされたのです。数多くの出土例から見ますと、鉄鏡は、後漢の後期に初めて出現し、後漢末から魏の時代にかけてさらに流行しました。ただしそれは、地域的には北方に限られておりました。これらの鉄鏡はすべて虁鳳鏡《きほうきょう》に属し、金や銀で文様を象嵌《ぞうがん》しているものもあり、極めて華麗なものでした。『太平御覧』〈巻七一七〉所引の『魏武帝の雑物を上《たてまつ》る疏《そ》〈意見をのべた上奏文〉』によると、曹操が後漢の献帝に贈った品物の中に〝金銀を象嵌した鉄鏡〟が見えています。」

当時、魏の領域では、銅材が不足し、日常用いる青銅鏡が、不足がちになっていたとみられる。そのため、魏の時代の墓に、青銅鏡が埋納されることも、すくなくなった、とみられる。

中国の清の国の時代の一八一四年に成立した文献に、『全唐文』という文献がある。唐の時代の散文を集めたものである。その中に、唐の文宗《ぶんそう》（八二六〜八四〇）のとき、チベットの吐《と》蕃《ばん》国への対応をどうするかが議論になった。そのさい臣下が意見を上奏した文のなかに、先例として倭国への対応例をのべた文がある。その文に、つぎのようにある。

「むかし、魏は倭国に酬《むく》ゆるに、銅鏡は、文《ぶん》を鉗《けん》するに止《とど》めた。」

「文を鉗するに止めた」は、「文様《もんよう》」や「銘文」にくびかせをつける、つまり、あるていどの制限、制約をつけるにとどめた、というほどの意味とみられる。

つまり、多少粗悪な鏡も、特に立派でない鏡も、大きな鏡も、小さな鏡も、とくべつに制約条件はつけず、あるものを（かき）集めて与えた、というほどの意味のようにうけとれる（この『全唐文』の文については、拙著『邪馬台国は福岡県朝倉市にあった!!』〔勉誠出版、二〇一九年刊〕の中で、ややくわしく検討している）。

西暦二八〇年に、西晋が、南中国の呉をほろぼす。その結果、南中国の銅原料が、北中国の洛陽などに流れこむことになる。二八〇年以後に、南中国系の銅原料を用いて、洛陽などで、「位至三公鏡」などの「いわゆる西晋鏡」、北中国系の文様・意匠をもつ鏡が作られ、それがさらに、わが国へ輸出されるようになったとみられる。

卑弥呼の時代のわが国にも、「昭明鏡」「雲雷文内行花文鏡」は「存在」した

前節で、元伊勢籠神社の宮司家に伝世された「辺津鏡」「息津鏡」と同類の「昭明鏡」と「雲雷文内行花文鏡」とが、魏の時代、卑弥呼の時代の中国に、たしかに「存在」したはずであることを見てきた。

この章では、「昭明鏡」と「雲雷文内行鏡」とが、中国の魏の時代、そして卑弥呼の時代のころ、わが国にも、たしかに「存在」したことを「証明」する。この二種の鏡は、その時期のわが国の遺跡からも、「出土」している。

まず、「昭明鏡」をとりあげる。

さきに紹介した『元伊勢の秘宝と国宝海部氏系図』(元伊勢籠神社社務所刊)に、「昭明鏡」の日本出土例として、つぎの**地図5**がのっている。

この**地図5**をみれば、わが国における「昭明鏡」の分布の震源地は、北部九州にあるようにみえる。

そこで、わが国における「昭明鏡」の出土地の一覧表を、作成した。一覧表は、データとして、巻末**[データ表]**に、**付表1**としておさめた。

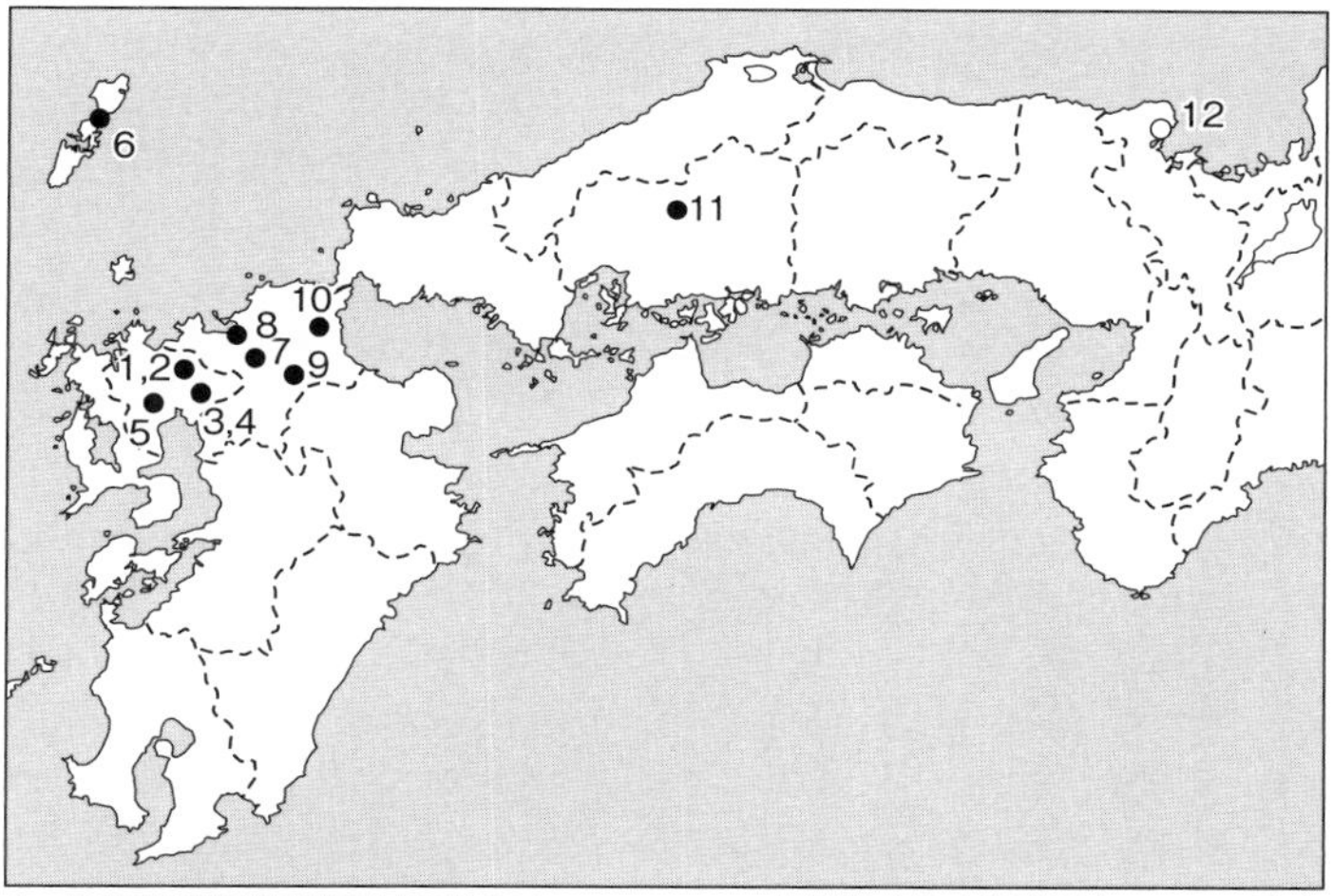

1　佐賀県神埼郡東背振村三津永田　甕棺墓
2　佐賀県神埼郡上志波屋　箱式棺墓
3　佐賀県三養基郡上峰村二塚山　甕棺墓
4　佐賀県三養基郡上峰村堤　甕棺墓
5　佐賀県杵島郡北方町椛島山　箱式棺墓
6　長崎県上県郡峰町櫛　ムコガザイケ
7　福岡県春日市須玖岡本　Ｄ地点
8　福岡県福岡市博多区　宝満尾四号墳
9　福岡県朝倉郡筑前町東　小田字峰
10　福岡県田川市鉄砲町　箱式棺墓
11　広島県山県郡千代田町　勝負峠八号土壙墓
12　京都府宮津市字大垣　海部家伝世

地図５　「内行花文昭明鏡」出土地

「昭明鏡」の出土地の一覧表から、つぎのようなことがわかる。

(1)　出土地が確かでないものや、「昭明鏡」といえるかどうか疑問のあるもの（**付表1**には、「参考例」として示したもの）をのぞくとき、「昭明鏡」のわが国での確実な出土例は、二十二面を数える。

(2)　出土例二十二例のうち、半数の十一例が、弥生中期の甕棺墓から出土している。卑弥呼の時代は、わが国の弥生後期〜古墳前期のころにあたると考えられているから（私は、弥生後期、庄内様式期と考えるが）、弥生中期の甕棺墓出土のものは、卑弥呼の時代よりも、まえの時期の遺跡からの出土と考えられる。弥生後期、古墳前期の遺跡からの出土例もみられるから、卑弥呼の時代に、この鏡は、わが国に「存在」したものとみられる。

(3)　箱式石棺墓からの出土が、福岡県田川市（付表番号3）、佐賀県武雄市（付表番号16）、佐賀県神崎市（付表番号17）などでみられる。

宮崎公立大学の教授であった「邪馬台国＝九州説」の考古学者の奥野正男氏は、「箱式石棺」に関係して、つぎのようにのべている。

「いわゆる『倭国の大乱』の終結を二世紀末とする通説にしたがうと、九州北部では、この大乱を転換期として、墓制が甕棺から箱式石棺に移行している。

つまり、この箱式石棺墓（これに土壙墓、石蓋土壙墓などがともなう）を主流とする墓制こそ、邪馬台国がもし畿内にあったとしても、確実にその支配下にあったとみられる九州北部の国々の墓制である。」（『邪馬台国発掘』ＰＨＰ研究所刊）

「前代の甕棺墓が衰微し、箱式石棺と土壙墓を中心に特定首長の墓が次第に墳丘墓へと移行していく……。」（『邪馬台国の鏡』梓書院、二〇一一年刊）

「邪馬台国＝畿内説」の考古学者の白石太一郎氏（当時国立歴史民俗博物館）ものべている。

「二世紀後半から三世紀、すなわち弥生後期になると、支石墓はみられなくなり、北九州でもしだいに甕棺墓が姿を消し、かわって箱式石棺、土壙墓、石蓋土壙墓、木棺墓が普遍化する。ことに弥生前・中期には箱式石棺がほとんどみられなかった福岡、佐賀県の甕棺の盛行地域にも箱式石棺がみられるようになる。」

ほぼ同様のことをのべている五人の方の見解を、つぎにかかげる。

○甲元真之・山崎純男氏
「（甕棺墓は）弥生時代の中頃になると、熊本県北部にまで分布するようになりますが、弥生時代の後期（紀元後二世紀）に入るとほとんど姿を消すようになってゆきます。」（『弥生時代の知識』東京美術刊）

○浜石哲也氏（福岡市埋蔵文化財センター）
「甕棺墓の形成時に比べ、その終焉はきわめて唐突な感がある。弥生時代の後期初頭に甕棺墓は激減し、前半にはほとんど消滅してしまう。」（福岡市立歴史資料館編集・発行『早良王墓とその時代』）

○柳田康雄氏（福岡県教育庁文化課）
「（弥生）後期中頃になると土器棺である甕棺墓が姿を消し、箱式石棺や土壙墓に後漢鏡が副葬されるようになり……。」(「三・四世紀の土器と鏡」『森貞次郎博士古稀記念古文化論集』)

○原田大六氏

「北部九州の弥生墳墓のひとつである甕棺は、後期後半頃から急速に姿を消し始める。」(『邪馬台国論争』三一書房、一九六九年刊)

「筑前中牟田遺跡(福岡県夜須町)は弥生中期の甕棺墓地上に、小盛土をして箱式石棺を埋没していたと言われ箱式石棺が甕棺よりも後出的であったことを示す好例である。」(『日本国家の起源　上』三一書房、一九七五年刊)

○森貞次郎氏

「**甕棺墓の衰退期**　弥生後期の中ごろになると、甕棺墓の制度は衰退期にはいる。後期にはいって甕棺の墓制に替わってしだいに盛行するのは、組み合わせ箱式石棺墓や、土壙墓・石蓋土壙墓であり、……」(『古代の日本3　九州』角川書店刊)

箱式石棺墓から出土しているものがあることから、魏の時代、卑弥呼の時代のころに、「昭明鏡」は、確実に、わが国に「存在」しているといえるであろう。

(4)「昭明鏡」の県ごとの出土数をみると、**図3**のようになる。福岡県と佐賀県とが、圧倒的な位置をしめる。

なお、図3の二十二面の鏡は、すべて「中国鏡」とみられている。「中国鏡」は、中国で鋳造されて、わが国に輸入された鏡をさす。「中国鏡」とする弁別・判断は、京都大学の下垣仁志氏の『日本列島出土鏡集成』（同成社、二〇一六年刊）に記されているところにしたがった。

元伊勢籠神社宮司家の伝世鏡「辺津鏡」「息津鏡」については、古墳からの出土品、副葬品であったものが、神社に奉納されたものではないか、とする見解がある。しかし、辺津鏡のような昭明鏡は、地図5（67ページ）、図3にみられるように、おもに北部九州から出土しており、元伊勢籠神社の近くなどからは、まったくといってよいほど出土していない種類の鏡である。

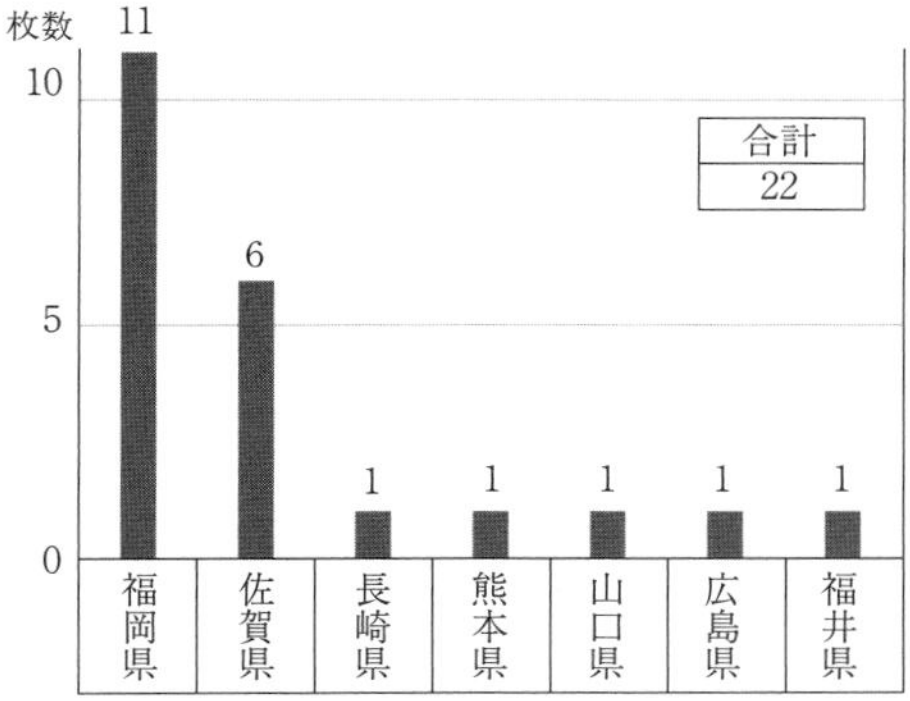

図3　「昭明鏡」の県別分布

「雲雷文内行花文鏡」の出土地

つぎに、「息津鏡」と同じタイプの「雲雷文内行花文鏡」をとりあげよう。

「昭明鏡」のばあいと同様に、わが国における「雲雷文内行花文鏡」の出土地の一覧表を作成した。出土例がかなり多いので、一覧表は、「福岡県のばあい」、「奈良県のばあい」、「福岡県・奈良県以外のばあい」の三つにわけて作成した。そのデータは、巻末［データ表］の、付表2、付表3、付表4に示した。

この三つの付表データをもとに、「弥生時代以前の遺跡から出土した『雲雷文内行花文鏡』」と「古墳時代以後の遺跡から出土した『雲雷文内行花文鏡』」とに分け、県ごとの出土数の分布をみると、図4、図5のようになる。

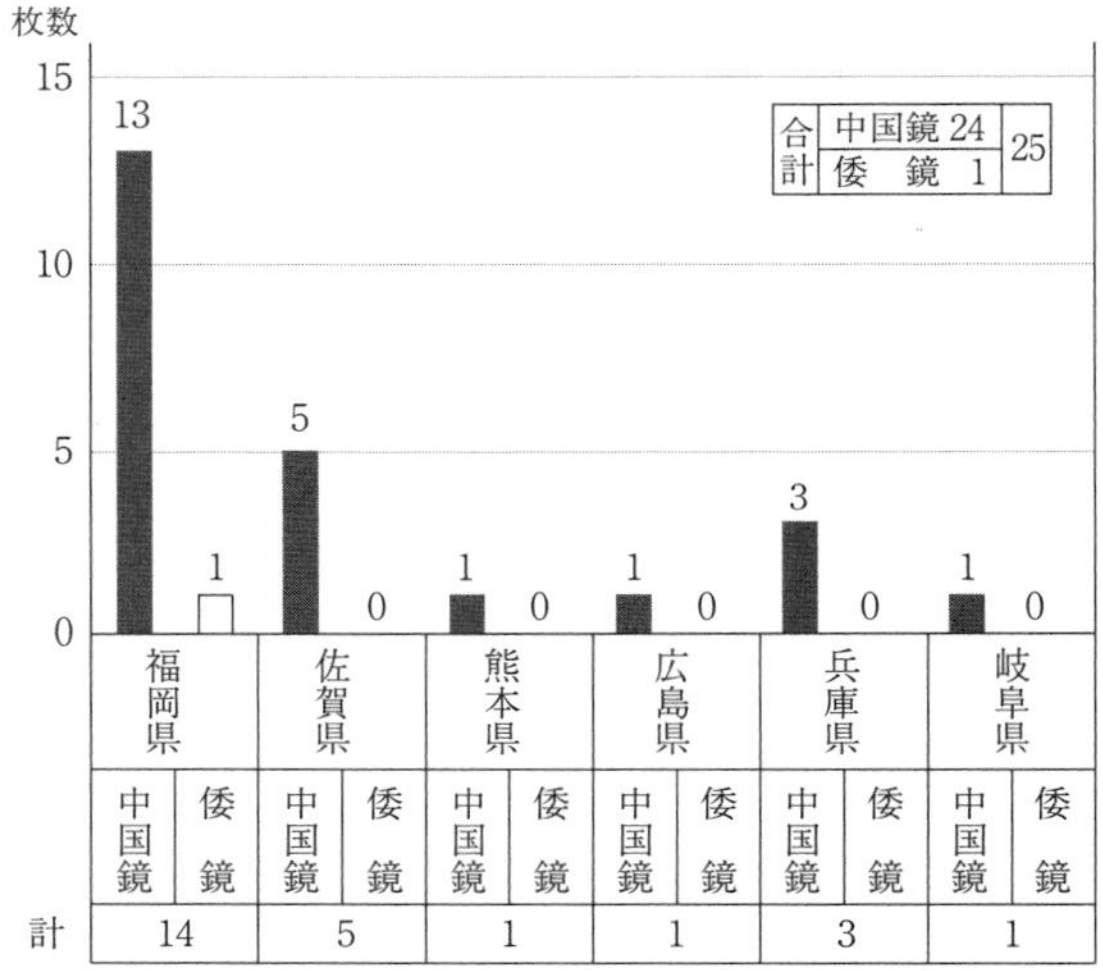

図4　弥生時代以前の遺跡から出土した「雲雷文内行花文鏡」の枚数

図4、図5において、「倭鏡」とされているものは、わが国で制作されたと考えられるもので、たとえば、写真2のようなものである。

写真2は、奈良県の新山《しんやま》古墳から出土したものである。新山古墳からは、この種の「倭鏡」が、十三面出土している。化粧用の日用品を埋納したというよりも、この墓の葬儀のために、

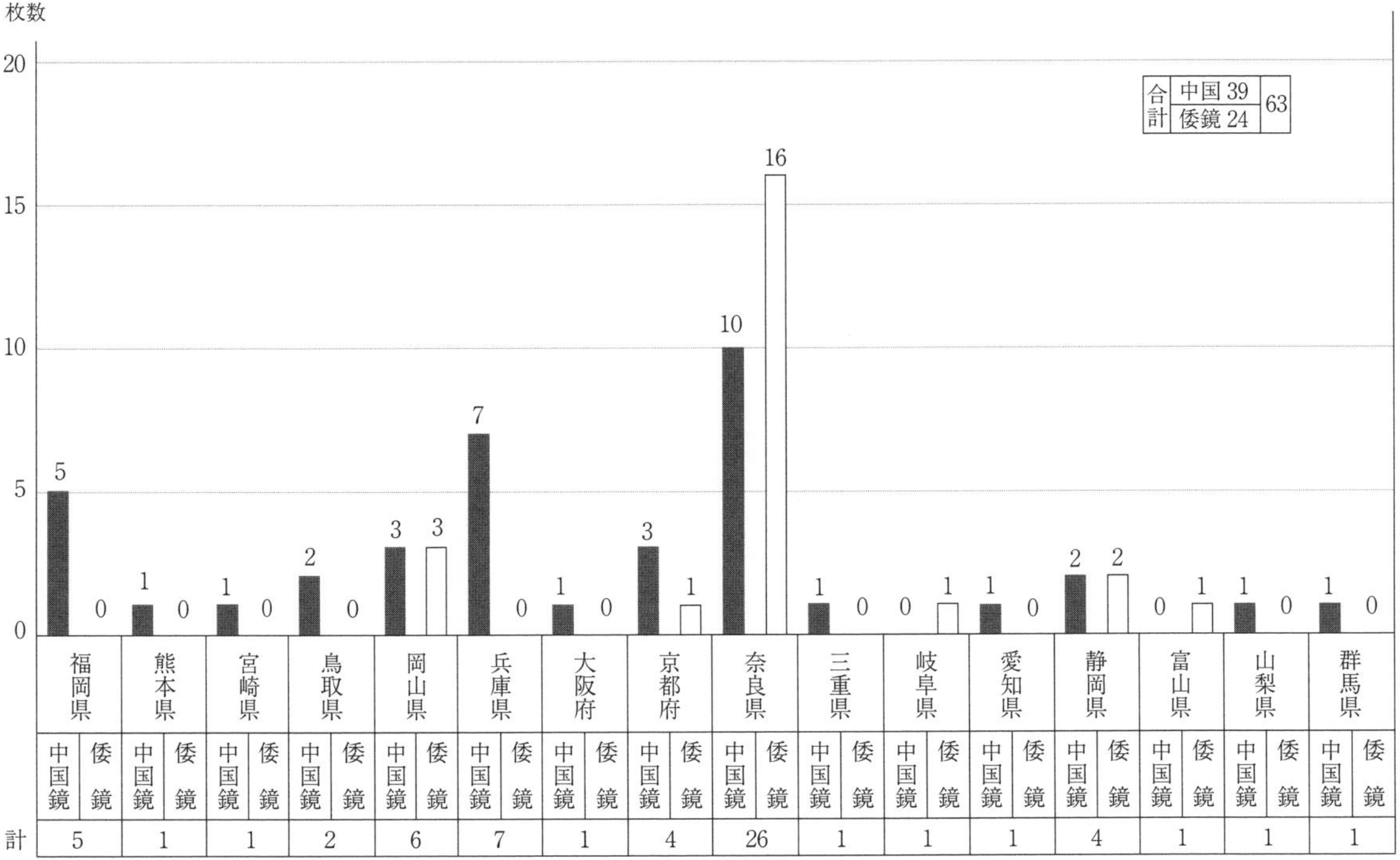

図5　古墳時代以後の遺跡から出土した「雲雷文内行花文鏡」の枚数

写真２　「倭鏡」の例
奈良県新山《しんやま》古墳出土。直径17.0cm。写真は、『古鏡総覧』（奈良県立橿原考古学研究所編、学生社、2006年刊）による。

花輪的に大量生産された、という感じである。

この「倭鏡」と、**巻頭写真B**に示した「息津鏡」のような「中国鏡」（中国からの輸入鏡）とをくらべると、つぎのような点が異なる。

(1)　「中国鏡」は、「長宜子孫（長く子孫に宜《よろ》し）」「長生宜子（長生し、子に宜《よろ》し）」などの銘がはいっているのがふつうであるが、「倭鏡」には、その銘がない。

(2)　**図6**の「雲雷文」や「松葉文」などの、「雲雷文帯」などの文様が、省略され、退化して、平板な印象をうける。

一つの墓から、同型鏡が何面も出土する。これは、鏡が、墓を築造する時に、いわば花輪的葬具として、その墓の近くで制作された可能性を示している。

あとでのべる「三角縁神獣鏡」もまた、このような「倭鏡」的特徴を示している。

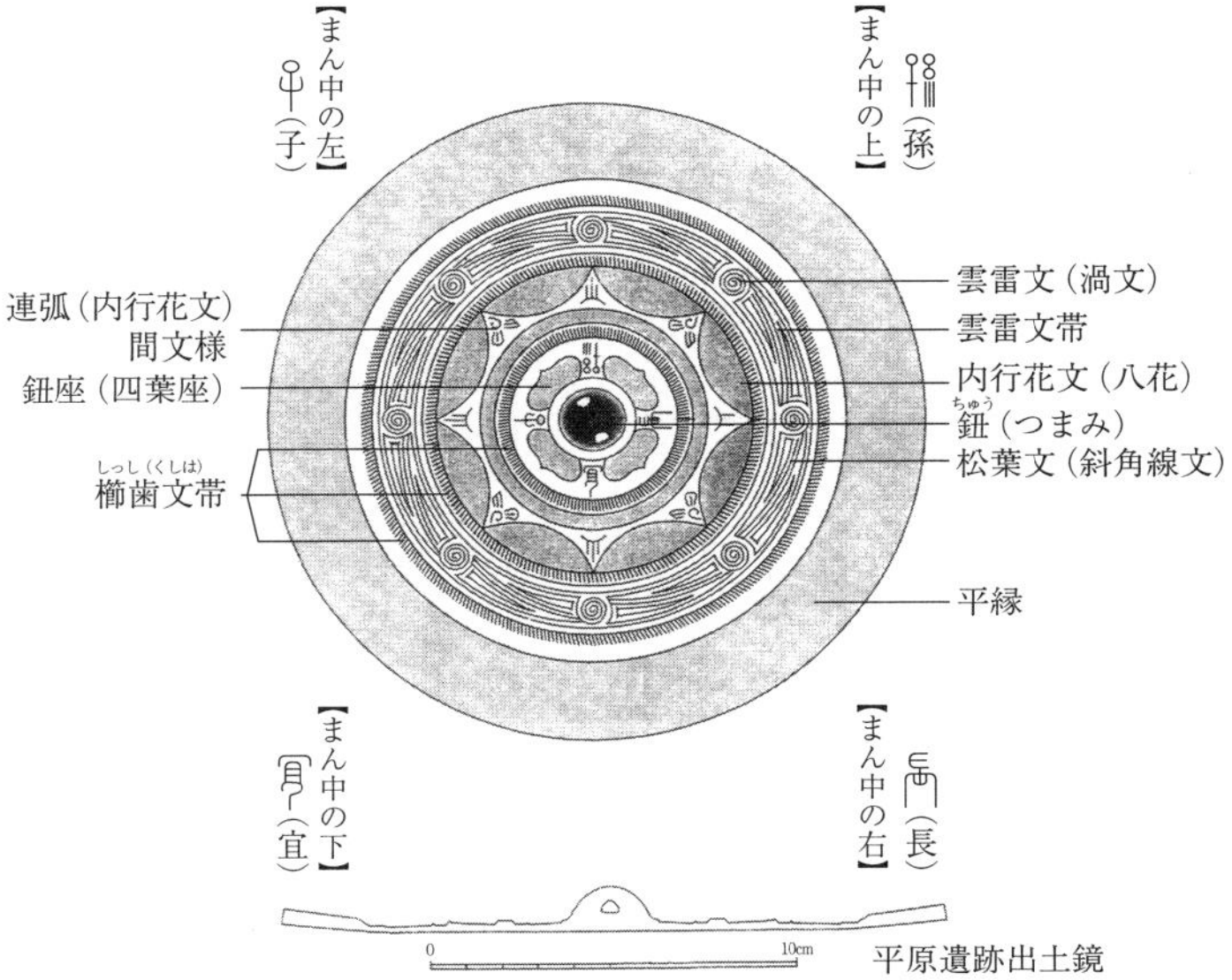

図６　雲雷紋連弧文鏡（雲雷文内行花文鏡）
雲雷文は渦巻状・同心小円などの変異がある。雲雷文帯は、松葉文・同心円的平行線のものなどの変異がある。

「弥生時代以前」と「古墳時代以後」とでは、大きく傾向が異なる

72・73ページの図4と図5とを比較すれば、大きく傾向の異なることがわかる。

すなわち、つぎのような点が異なる。

(1)「雲雷文内行花文鏡」の県別出土数の分布は、図4の「弥生時代以前の遺跡から出土したもの」は、福岡県を中心に分布している。図5の「古墳時代以後の遺跡から出土したもの」は、奈良県を中心に分布している。

(2)図5の「古墳時代以後の遺跡から出土したもの」では、出土数のなかで占める「倭鏡」の率が、図4の「弥生時代以前の遺跡から出土したもの」にくらべ、ずっと大きくなる。

すなわち、「倭鏡」の占める率は、つぎのとおりである。

図4……二十五面中一面（四パーセント）

図5……六十三面中二十四面（三八・一パーセント）

このような大きな違いは、わが国で出土する青銅鏡全体の大きな地殻変動と関係している。

青銅鏡にみられる地殻変動的大激変のあった時期

「いわゆる西晋鏡」が、中国で行なわれた（墓に埋納された）時期は、洛陽西晋墓から出た墓誌に記されていた三つの年、大康八年（二八七）、元康九年（二九九）、永寧二年（三〇二年）や、その他の墓誌に記されている年からわかる。墓誌に記されている年で、現在知られているものはすべて、西晋時代（二六五～三一六）のうちの呉の滅亡した二八〇年から、西晋の滅亡した三一六年のあいだにはいっている（56・57ページの表5、表6）。

したがって、わが国で、「いわゆる西晋鏡」が行なわれた時期は、中国で行なわれた時期とほぼ同じか、輸入にともなう時間差を考えて、そのすこしあと、ということになろう（二八五年～三二〇年ごろか）。

わが国で出土する青銅鏡全体にみられる大きな地殻変動は、「いわゆる西晋鏡」が出土する時期をさかいとして起きている。

すなわち、つぎのとおりである。

地殻変動的大激変の存在

「いわゆる西晋鏡」が行なわれた時期以前に行なわれた（埋納された）鏡は、すべて、福岡県を中心とする北部九州を中心として分布する。

それは、時期的にみれば、

(1) 中国では、おもに、前漢（紀元前二〇二年〜紀元後八年）から、西晋（二六五年〜三一六年）のころのものとして出土している遺物である。

(2) 日本では、おもに、弥生時代・庄内期にかけてのころ、出土している遺物である。

(3) 邪馬台国の時代も、この時期のうちに含まれる。このような状況は、邪馬台国が、北部九州にあったことを強く指し示す。

三二〇年〜三五〇年ごろに、大激変が起きる。以後、鏡などが、奈良県をはじめとする近畿を中心に分布するようになる。

それは、時期的にみれば、つぎのようなものである。

(1) 中国では、東晋（三一七年〜四二〇年）以後の時代にほぼあたる。

(2) 日本では、古墳（前方後円墳）時代、布留式土器以後の時代に、ほぼあたる。

(3) 大和朝廷が成立し、発展した時代にあたる。

以下では、その状況をみてみよう。

「大激変」は、大きくみれば、日本が国交をもった中国の国が、北中国（華北、西晋の国）から、南中国（華中・華南・東晋の国）に変ったことと対応している。

このことは、邪馬台国勢力の一部勢力、または、重要勢力が、かりに東遷したとしても、なお、北部九州に残存する勢力が、中国の西晋王朝と外交関係をもち、「いわゆる西晋鏡」を、西晋の時代（呉の滅亡の二八〇年から、西晋の滅亡する三一六年ごろ）まで、輸入していたことを示している。

すなわち、西晋の時代の前の魏の時代（二二〇年～二六五年）のころ、邪馬台国が北部九州に存在していたことを、示している。

大激変以前の状況

中国では、前漢の晩期（紀元前三二年～紀元後六年）に盛行した「昭明鏡」が、わが国では、福岡県を中心に分布していることは、71ページの図3で示した。

また、「弥生時代以前の遺跡から出土した「雲雷文内行花文鏡」が、福岡県を中心として分布していることは、72ページの図4で示した。

以下、他の種の鏡の状況をみてみよう。

燕の国（?〜西暦紀元前二二二年滅亡）系の鏡

●「多鈕細文鏡」●

「多鈕細文鏡」は、わが国において、最初に出現する青銅鏡である。

燕の国は、中国の春秋戦国時代の国で、現在の北京付近から遼東半島にわたる地を領した。

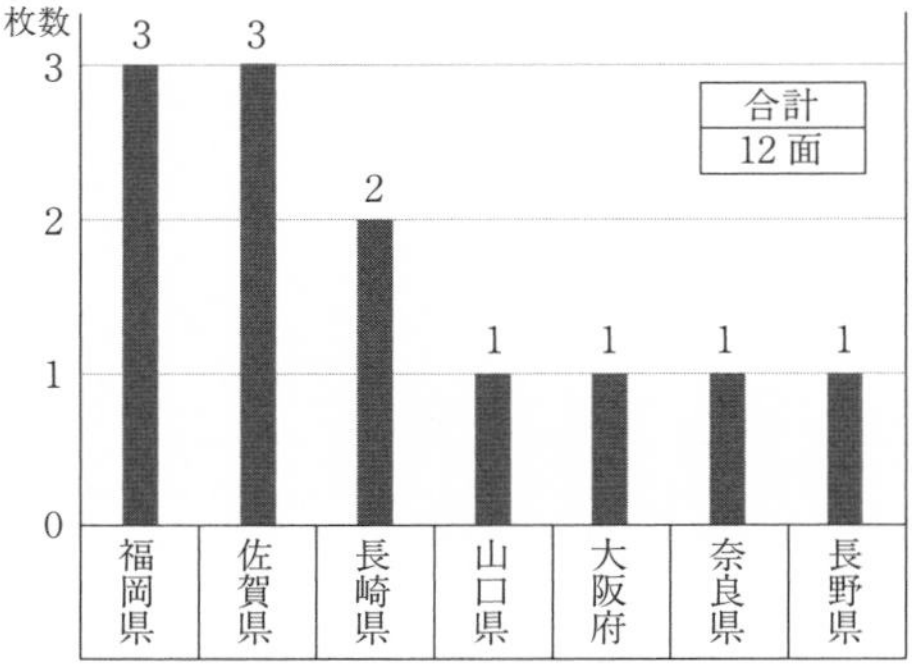

図7　県別「多鈕細文鏡」出土数

写真3　多鈕細文鏡
直径10.6cm。佐賀県唐津市宇《う》木《き》汲《くん》田《でん》遺跡の甕棺から出土。同じ甕棺から、細形銅剣も出土している。写真は、樋口隆康著『古鏡図録』（新潮社刊）による。

「多鈕細文鏡」は、二個または三個の鈕《ちゅう》（紐《ひも》を通すつまみ）をもち、細い線による文様をもつ（写真3）。凹面鏡。朝鮮でも出土している。

鉛同位体比からみて、銅原料は、細形銅剣・細形銅矛・細形銅戈などに近い。

わが国では、大半（十二面中八面）が、北部九州から出土している（出土地一覧表は、巻末【データ表】の付表5）。

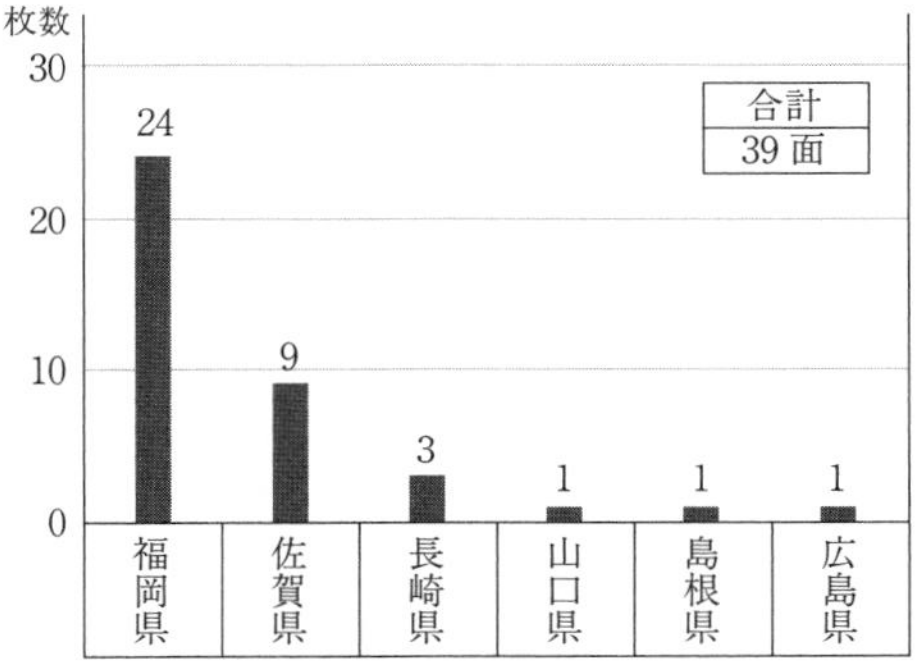

図８　県別　前漢の国系の鏡

寺沢薫著『弥生時代の年代と交流』（吉川弘文館、2014年刊）の333～336ページ所載の表のデータによる。『考古資料大観６』（小学館、2003年刊）をみると、福岡県須玖岡本遺跡出土の「草葉文鏡」について７つの、「星雲鏡」について３つの、鉛同位体比測定データが示されている。これは、あるいは、同一の鏡の異なる部位の測定値を含むか。そうではなく、すべて別個の鏡の測定値だとすると、福岡県の前漢の国系の鏡の出土数は、７面ふえ31面となる。

前漢の国（紀元前二〇六年～紀元後八年）系の鏡

●「草葉文鏡」「星雲鏡」「異体字銘帯鏡（昭明鏡・日光鏡・清白鏡など）」●

三十九面のうち三十六面（九十二パーセント）が、北九州から出土している。

大略魏の国（西暦二二〇年～二六五年）のころ、ほぼ邪馬台国の時代に、わが

写真４　草葉文鏡
洛陽市、前漢中期墓出土。直径23.5cm。（『洛鏡銅華』〔中国・科学出版社刊〕による。）

写真５　星雲文鏡
洛陽市焼溝村、前漢中期墓出土。直径10.0cm。（『洛鏡銅華』〔中国・科学出版社刊〕による。）

国で作られていたとみられる鏡

●「小形仿製鏡第Ⅱ型」●

この鏡の出土数は、かなり多い。当時、魏の国では、銅原料が不足していた。仿製鏡《ぼうせいきょう》は中国の鏡を日本で模倣して造った鏡のことを指す。「第Ⅱ型」は、小型仿製鏡の分類型式名の整理番号である。

小形の仿製鏡について、考古学者の森浩一氏はつぎのようにのべる。

「『長宜子孫』（長く子孫によろし）という銘を書きました内行花文鏡が後漢の後半の代表的

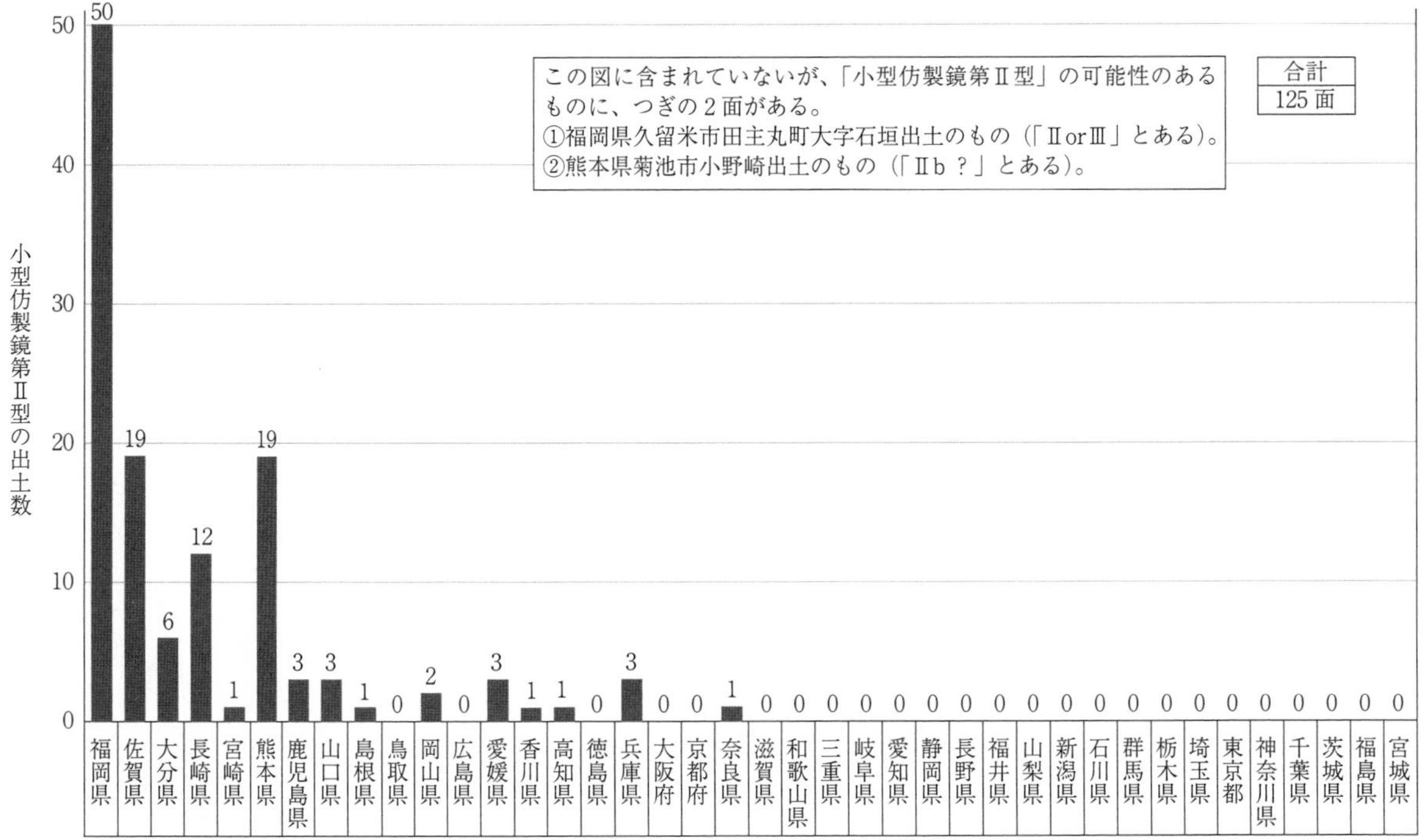

図9　県別「小形仿製鏡第Ⅱ型」の出土数

もとのデータは、田尻義了《たじりよしのり》著『弥生時代の青銅器生産体制』（九州大学出版会、2012年刊）による。なお、田尻義了「弥生時代小形仿製鏡の集成」（『季刊邪馬台国』106号、2010年刊）参照。

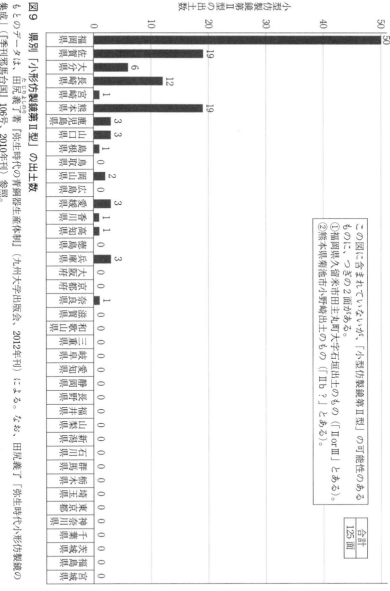

図10　「小形仿製鏡第Ⅱ型」の１例
直径6.85cm。福岡市博多区博多駅前、比恵遺跡出土。（田尻義了《たじりよしのり》著『弥生時代の青銅器生産体制』〔九州大学出版会、2012年刊〕による。）

な鏡ですが、それが北九州での三世紀ごろと推定される墓から点々と出ております。しかし、中国鏡だけではとても、すでに広がりつつあった鏡に対する愛好の風習はまかないきれないとみえまして、北九州の社会では、（中略）邪馬臺国がどこかにあった時代に、直径が八センチ前後の小型の銅鏡を多量に鋳造しています。」（『語りかける出土遺跡』〔『邪馬台国のすべて』朝日新聞社刊所収〕）

甕棺または、箱式石棺から出土しているものだけについて、甕棺から出土しているか、箱式石棺から出土しているか、という形で統計をとると、**表8**のようになる。

表8をみれば、「小形仿製鏡第Ⅱ型」が、「甕棺」よりも、「箱式石棺」から出土する傾向が強いことは明らかである。

そして、「箱式石棺」が、ほぼ邪馬台国時代の墓制とみられることは、すでに、この本の68ページでのべたところである。

大略西晋時代（二六五年～三一六年）にあたるころ、わが国で行なわれていた鏡

表8　「清白」「日光」銘鏡や銅利器は、甕棺から、「小形仿製鏡第Ⅱ型」と「長宜子孫銘内行花文鏡」は、箱式石棺から（もと甕棺墓が行なわれた地域）

<table>
<tr><th></th><th>甕棺
（金印奴国時代）</th><th colspan="3">箱式石棺
（邪馬台国時代）</th></tr>
<tr><td>銅利器（細形・中細形の銅剣・銅矛・銅戈）</td><td>75本</td><td colspan="3">0本</td></tr>
<tr><td>「清白」「精白」「青白」「日光」「日有喜」銘鏡</td><td>30面</td><td colspan="3">0面</td></tr>
<tr><td>雲雷文内行花文鏡</td><td>1面*</td><td>7面</td><td rowspan="2">33面</td><td rowspan="2"></td></tr>
<tr><td>小形仿製鏡第Ⅱ型</td><td>0面</td><td>26面</td></tr>
</table>

＊この1面は、福岡市西区飯氏《いいじ》字馬場出土のもの。

「雲雷文内行花文鏡」についてのデータはこの本の巻末の［データ表］**付表2～付表4**による。「小形仿製鏡第Ⅱ型」についてのデータは、高倉洋彰氏の論文「弥生時代小形仿製鏡について」（『季刊邪馬台国』32号、1987年刊）によった。田尻義了著『弥生時代の青銅器生産体制』（九州大学出版会刊）にのせられている「小形仿製鏡集成表」によらなかった。これは、田尻義了氏の著書では、「石棺」とのみ記されているものが、「箱式石棺」（数枚の板石を組みあわせる）なのか、「箱式石棺以外の石棺」なのか、区別がはっきりしないためである。なお、高倉洋彰氏は、論文「弥生時代小形仿製鏡について」（『考古学雑誌』第70巻、第3号、1985年）でも、『季刊邪馬台国』所載のものと同様の表を示しておられる。ここでは、発表年度の新しい『季刊邪馬台国』所載のものによった。

●「位至三公鏡」「双頭竜鳳文鏡」「蝙蝠《こうもり》鈕座内行花文鏡」「夔鳳鏡《きほうきょう》」など●

すでにのべた「位至三公鏡」と同じく、「いわゆる西晋鏡」といえるものに、「蝙蝠鈕座内行花文鏡」「夔鳳鏡」などがある。

これら三種の鏡には、つぎのような共通性がある。

(1)　中国では、おもに、西晋時代の墓から出土している（いくつかの墓誌が出土しているので、埋納年代がわかる。**56・57ページの表5、表6**）。

(2)　中国でも、日本でも、これら三種の鏡は、しばしば同一の墓、または、墓群から出土している（**52ページの表4**の「洛陽西晋墓」の出土鏡の状況は、そのような例のひとつである）。

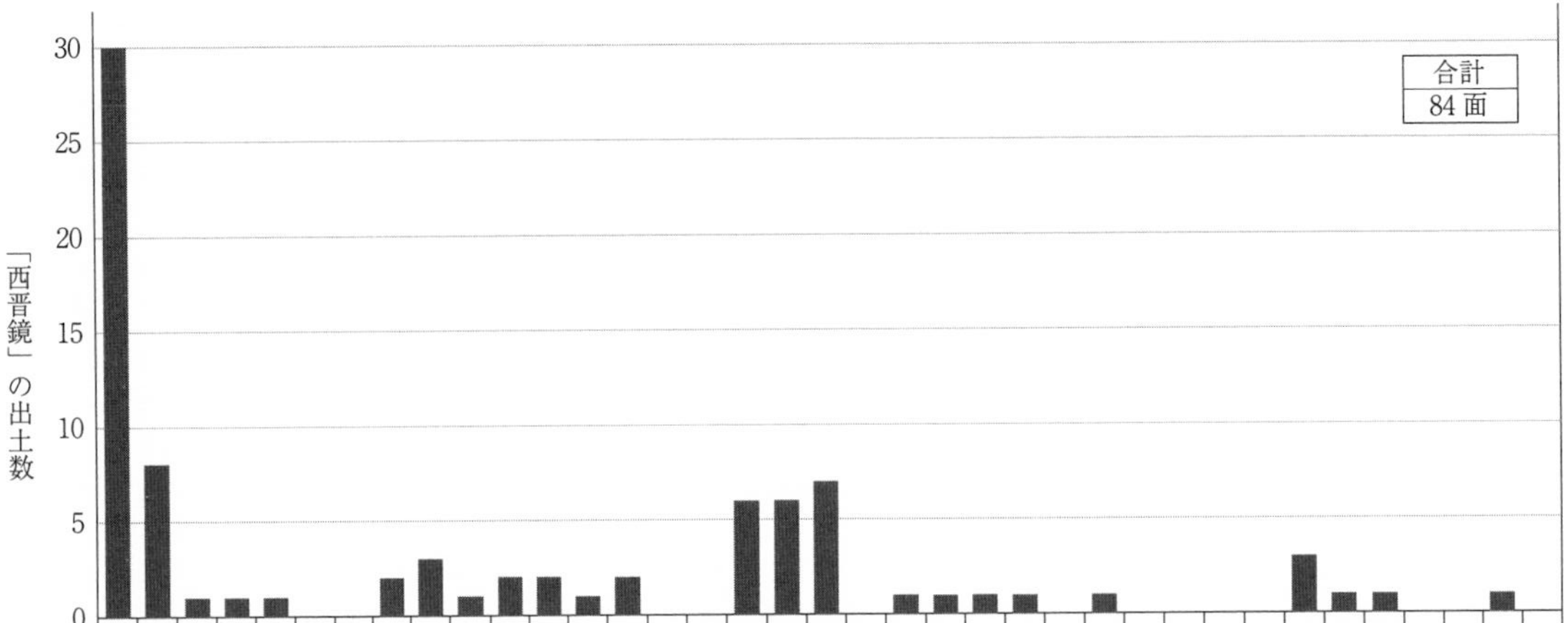

		計	福岡県	佐賀県	大分県	長崎県	宮崎県	熊本県	鹿児島県	山口県	島根県	鳥取県	岡山県	広島県	愛媛県	香川県	高知県	徳島県	兵庫県	大阪府	京都府	奈良県	滋賀県	和歌山県	三重県	岐阜県	愛知県	静岡県	長野県	福井県	山梨県	新潟県	石川県	群馬県	栃木県	埼玉県	東京都	神奈川県	千葉県
計		84	30	8	1	1	1	0	0	2	3	1	2	2	1	2	0	0	6	6	7	0	1	1	1	1	0	1	0	0	0	0	3	1	1	0	0	1	0
内わけ	位至三公鏡	23	7	5	1	0	0	0	0	1	1	0	0	0	0	1	0	0	0	5	0	0	0	0	1	0	0	0	0	0	0	0	0	0	0	0	0	1	0
	双頭竜鳳文鏡	5	2	0	0	0	0	0	0	0	0	0	1	0	0	0	0	0	0	0	1	0	0	0	0	0	0	0	0	0	0	0	1	0	0	0	0	0	0
	蝙蝠鈕座内向花文鏡	28	12	0	0	0	1	0	0	1	2	0	0	1	1	1	0	0	3	1	1	0	0	1	0	1	0	1	0	0	0	0	0	1	0	0	0	0	0
	夔鳳鏡	28	9	3	0	1	0	0	0	0	0	1	1	1	0	0	0	0	3	0	5	0	1	0	0	0	0	0	0	0	0	0	2	0	1	0	0	0	0

図11　県別「西晋鏡」の出土数

データについては、『季刊邪馬台国』124号（梓書院、2015年刊）参照。

(3)　わが国で出土する青銅鏡についての測定の結果では、「いわゆる西晋鏡」よりも前の時代の鏡では、銅原料に、すべて、中国北部（華北）系の銅原料が用いられていた。それまで、わが国が外交関係をもった中国の王朝は、すべて、中国北部に都をもつ王朝であったためとみられる。「いわゆる西晋鏡」の三種の鏡では、共通して、中国南部（華中・華南）系の銅原料が用いられている。これは、西晋が、二八〇年に、中国南部の呉の国を滅ぼし、その結果、中国南部の銅が、西晋の都洛陽などに流れこむようになった結果とみられる。

弥生時代の鉄鏃の県別分布

鏡ではないが、「大激変以前の状況」の鏡の県別分布と似た県別分布を示すものは、すくなくない。

「魏志倭人伝」に、倭人は、「鉄の鏃《やじり》」を用いると記されている。

弥生時代の「鉄の鏃」について、「鏡」のばあいと同じようなグラフを作れば、図12のようになる。

やはり、福岡県を中心とするような分布を示す。

箱式石棺の県別分布

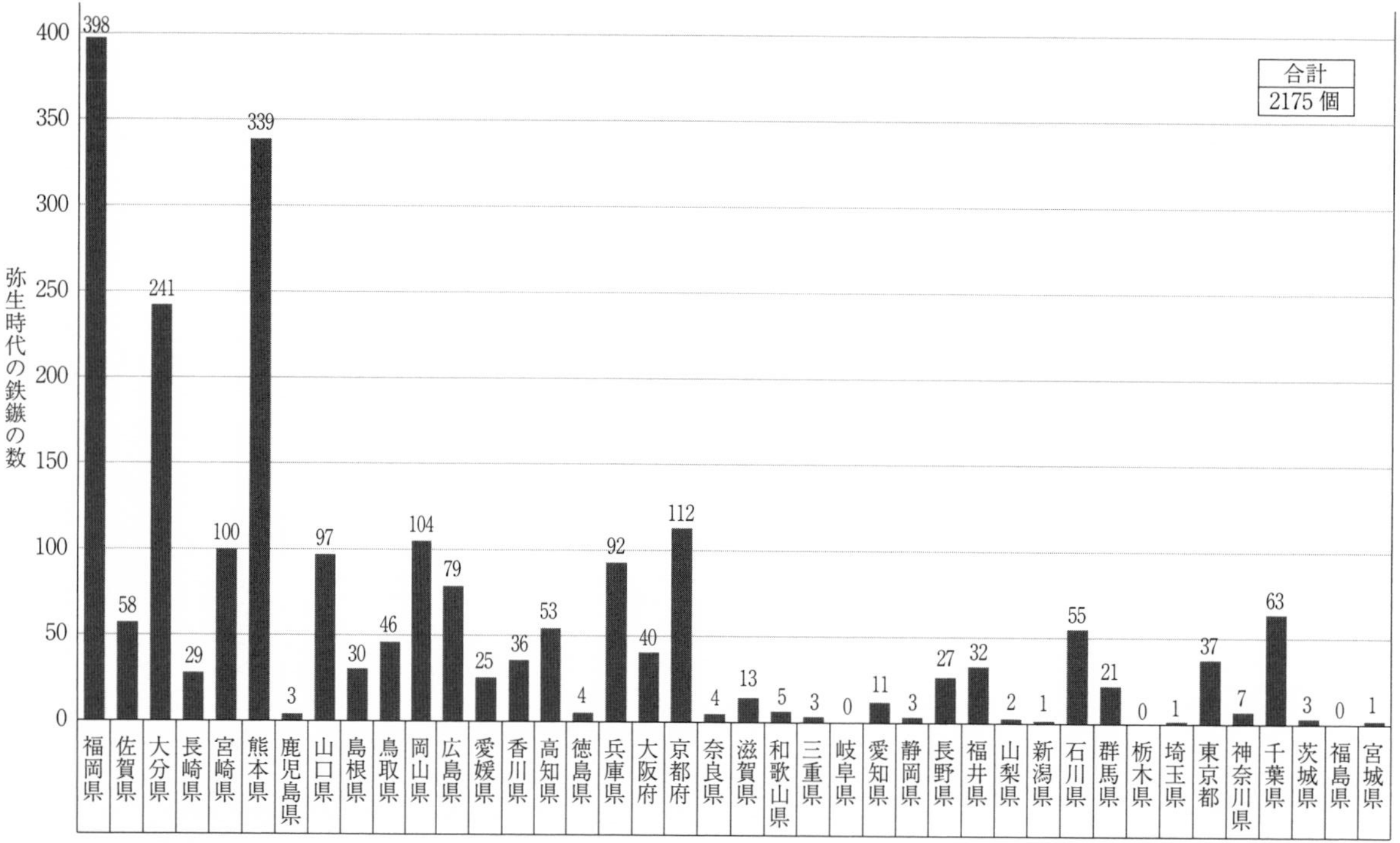

図12　県別　弥生時代の鉄鏃の数

もとのデータは、川越哲志編『弥生時代鉄器総覧』(広島大学文学部考古学研究室、2000年刊) による。

箱式石棺が、ほぼ邪馬台国時代の墓制であることはすでにのべた。

二〇一五年に、茨城大学名誉教授の考古学者、茂《も》木《ぎ》雅博《まさひろ》氏の著書『箱式石棺（付・全国箱式石棺集成表）』（同成社刊）が出版されている。

この茂木氏の本の「全国箱式石棺集成表」では、「弥生前期」「弥生中期」「弥生後期」「古墳前期」「古墳中期」「古墳後期」などにわけて統計がとれる形で、データが整理されている。

データ数が、かなり多いので、「弥生後期」の箱式石棺について、県別分布を調べれば、**図13**のようになる。

広島県からの出土がめだつが、福岡県からの出土数がトップであることは、これまでの図で示したところと変りがない。

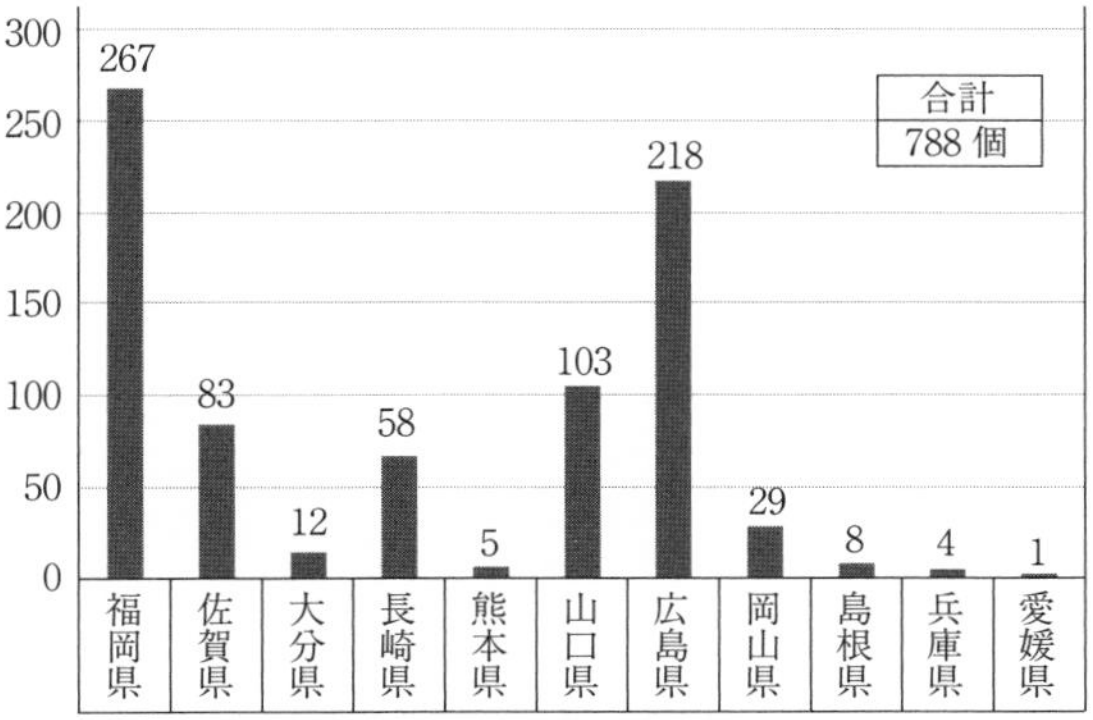

図13　県別　弥生時代後期箱式石棺の出土数
弥生前期・中期の箱式石棺墓をのぞく。

徐苹芳《じょへいほう》氏の見解

中国社会科学院考古研究所の所長をされた考古学者、徐苹芳氏はのべる。

「考古学的には、魏および西晋の時代、中国の北方で流行した銅鏡は明らかに、方格規矩鏡・内行花文鏡・獣首鏡・夔鳳鏡《きほうきょう》・盤竜鏡・双頭竜鳳文鏡・位至三公鏡《いしさんこうきょう》・鳥文鏡などです。

従って、邪馬台国が魏と西晋から獲得した銅鏡は、いま挙げた一連の銅鏡の範囲を越えるものではなかったと言えます。」（『三角縁神獣鏡の謎』角川書店、一九八五年刊）

ここには、「三角縁神獣鏡」などが含まれていないことに注意すべきである。

そして、日本と国交をもった西晋の国のころまでの鏡などが、すべて福岡県を中心に分布することは、西晋の国のまえの魏の時代の邪馬台国が、北部九州にあったことを、強くさし示す。

そして、西晋の国の存続期間は、西暦二六五年〜三一六年である。したがって、わが国において、鏡の世界での地殻変動的大激変がおきたのは、西晋の国のあとの、三二〇年〜三五〇年ごろとみられる。

大激変以後の状況

中国長江流域系の鏡（わが国出土のものは、四世紀前半ごろから登場し、おもに、四世紀の遺跡から出土している）

●「画文帯神獣鏡」●

「画文帯神獣鏡」は、わが国でも、一五〇面以上出土する。中国中・南部の長江流域系の銅原料と文様をもつ。四世紀前半、あるいは中ごろから登場し、おもに四世紀の遺跡から出土している。

中国でも、一五〇面以上出土している。

図14　「画文帯神獣鏡」の１例
図は、川西宏幸著『同型鏡とワカタケル』（同成社、2004年）にもとづいて作成。

●「三角縁神獣鏡」●

鏡の縁の断面が三角形になっている大型の鏡である。三角縁神獣鏡は、中国本土からは一面も出土していない。ただし、神獣の文様、鉛同位体比などは、長江流域系の流れを汲むものである。わが国では、「画文帯

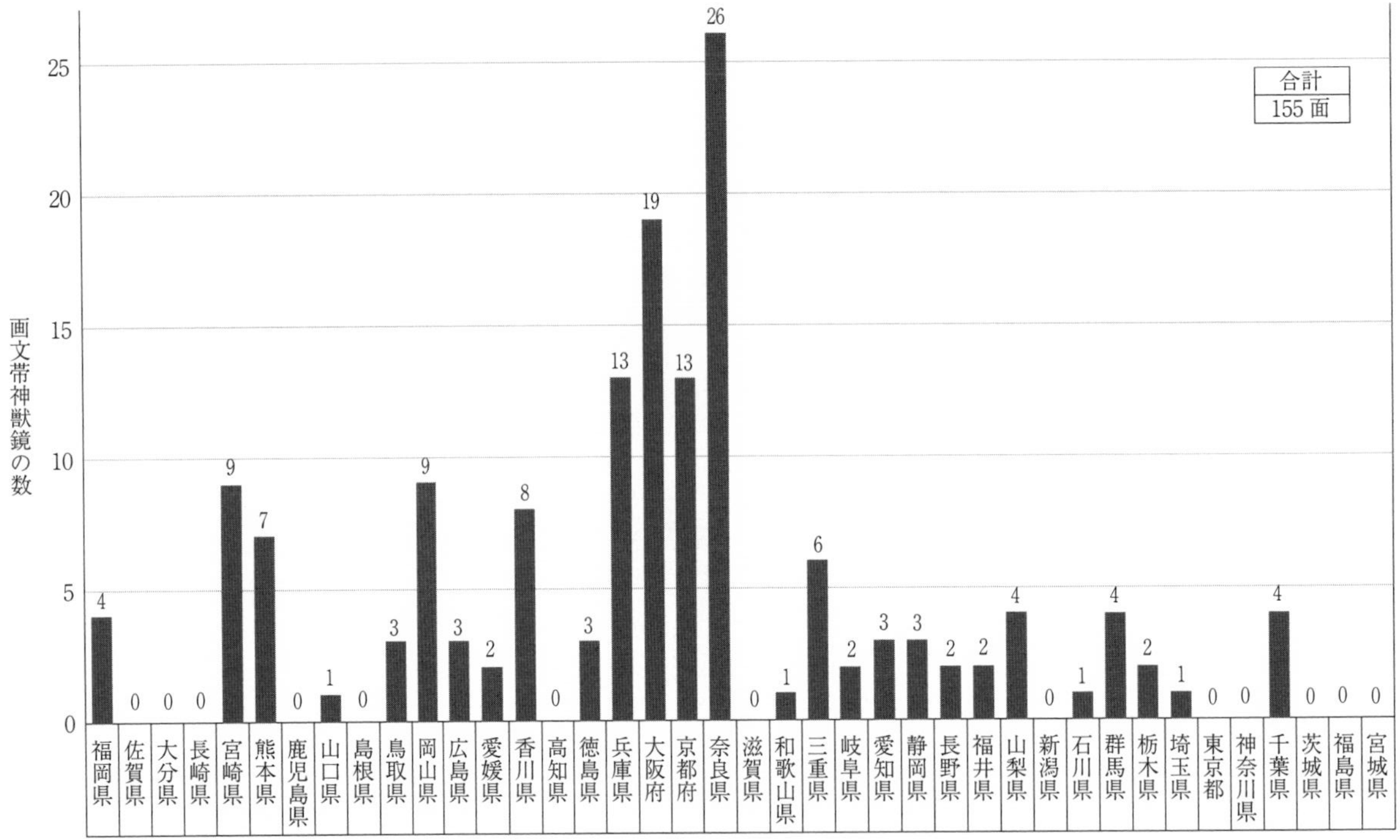

図15　県別「画文帯神獣鏡」の出土数

もとの出土データは、拙著『大崩壊「邪馬台国畿内説」』（勉誠出版、2012年刊）に示したデータによる。

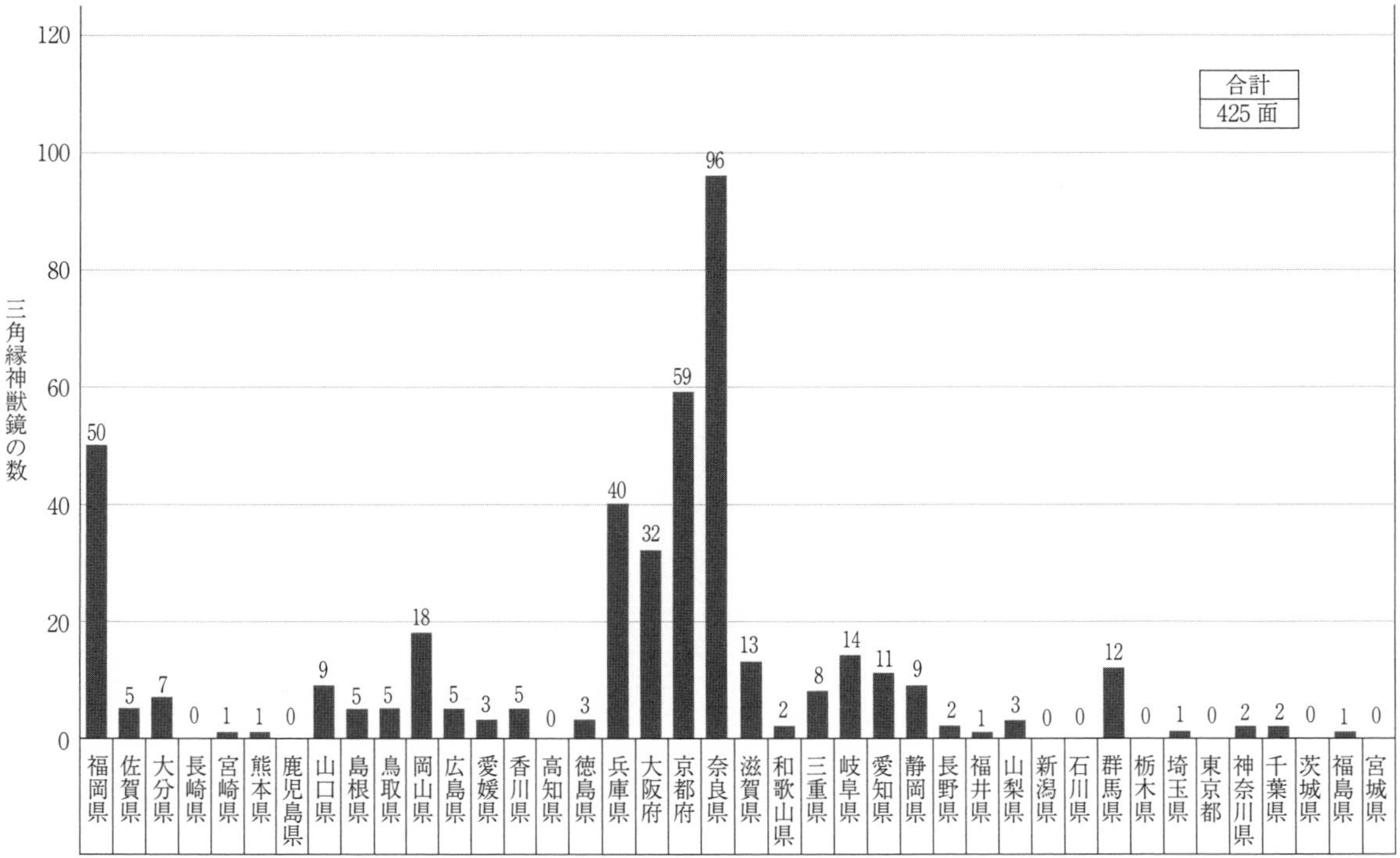

図16　県別「三角縁神獣鏡」の出土数

もとのデータは、下垣仁志著『三角縁神獣鏡研究事典』（吉川弘文館、2010年刊）による。ただし、「伝」「推定」などとあり、出土地が不確かなものをのぞく。

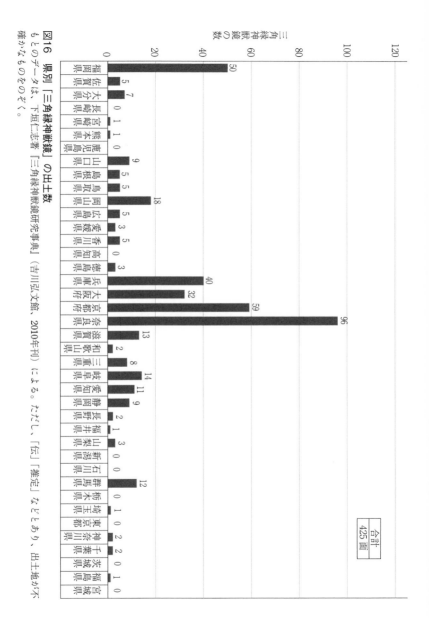

図17　「三角縁神獣鏡」の1例
京都府相楽《そうらく》郡《ぐん》山城《やましろ》町《ちょう》（現木津川《きづがわ》市《し》）椿《つば》井《い》大塚山《おおつかやま》古墳出土の「三角縁獣帯四神四獣鏡」を描いたもの。

神獣鏡」よりも、すこし遅れて登場する。おもに四世紀の遺跡から出土している。

巨大前方後円墳

「巨大前方後円墳」も、「画文帯神獣鏡」や「三角縁神獣鏡」と同じく、奈良県を中心として分布する。また、「画文帯神獣鏡」や「三角縁神獣鏡」は、しばしば。巨大前方後円墳の中から出土している。

図18と図19に、全長一〇〇メートル以上と、全長八〇メートル以上の「前方後円墳」の県別分布を示した。

古墳時代に出土する多くの遺物、たとえば、竪穴式石室の数なども、「巨大前方後円墳」と同じく、奈良県を中心に分布するとみられる。

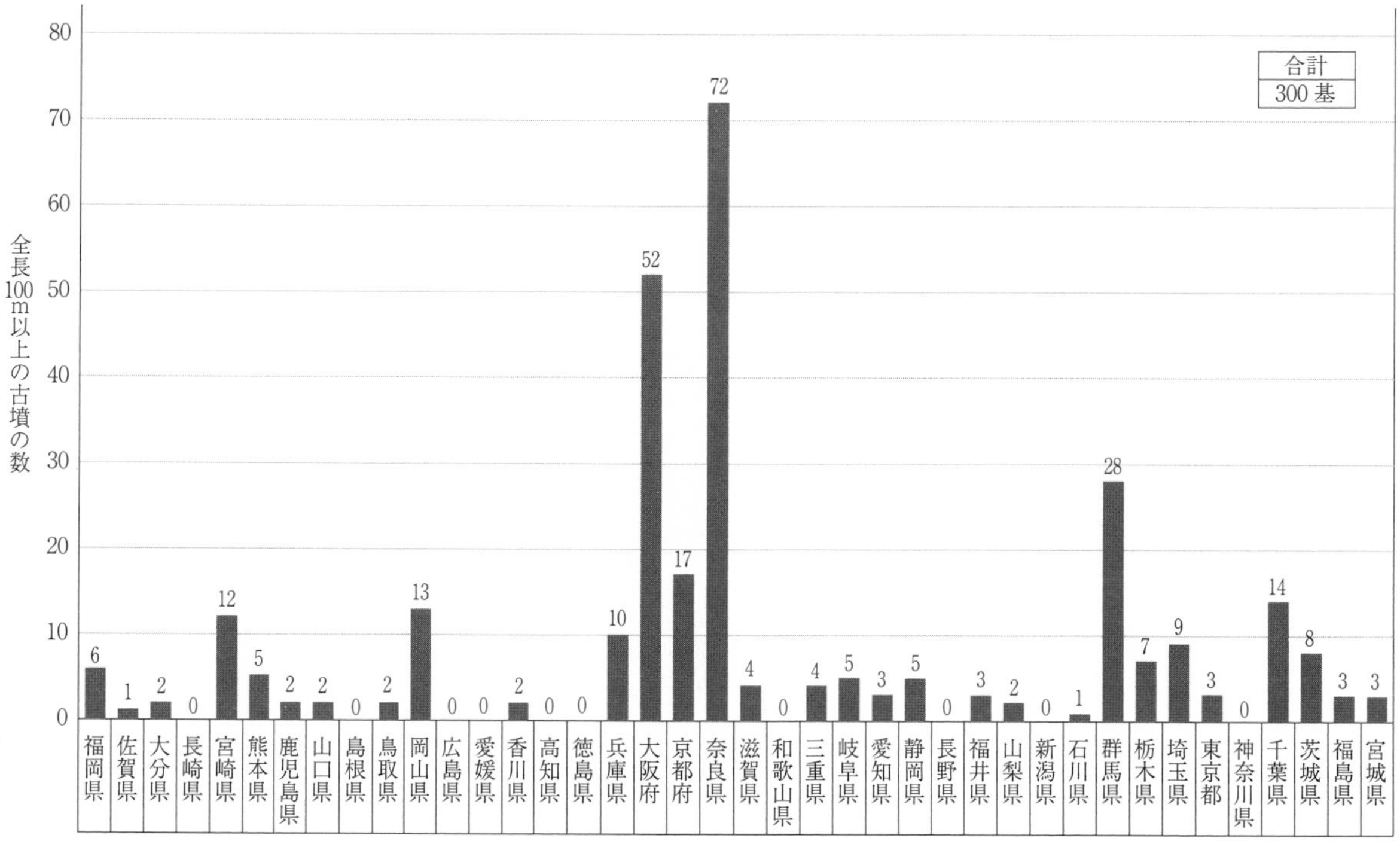

図18　県別　巨大前方後円墳（全長100m以上）の数

もとのデータは、「前方後円墳のデータベース」（『季刊邪馬台国』77号、梓書院、2002年刊）による。

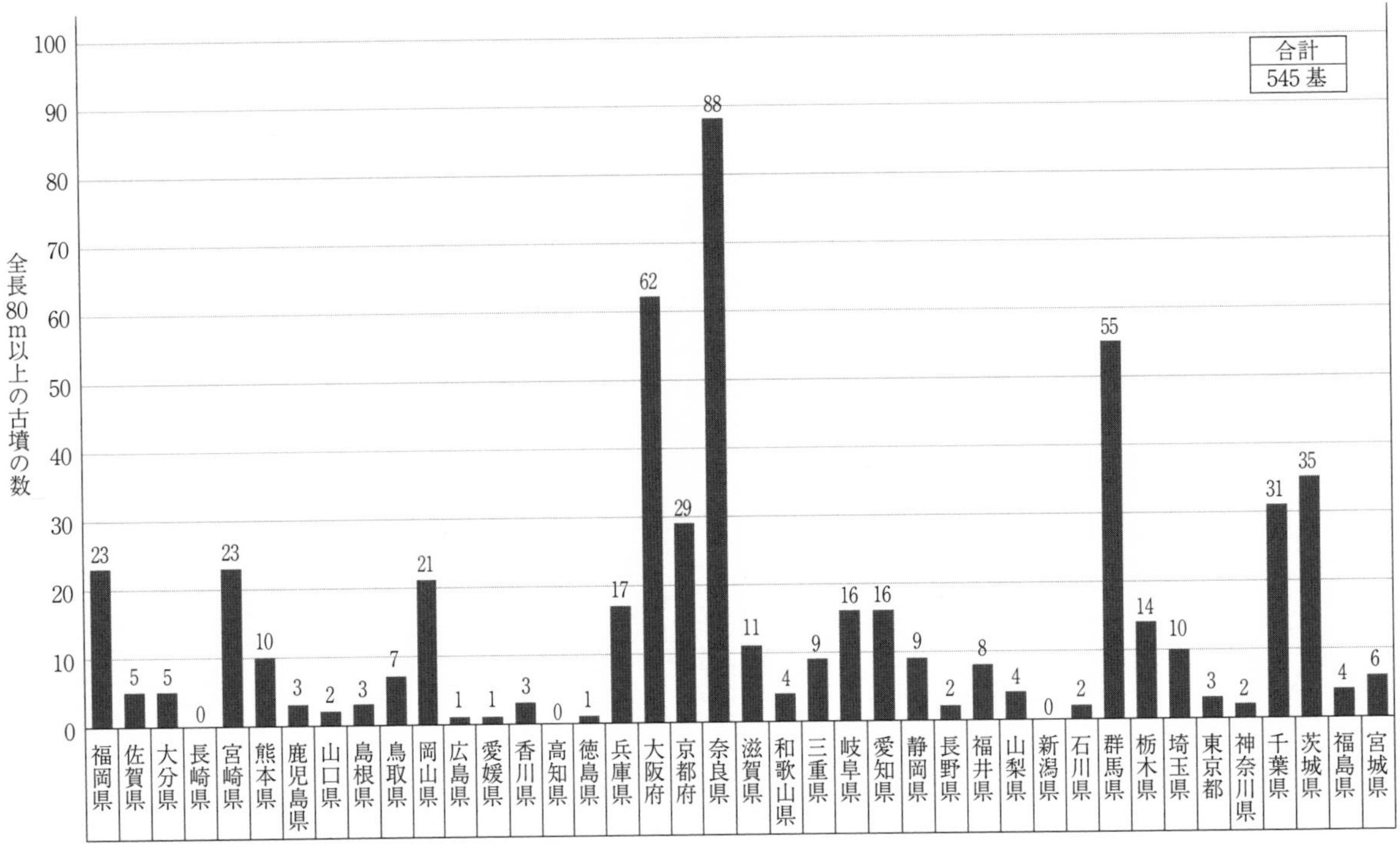

図19　県別　巨大前方後円墳（全長80m以上）の数

もとのデータは、「前方後円墳のデータベース」（『季刊邪馬台国』77号、梓書院、2002年刊）による。

鏡が、わが国へ到達した二つのルート

青銅鏡の県別分布の中心が、北部九州の福岡県から、近畿の奈良県へとうつる。鏡の世界にみられるこの地殻変動的大激変は、以下にのべるような歴史的事実と呼応しているとみられる。

(1)『晋書』の「帝紀」の「武帝紀」（武帝は、西晋の第1代皇帝司馬炎［在位二六五〜二九〇］）に、つぎのような記事がある。

「泰始二年（二六六）十一月己卯（五日）、倭人が来て方物（その国の産物）を献じた。」

また、『晋書』の「四夷伝」の「倭人条」に、つぎの記事がある。

「（倭人は、）泰始（年間）のはじめに、使をつかわし、訳を重ねて（Aの言語からBの言語へ、Bの言語からCの言語へと、通訳を重ねて）、入貢した（貢物《みつぎもの》をたてまつった）。」

さらに、『日本書紀』の「神功皇后紀」の六十六年の条に、晋の起居注（天子の言行録）を引用したつぎの記事がある。

「（西晋の）武帝の泰初（泰始）二年の十月に、倭の女王、訳を重ねて、貢物をたてまつらせた。」（この文の女王を、卑弥呼の宗女、台与《とよ》にあてる見解がある。）

このように、倭国は、卑弥呼の没後に、西晋王朝と外交関係をもっていた。

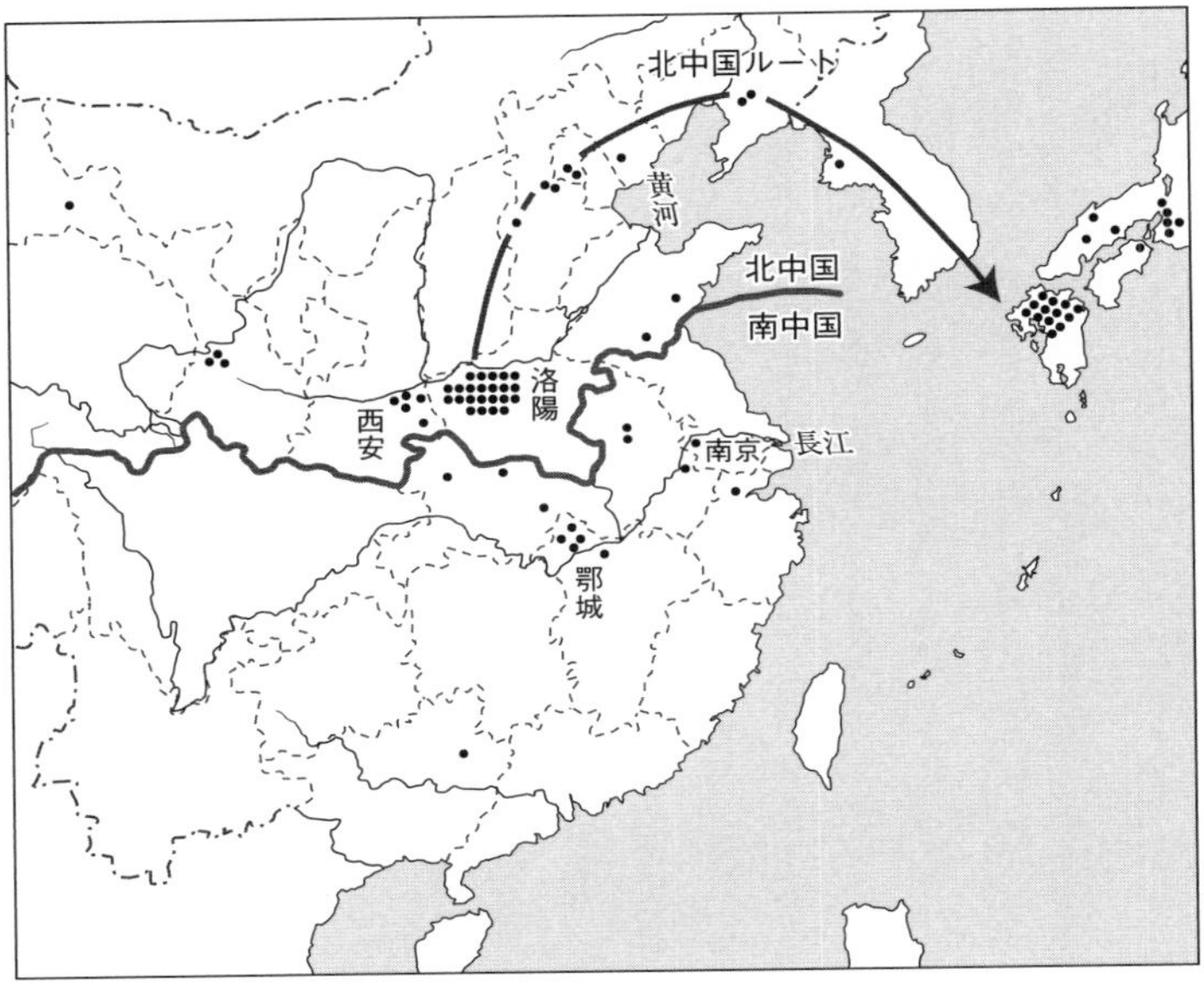

地図6　「位至三公鏡」の分布
「位至三公鏡」は、中国では洛陽を中心に分布する。わが国では、福岡県を中心とする北九州から主に出土する。大阪府からは出土例があるが、奈良県からは、確実な出土例がない。

「位至三公鏡」「蝙蝠鈕座内行花文鏡」などの「いわゆる西晋鏡」は、このような外交関係を通じて、わが国に流入したものであろう。

地図6、地図7にみられるように、「位至三公鏡」「蝙蝠鈕座内行花文鏡」などの「いわゆる西晋鏡」の出土状況は、これらの鏡が、西晋の都洛陽から、北部九州にむけて動いているようにみえる。

このことは、二八〇年の呉の滅亡以後の西晋の時代(二八〇〜三一六)まで、邪

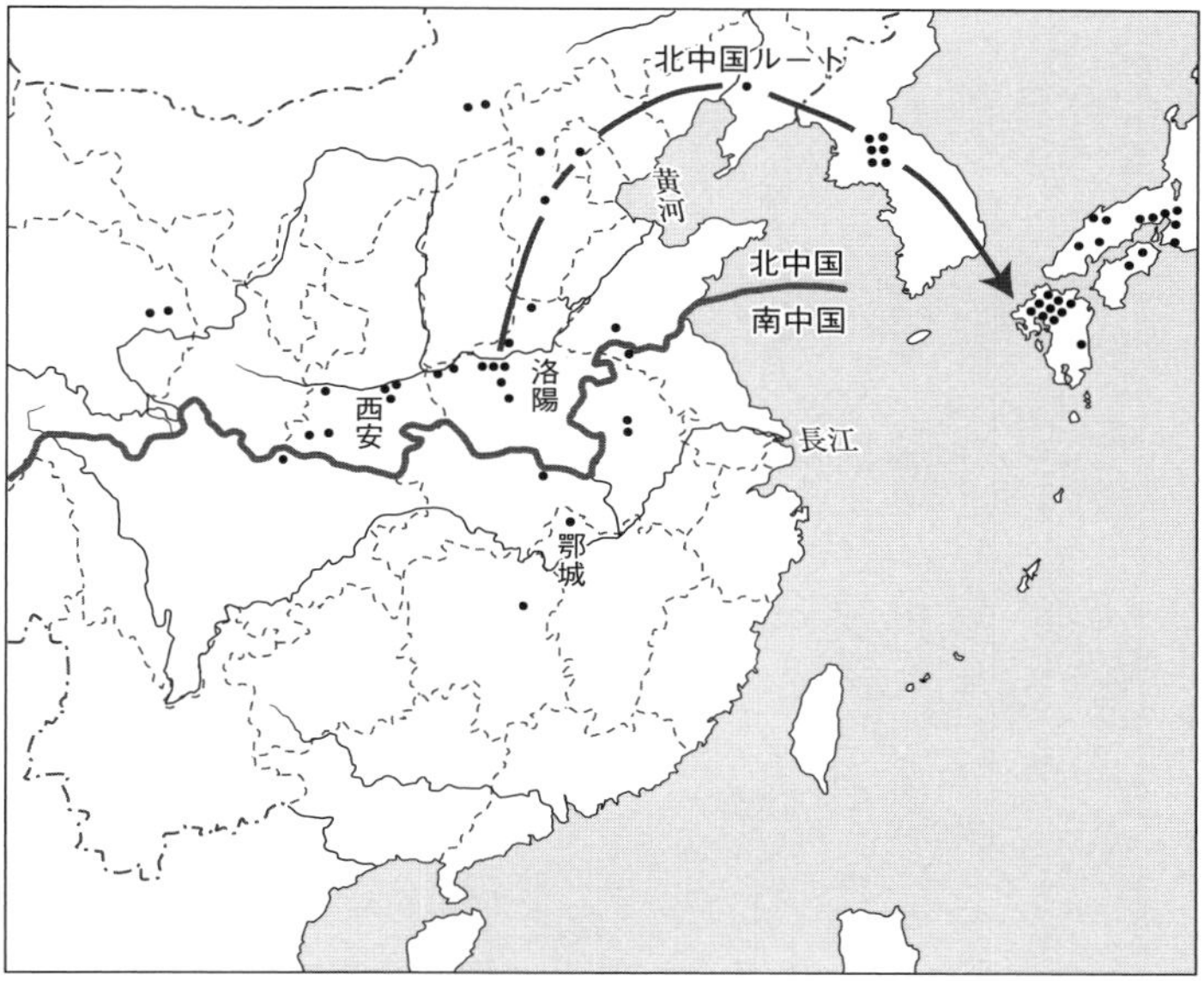

地図7　「蝙蝠鈕座内行花文鏡」の分布
中国・朝鮮での分布は、岡村秀典「後漢鏡の編年」（『国立歴史民俗博物館研究報告』第55集、2003年刊）所載の地図にもとづく。

馬台国の後継勢力が、なお、北部九州に存在したことを、強くさし示しているようにみえる。

このように、「いわゆる西晋鏡」は、北部九州に存在した邪馬台国の後継勢力と北中国の洛陽に都をもつ西晋の国との外交関係によって、日本にもたらされた可能性が大きい。

(2)　これに対し、「画文帯神獣鏡」は、西晋の国のあとの、南中国の建康（南京付近）に都をもつ東晋の国との外交関係によって、古墳

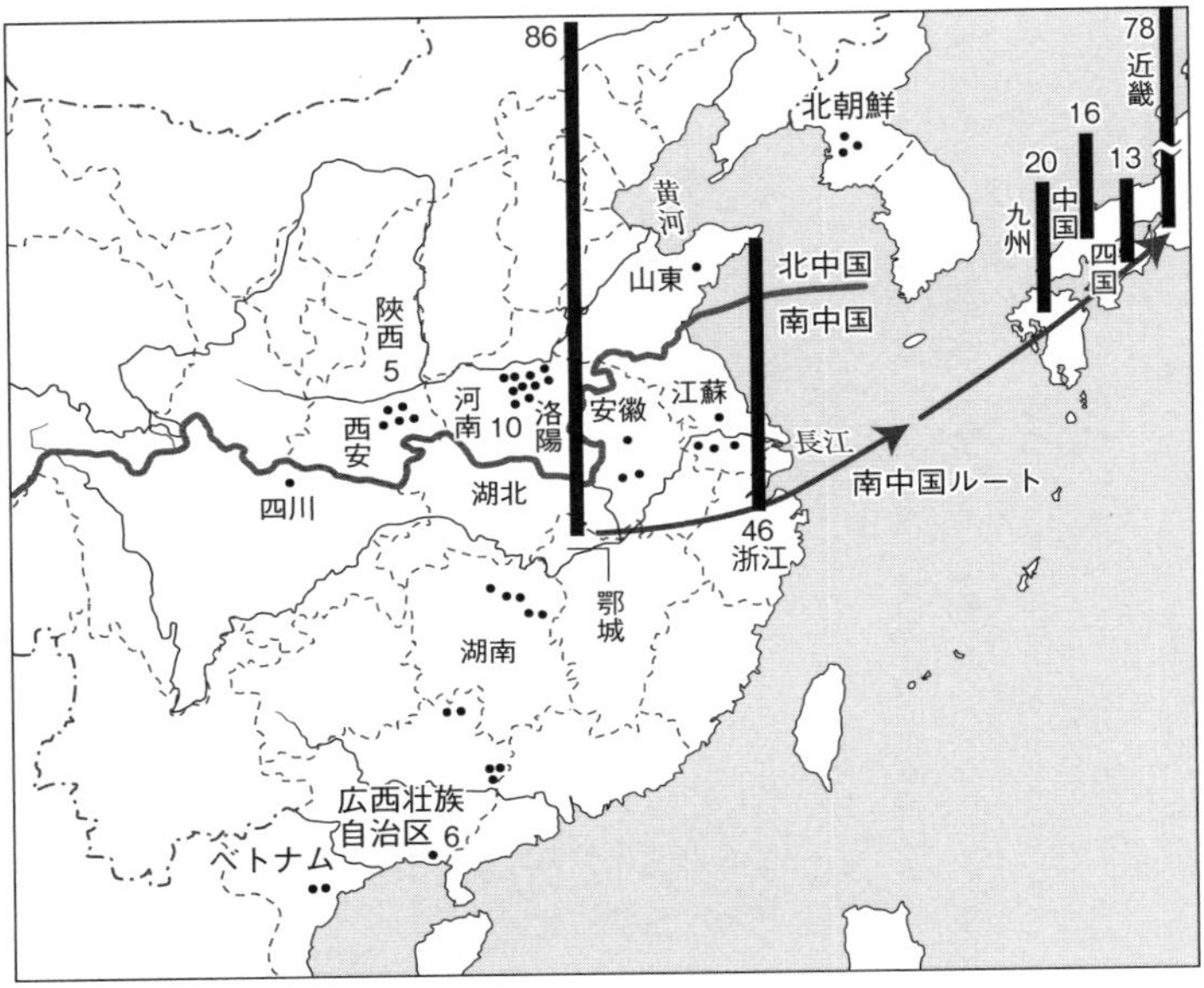

地図８　「画文帯神獣鏡」の分布
11面以上の出土は、柱状グラフ、それ未満は黒点で示した。拙著『大崩壊「邪馬台国畿内説」』（勉誠出版、2012年刊）による。

時代に、わが国にもたらされた可能性が大きい。

初現の年代、わが国にもたらされた年代は、「いわゆる西晋鏡」のほうが古く、「画文帯神獣鏡」のほうが新しいとみられる。

地図8にみられるように、「画文帯神獣鏡」の出土状況は、東晋の時代（三一七〜四二〇）の四世紀後半ごろに、東晋の銅鉱山のあった鄂城付近から、わが国の、近畿にあった大和朝廷へむけて、鏡が動いているようにみえる。

地図6、地図7と、**地図8**

との鏡の流入ルートの違いが、わが国の青銅鏡の歴史にみられる地殻変動的大激変と、対応しているようにみえる。

中国において、「いわゆる西晋鏡」は、おもに北中国から出土し、洛陽あたりから流出して、わが国の北部九州の福岡県あたりにいたる。

これに対し、「画文帯神獣鏡」は、おもに南中国から出土し、鄂城あたりから流出して、わが国の近畿の奈良県あたりにいたる。

このように、出発地（流出地）も、到達地も、異なるのである。

なお、わが国が、東晋の国と外交関係をもっていたことは、『晋書』の「（東晋の）安帝紀」に、「倭夷が方物を献じた。」とあることや、『南史』の「倭国伝」に、「（東晋の）安帝のとき（在位三九六〜四一八）、倭王讃があった。使いを遣わして朝貢した。」とあることなどによって、うかがうことができる。

第2章

「辺《へ》津《つ》鏡《かがみ》」と「息《おき》津《つ》鏡《かがみ》」とにまつわる伝承

尾張《おわり》氏と海部《あまべ》氏の東遷

日本の古典をくわしく分析すると、「天孫降臨」などの形で、天照大御神の子孫たちが、北部九州から、南九州へ、出雲へ、近畿へ、さらにその東へと、移動・拡散する話が、くりかえし語られている。そして、考古学的な出土状況にみられる鏡の移動・拡散も、また、大きくみれば、それに呼応しているようにみえる。

「天孫降臨」のような話には、史実の核があるのではないか。

関係する諸文献

以下の考察を行なうにあたって、関係する諸文献の、およその成立年代をまとめておく。

（1）『古事記』（七一二年成立）
（2）『日本書紀』（七二〇年成立）
（3）『高橋氏文《たかはしうじぶみ》』（七八九年成立）
（4）『新撰姓氏録《しんせんしょうじろく》』（八一五年成立）
（5）『先代旧事本紀《せんだいくじほんぎ》』（八二四年〜八三四年ごろ成立）
（6）『海部氏系図《あまべしけいず》』（八七一年〜八七七年成立）
（7）『熱田太神宮縁起《あつただいじんぐうえんぎ》』（八九〇年〔寛平《かんぴょう》二年〕成立）
（8）『海部氏勘注系図《あまべしかんちゅうけいず》』（近世〔一五六八年〜一八六七年〕初頭を、やや降ったころの成立）

海部氏の系譜

元伊勢籠神社宮司家に伝わる国宝の海部氏《あまべ》の「歴世系図」の冒頭の部分は、つぎの系図1のようになっている。ただし、この系図において、「小登與命《おとよのみこと》」「建稲種命《たけいなだねのみこと》」「大倉岐命《おおくらきのみこと》」の三人の名を、四角でかこみ、太文字にして強調したのは、安本である。

この「海部氏系図の冒頭部分」は、『先代旧事本紀』の記す「尾張氏《おわり》の系譜」と重なるところがある。

いま、『先代旧事本紀』による「尾張氏の系譜」を示せば、系図2のようになる。

系図1で、「六世孫」となっている「建田勢命《たけたせのみこと》」までは、系図2と、ほぼ同じである。「小登與命《おとよのみこと》（乎止与命《おとよのみこと》）」「建稲種命《たけいなだねのみこと》」の名は、両方の系図にみえるが、そこからあとが異なる。

系図1では、「海部氏《あまべ》」につながり、系図2では、「尾張氏《おわり》」につながる。

「海部氏」と「尾張氏」とは、「建稲種命」という共通の祖先をもつ同族のようにみえる。

「小登與命（乎止与命）」「建稲種命」「大倉岐命」の三人の名は、『海部氏系図』『先代旧事本紀』の両方にみえる。

系図１　『海部氏系図』の冒頭部分

正哉《マサカ》吾《ア》勝勝《カツカツ》也速日《ヤハヤビ》天《アメノ》押《オシ》穂《ホ》耳尊《ミミノミコト》――始祖 天照《アマテル》国《クニ》照《テル》彦《ヒコ》火《ホ》明命《アカリノミコト》――天《アメノ》香《カ》語《ゴ》山《ヤマ》命

孫 天《アメノ》村《ムラ》雲《クモノ》命――三世孫 天《アメノ》忍《オシ》人《ト》命 一名倭宿禰命（神武朝）――四世孫 天《アメノ》登《ト》目《メ》命――五世孫 建《タケ》登《ト》米《メ》命

六世孫 建《タケ》田《タ》勢《セ》命――七世孫 建《タケ》日《ヒ》潟《ガタ》命（孝照朝）――八世孫 市《イチ》大《オオ》稲《イナ》日《ビ》命――九世孫 大《オオ》那《ナ》毘《ビ》命

十世孫 小《オ》縫《ヌイ》命（孝元朝）――十一世孫 天《アメノ》御《ミ》蔭《カゲ》命（開化朝）――十二世孫 宇《ウ》介《ケ》水《ミヅ》彦《ヒコ》命（崇神朝）――十三世孫 宇《ウ》介《ケ》津《ツ》彦《ヒコ》命（垂仁朝）

十四世孫 小《オ》登《ト》與《ヨ》命（景行朝）――十五世孫 建《タケ》稲《イナ》種《ダネ》命（成務朝）――十六世孫 大《オオ》倉《クラ》岐《キ》命（成務、仲哀朝）――十七世孫 明《アケ》国《クニ》彦《ヒコ》命（成務、仲哀、応神朝）

十八世孫 難波《ナニワ》根《ネ》子《コ》健《タケ》振《フル》熊《クマ》命（仲哀、応神、仁徳朝）――十九世孫 建《タケ》振《フル》熊《クマノ》宿《スク》禰《ネ》（応神、仁徳、允恭朝）――二十世孫 海部直都《ツ》比《ヒ》（安康、雄略朝）――二十一世孫 海部直縣《アガタ》

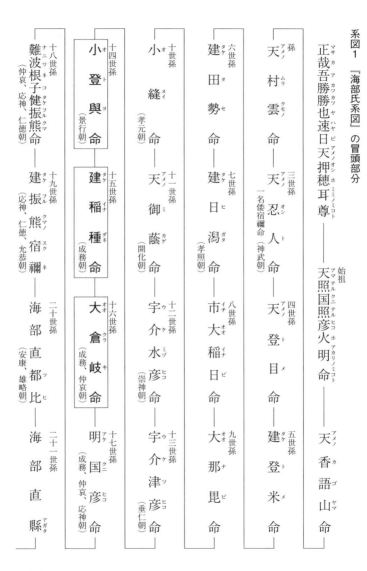

系図2　『先代旧事本紀』巻五「天孫本紀」所載、尾張《おわり》氏系譜

天照国照彦天火明櫛玉饒速日尊《あまてるくにてるひこあまのほのあかるくしたまにぎはやひのみこと》

（父　正哉吾勝勝速日天押穂耳尊《まさかあかつかちはやひあまのおしほみみのみこと》
母　万幡豊秋津師姫栲幡千千姫命《よろづはたとよあきつしひめたくはたちぢひめのみこと》）

- ①天香語山命《あまのかごやまのみこと》
- 宇摩志麻治命《うましまちのみこと》――（物部氏系）

①天香語山命――②天村雲命《あまのむらくものみこと》

②天村雲命の子
- ③天忍人命《あまのおしひとのみこと》
- 天忍男命《あまのおしをのみこと》
- 忍日女命《おしひめのみこと》

③天忍人命の子
- 天戸目命《あまとめのみこと》
- 天忍男命《あまのおしをのみこと》

天戸目命の子
- 建斗米命《たけとめのみこと》
- 妙斗目命《たへとめのみこと》

天忍男命の子
- ④瀛津世襲命《おきつよそのみこと》
- 建額赤命《たけぬかがのみこと》――⑤建筒草命《たけつつくさのみこと》
- 世襲足姫命《よそたらしひめのみこと》

建斗米命の子
- ⑥建田背命《たけたせのみこと》
- 建宇那比命《たけうなひのみこと》
- 建多乎利命《たけたをりのみこと》
- 建弥阿久良命《たけみあぐらのみこと》
- 建麻利尼命《たけまりねのみこと》
- 建手和邇命《たけたわにのみこと》
- 宇那比姫命《うなひひめのみこと》

建宇那比命の子
- ⑦建諸隅命《たけもろずみのみこと》
- 大海姫命《おほあまひめのみこと》

⑦建諸隅命――⑧倭得玉彦命《やまとえたまひこのみこと》

⑧倭得玉彦命の子
- ⑨弟彦命《いろとひこのみこと》
- 日女命《ひめのみこと》
- 玉勝山代根古命《たまかつやましろねこのみこと》
- 若都保命《わかつほのみこと》
- 置部与曽命《おきべよそのみこと》――大原足尼命《おほはらのすくねのみこと》
- 彦与曽命《ひこよそのみこと》

彦与曽命の子
- 大八椅命《おほやつきのみこと》
- 大縫命《おほぬひのみこと》
- 小縫命《をぬひのみこと》

⑨弟彦命――⑩淡夜別命《あはやわけのみこと》┄┄⑪乎止与命《をとよのみこと》――⑫建稲種命《たけいなだねのみこと》

（⑪乎止与命《をとよのみこと》を、鎌田純一著『先代旧事本紀の研究』は、系譜未詳とするが、鳥越憲三郎著『女王卑弥呼の国』は、⑩淡夜別命《あはやわけのみこと》の子とする。⑩小縫命《をぬいのみこと》の子とする説もある。）

⑫建稲種命の子
- ⑬尾綱根命《をづなねのみこと》
- 尾綱真若刀俾命《をづなまわかとべのみこと》
- 金田屋野姫命《かなだやぬびめのみこと》

⑬尾綱根命の子
- ⑭尾治弟彦連《をはりのをとひこのむらじ》
- 尾治名根連《をはりのなねのむらじ》
- 意乎巳連《おをみのむらじ》

⑭尾治弟彦連の子
- ⑮尾治金連《をはりのかねのむらじ》
- 尾治岐閇連《をはりのきへのむらじ》
- 尾治知々古連《をはりのちちこのむらじ》

⑮尾治金連の子
- ⑯尾治坂合連《をはりのさかあひのむらじ》
- 尾治古利連《をはりのこりのむらじ》
- 尾治阿古連《をはりのあこのむらじ》
- 尾治中天連《をはりのなかぞらのむらじ》
- 尾治多々村連《をはりのたたむらのむらじ》
- 尾治弟鹿連《をはりのおとかのむらじ》
- 尾治多与志連《をはりのたよしのむらじ》

⑯尾治坂合連の子
- ⑰尾治佐迷連《をはりのさめのむらじ》
- 尾治兄日女連《をはりのいろひめのむらじ》

⑰尾治佐迷連の子
- ⑱尾治乙訓与止連《をはりのをとくによどのむらじ》
- 尾治粟原連《をはりのあはらのむらじ》
- 尾治間古連《をはりのまこのむらじ》
- 尾治枚夫連《をはりのひらふのむらじ》

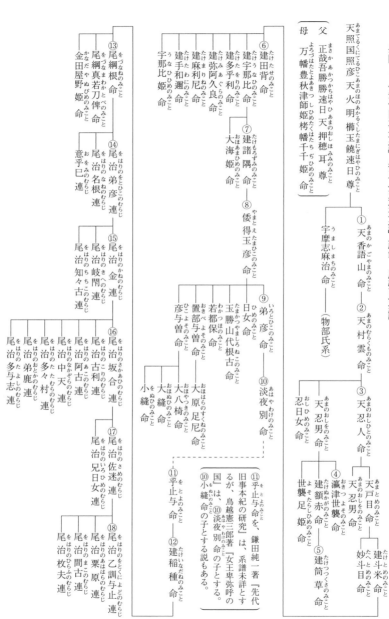

そこで、まず、この三人について、調査検討してみよう。

「大倉岐《おおくらき》の命《みこと》」のほうを、先にとりあげる。

「大倉岐の命」については、まず、『先代旧事本紀《せんだいくじほんき》』の「巻第十」の「国造本紀」に、つぎのように記されている。

「丹波《たには》の国造《くにのみやつこ》

志賀高穴穂朝《しがのたかあなほのみかど》の御代（第13代成務天皇の時代）に、尾張《おわり》の国造と同じ先祖（天の火の明の命）、建稲種《たけいなだね》の命《みこと》の四世の孫の大倉岐《おおくらき》の命を国造に定めた。」

『先代旧事本紀』（平安時代の初期の八二四年〜八三四年ごろ成立か）は、いろいろ問題のある文献である。

ただ、江戸中期の国学者、本居宣長は、その著『古事記伝』の「一之巻」のなかで、「旧事紀という書の論」という一節をもうけ、『先代旧事本紀』の問題点を指摘したのち、つぎのようにのべる。

「ただし、三巻（巻第三）のうちの饒速日命の天より降り坐《ま》す時の記事と、五巻（巻第五）の尾張連物部連の世次《よつぎ》と、十巻（巻第十）の国造本紀などは、どの書物にもみえず、新たに造作した記事とも思えないので、他に古書があって、そこから取ったものであろう。だからこれらの記事だけは、今も参考にして用いて、助けとなることが多い。」

さきの「丹波の国造」についての記事は、本居宣長が、「他に古書があってそこから取ったものであろう。」「今も参考にして用いて、助けになることが多い。」とした「国造本紀」のなかにふくまれている記事である（『先代旧事本紀』については、拙著『古代物部氏と「先代旧事本紀」の謎』〔勉誠出版、二〇〇三年刊〕、『奇書「先代旧事本紀」の謎をさぐる』〔批評社、二〇〇七年刊〕、『先代旧事本紀〔現代語訳〕』〔批評社、二〇一三年刊〕などをご参照いただきたい）。

また、本居宣長が、「尾張連《おわりのむらじ》の世次《よつぎ》」すなわち「尾張氏の系譜」も、参考になる、と記していることに注意していただきたい。

なお、『国史大辞典』（吉川弘文館刊）も、『先代旧事本紀』の項で、つぎのように記す。

「（『先代旧事本紀』の）天孫本紀に物部氏・尾張氏系図をのせ、さらに天神本紀その他に物部氏独自の伝承をみせることから物部氏の誰かの撰とみられる。物部氏は古代の有力氏族の一つであり、ここに記された内容は九世紀中期に急に捏造されたものでなく、古来の家伝をもとに記紀などを援用しつつ記したものとみられ、内容的に記紀を補う部分があり、古代祭祀をみる上でも重要な要素をみせており、再評価されてよいであろう。」

「国造《くにのみやつこ》（こくぞう）」は、だいたい、現在の「郡」ていどの大きさの地域の支配者（地方官）で、一度ある人物が朝廷によって国造に任命されると、以後は、その人物の一族からの出身者が、世襲的に任命されることが多かった。

さきの「丹波の国造」の「丹波」は、「旧丹波の国」で、七一三年以後の「丹波の国」と「丹後の国」とをあわせた地域をさす。

元伊勢籠神社の宮司家の祖先は、旧丹波の国の支配者でもあった。

ただ、『海部氏系図』では、「大倉岐の命」は、「建稲種の命」の子であるように記されているのに、『先代旧事本紀』の「国造本紀」では、「大倉岐の命」は、「建稲種の命の四世の孫」と記されている。代の数が異なる。

さらに、江戸時代末期〜明治時代にかけての国学者、系譜学者、鈴木真年《すずきまとし》（一八三一〜一八九四）の研究によるところが多い宝賀寿男《ほうがとしお》氏の大著『古代氏族系譜集成』（古代氏族研究会、一九八六年刊）では、「建稲種の命」と「大倉岐の命」との関係は、つぎの系図3のようになっている。

系図3　建稲種の命と大倉岐の命との関係

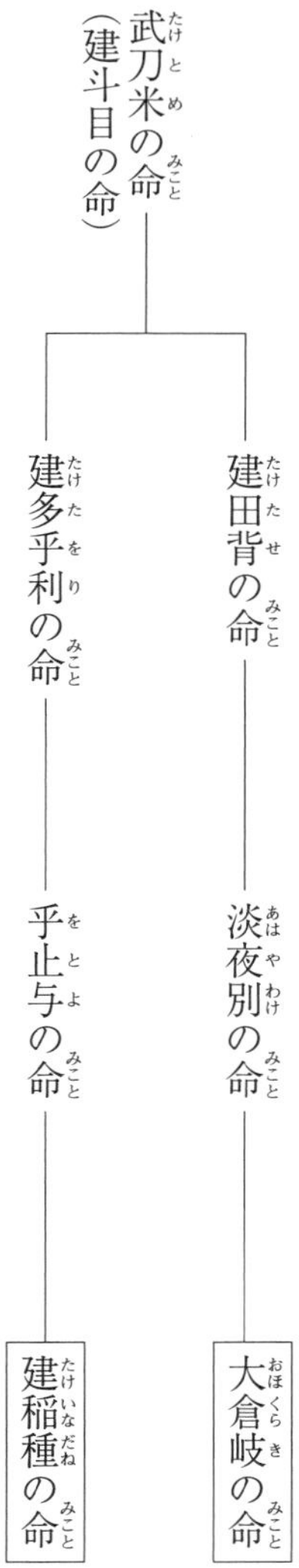

つまり、「大倉岐の命」と「建稲種の命」とは、父親同士が「いとこ」という関係である。

このように続柄《つづきがら》関係は、まちまちともいえるが、「建稲種の命」と「大倉岐の命」とが、同族とされている点では、共通している。

古代において、続柄関係は、あやしくなりがちであった。

実在の人物であることが確かな百済王の系譜などでも、『日本書紀』の記すところと、朝鮮の史書『三国史記』の記すところとでは、かなり異なっている。

時代があとの中国の『新唐書』の「日本伝」などでも、「天智死して、子の天武立つ。」と記す。誤りである。天武天皇は、天智天皇の弟である。『新唐書』は、推古天皇を、「欽明の孫《まご》女《むすめ》」と記す。誤りである。推古天皇は、欽明天皇の子である。ただ、推古天皇を、女性であると記しているのは正しい。

建稲種《たけいなだね》の命《みこと》

つぎに、建稲種の命をとりあげる。

『古事記』の「応神天皇記」に、「尾張《おわり》の連《むらじ》の祖、建伊那陀《たけいなだ》の宿禰《すくね》」とある。この「建伊那陀の宿禰」は、すでにみてきた『海部氏系図』や『先代旧事本紀』の「国造本紀」にみられる

「建稲種の命」と同一人物とみられている。

名前が類似し、『古事記』や「国造本紀」にも、「尾張《おわり》の連《むらじ》の祖」「尾張の国造と同じ祖」とある。

尾張の国は、現在の愛知県の西部である。

愛知県春日井市《かすがいし》に、「内々《うつつ》神社」がある。

谷川健一編『日本の神々 10 東海』（白水社、一九八六年刊）の「内々神社」の紹介に、つぎのように記されている。


「当社は春日部郡の式内十二座（並小）のなかの『内々《ウチウチ》神社』に比定されており、建稲種命・日本武尊《やまとたけるのみこと》・宮簀媛《みやずひめ》を祀っている。伝えによれば、景行天皇四十一年、日本武尊は東征を終え、信濃・美濃をまわってこの地に着いた。そこへ建稲種命の従者久米八腹が駿馬を馳せて来て、建稲種命が駿河の海を渡る折、尊に捧げるためにミサゴ鳥を捕えようとしたとき、風が吹いて舟が傾いたため、海に落ちて亡くなった旨を申し上げた。それを聞いた尊は悲しみ泣いて『現哉《うつつや》、現哉』と言われたので、この地をウツツと呼ぶようになり、ここに建稲種命を祀ったのが内々神社であるという。」（『寛平尾張国熱田太神宮縁起』『尾張志』）

また、伴信友著『高橋氏文《たかはしうじぶみ》考註』（『古語拾遺 高橋氏文』〔新撰日本古典文庫 4 現代思潮社、一九七六年刊〕所収）にも、つぎのように記されている（原文は、文語文。現代語に訳したのは安本)。

「この鳥のことは、この時よりもまえに、『熱田太神宮縁起』に、倭武《やまとたける》の尊《みこと》が、東征の功をあげられたのちの条に、つぎのようにある。

『(倭武の尊が) 稲種の公《きみ》とさらに議して曰《いわ》く、我は、山道を行こう。稲種の公《きみ》は、海路で帰るように、云々。倭武の尊が尾張にかえり、篠城《しぬき》の邑《むら》にいたり、食事をされているときに、稲種の公の従者の久米《くめ》の八腹《やはら》が、駿馬に鞭《むち》うって、馳《は》せ来て申しあげることに、稲種の公は、海に沈んでなくなられました、と云々。倭武の尊が、稲種の公が海に沈んだ様子をたずねられると、久米の八腹が申しあげました。駿河の海をわたるさい、海の中ほどで、鳥がいて、その鳴き声がおもしろく、羽毛が非常に美麗であったので、土地の人にたずねたところ、覚《かく》駕《が》の鳥と申します、と答えました。稲種の公が、この鳥を捕えて、倭武の尊にたてまつろう、とおっしゃって、帆を飛ばし、鳥を追ったところ、風波が急に起きて、船が傾き沈みました。稲種の公も、海に沈みました。倭武の尊は、食を吐《は》き、食に味なく、悲しみは、止《や》むことがなかった。』

この鳥は、『日本書紀』にも、覚駕の鳥と記されているのと、名が合って、ミサゴであろうことは、論ずるまでもない。土地の人は、覚駕の鳥といって、東海の地のあたりに、まれにいる鳥であったことが知られている。そもそも、この鳥は、以前に、倭武《やまとたける》の尊《みこと》が、東国を征討したさい、海中にあらわれて、稲種の公《きみ》に災《わざわい》をもたらし、また、この行幸のさいにも、天皇のもとにも、皇后のもとにも、あらわれでた情況を思うと、不吉な怪鳥である。『日本書紀』の景行天皇紀の五十三年の条に、安房《あわ》の港を渡るさいに、覚駕の声をお聞きになり、景行天皇が、その鳥の形を見ようと、海中におでましになった話がみえる。」

伴信友（一七七三～一八四六）は、江戸時代の国学者である。『高橋氏文』は、宮中の食事をつかさどった高橋氏の家記《かき》（家の記録）で、奈良時代の七八九年の成立。引用した部分は、『高橋氏文』に、伴信友がつけた注釈の部分である。

『古事記』の「景行天皇記」に、倭建《やまとたける》の命《みこと》が、尾張の国造の祖（の一族の）美夜受比売《みやずひめ》と結婚の約束をする話が記されている。

『日本書紀』の「景行天皇紀」にも、日本武《やまとたける》の尊《みこと》が、「尾張氏のむすめ宮簀媛《みやずひめ》」と結婚した話が記されている。

そして、『熱田太神宮縁起』は、「稲種の公の妹、名は宮酢媛《みやずひめ》」と記す。

神剣草薙《くさなぎ》の剣は、宮簀媛に託され、宮簀媛は、現在の愛知県名古屋市熱田区の地に社を建て、草薙の剣を奉斎《ほうさい》した。これが、熱田神宮の起源であるという。

草薙の剣は、天《あめ》の叢雲《むらくも》の剣《つるぎ》ともいい、もともとは、素戔《すさ》の嗚《お》の尊《みこと》が、出雲で、八岐《やまた》の大蛇《おろち》を退治したさい、大蛇の尾から得たもので、天照大神《あまてらすおおみかみ》に献上され、それが天皇家に伝えられていたものである。

これについての『熱田太神宮縁起』の記載は、谷川健一編『日本の神々 10 東海』（白水社、一九八六年刊）の「熱田神宮」の項に、要領よくまとめられている。つぎのようなものである。

「日本武尊は吉備武彦と建稲種公を従えて東征する途上、伊勢大神宮で斎宮の倭姫命《やまとひめのみこと》より神剣一振と御嚢《みふくろ》一つを賜わった。また稲種公の故地尾張国愛智郡氷上邑《ひかみむら》で稲種公の妹宮酢《みやず》媛《ひめ》を知り、さらに東進して駿河に至ったとき、賊の謀略によって狩りのさなかに焼き殺されようとしたが、神剣がおのずと抜けだして草を薙ぎ、尊は御嚢《みふくろ》の火打石で向かい火をつけ、難を逃れた。そのため神剣を草薙剣と号《なづ》け、その地を焼津を呼ぶようになった。やがて東征を終えた尊は宮酢媛のもとに久しく留まっていたが、夜中に厠に入るとき、桑樹に剣を掛け、そのまま忘れて寝殿に戻った。そして暁に剣を取りに行ったところ、桑樹が光輝いていた。その後、都に帰るとき、尊は必ず迎えにくるからわが床の守りとするようにといって宮酢媛に剣を授けた。そのため、尊は伊吹山の神の祟りによって病を得、能褒野《のぼの》の地で亡くなった。もともとこの剣は素盞嗚尊《すさのおのみこと》が出雲で八岐大蛇《やまたのおろち》を退治したときに得た天叢雲剣《あめのむらくものつるぎ》である。宮酢媛はかつてのちぎりを違えず、尊の御床を守り神剣を安置していたが、その霊験いちじるしく、かつ宮酢媛も衰えてきたので、衆議の結果、社地を定めて神剣を祀ることにした。そこには楓樹一株があったが、自然に燃えて水田に倒れたので、この地を熱田と呼ぶようになった。降って天智天皇七年（六六八）新羅の法師道行《どうぎょう》がこの神剣を盗み、袈裟《けさ》に包んで国へ持ち帰ろうとして伊勢まできたところ、神剣は袈裟から脱けでて元の社へ帰ってきた。しかし道行は再び神剣を盗み、今度は難波まできたところ、難波の津の某に対し、『先回は七条の袈裟だったので脱けて社へ帰ることができたが、今回は九条の袈裟なのでそれができない』との神託があったので、人々は西に東に道行の行方を捜し求めた。一方、追手の追及を恐れた道行は、神剣を捨てれば捕えられないだろうと思ってこれを捨てようとしたが、神剣が道行から離れぬため、やむなく自首した。その後、神剣は宮中に安置されていたが、天武天皇朱鳥元年（六八六）六月十日、天皇の病気が草薙剣の祟りであるとの神託があったので、ただちに勅してそれを熱田の社へ還し、社の守人七人を置いて一人を長とし、六人を別とした。この神剣が熱田に祀られたのは、以上のように稲種公と宮酢媛の縁であり、宮酢媛は氷《ひ》上姉子《かみあねご》天神として祀られている。稲種公は火明命十一代の孫尾張国造乎止与命《おとよのみこと》の子であり、海部は尾張氏の別姓である。」

ここで、安本が傍線を付した部分の「海部は尾張氏の別姓である」と記されている文章の前後を、『熱田太神宮縁起』の原文（漢文）にもとづいて、現代語に訳出すれば、つぎのようになる。

「およそ剣神（ご神体の草薙《くさなぎ》の剣）を、この国にまつるのは、すべて、宮酢媛と建稲種の公《きみ》による。宮酢媛が世を去ったのち、媛のための祠《ほこら》を建て、氷上姉子《ひかみあねご》天神と名づけ、これをまつった。その祠は、愛知郡氷上邑《ひかみむら》（愛知県名古屋市）にあり、海部氏をもって神主とする。海部は、尾張氏の別姓である。稲種の公は、火《ほ》の明《あかり》の命《みこと》の十一代の孫の尾張の国造《くにのみやつこ》乎止《おと》与《よ》の命《みこと》の子である。母は、尾張の大印岐《おおいみき》（大豪族の意か）の娘の真敷刀婢《ましきとべ》の命《みこと》である。（稲種の公は、母の血すじにより、豪族の長の地位をうけつぎ、）尾張氏の祖となった。これによって、熱田明神（熱田太神宮）は、尾張氏の氏神となった（宮酢媛と建稲種の命も、ともに、太神宮にまつられる神となった）。すなわち、尾張氏の人をもって、神主などの神職に任命されることとなった。ただし、太神宮には、もと、縁起（由来を記したもの）がなかった。さる貞観《じょうがん》十六年（八七四）の春、神宮の長官の正六位上の尾張の連《むらじ》の清稲《きよいね》が、古人の文をさぐり、遺老の語るところをたずねて、その大略をおぎない加え、縁起をまとめた。」

この文章において、「海部は、尾張氏の別姓である」の意味は、氏族の居住地の地名にもとづくよび名が尾張氏であり、職業によるよび名が海部氏である、という意味にもうけとれる。海部《あまべ》氏は、海産物の貢納、製塩、航海などに従事した氏族で、広く各地に分布しており、天《あめ》の火《ほ》の明《あかり》の命《みこと》の系統以外とみられるものも多い。

いま私たちがとりあつかっている事例のばあい、「海部は、尾張氏の別姓である」とすれば、海部氏の祖先をたどることは、尾張氏の祖先をたどることと重なることになる。

『先代旧事本紀』の「巻第五　天孫本紀」には、尾張氏の系譜が記されている。

そこに、つぎのような文がある。

「(天照国照彦天《あまてるくにてるひこあま》の火明《ほのあかる》櫛玉《くしたま》饒速《にぎはや》日《ひ》の尊《みこと》の) 十二世の子孫の、建稲種の命は、邇波《にわ》の県《あがた》の君《きみ》の先祖の、大荒田《おおあらた》の娘の玉姫を妻として二男四女が生まれた。」

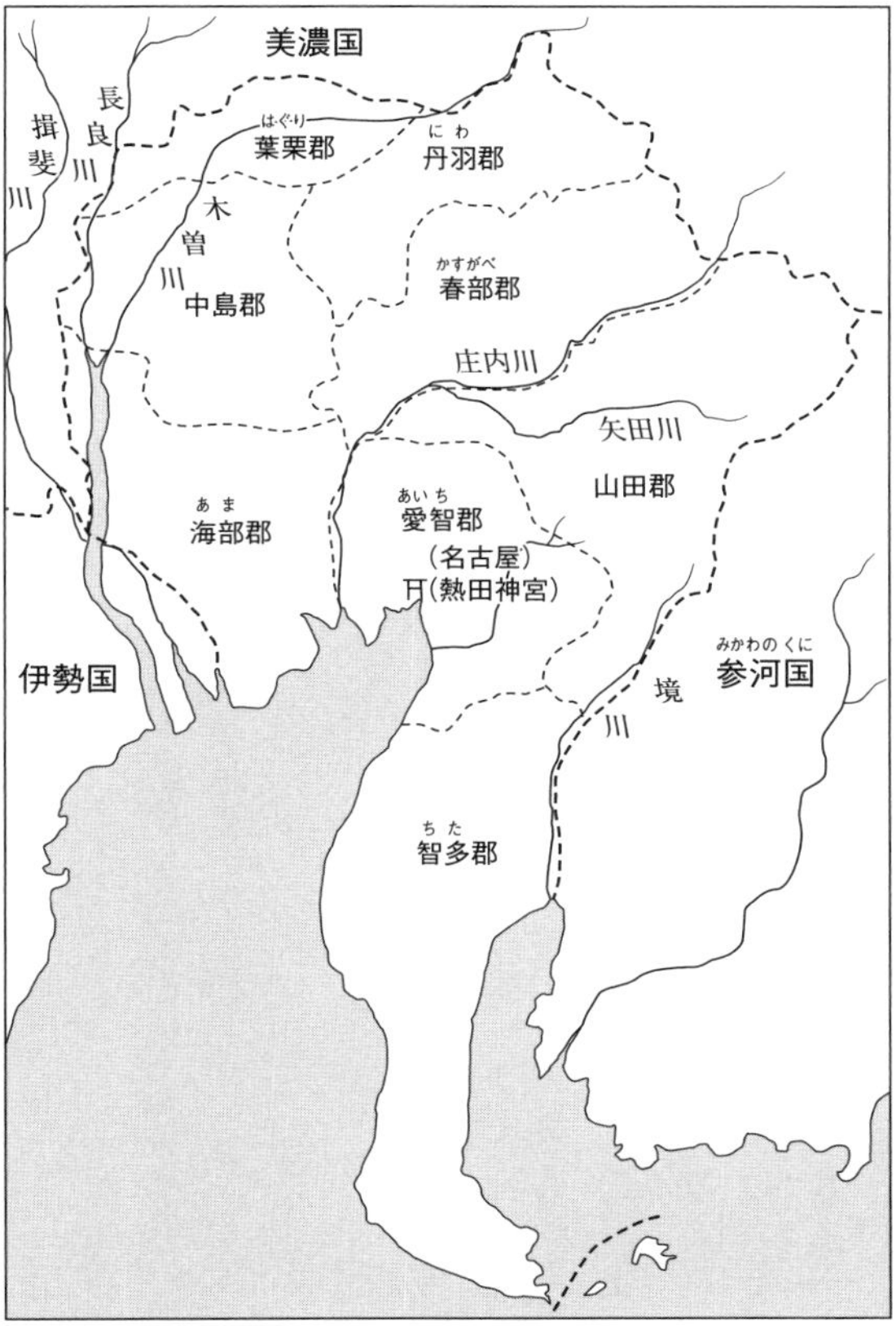

地図9　尾張《おわり》の国
『日本古代史地名事典』[雄山閣刊] 所載の地図をもとに作成。

ここで、尾張の国の地図（地図9）をみてみよう。この地図で、「丹羽《にわ》郡」とあるのが、「邇《に》波《わ》」の地である。

「丹羽《にわ》」と「邇波《にわ》」。この地が「丹波」と書かれ、その地名が京都府の地にはこばれ、音訓みされて、「丹波《たんば》」になったのではないか。大阪府の「墨江《すみのえ》」が、「住吉《すみのえ》」と書かれ、あてはめた文字に引かれて、「住吉《すみよし》」となったように。

尾張の国には、また、「海部《あま》郡」もある。

このように、丹波の国の海部氏は、尾張の国から京都府の地にうつったようにみえる。

とすれば、「辺津鏡」「息津鏡」の二面の鏡は、尾張氏の祖先が伝えてきたものを海部氏がうけつぎ、丹波の国にうつしたようにみえる。

小登與《おとよ》の命《みこと》（乎止与《おとよ》の命《みこと》）

つぎに、「建稲種の命」の父とされる「小登與《おとよ》の命《みこと》（乎止与の命）」をとりあげよう。

『先代旧事本紀』の「巻第五」に、つぎのように記されている。

「十一世の子孫の、乎止与《おとよ》の命《みこと》は、尾張の大印岐《おおいみき》の真敷刀俾《ましきとべ》を妻として、一男が生まれた。」

そして、『熱田太神宮縁起』に、つぎのようにある。

「稲種の公は、火《ほ》の明《あかり》の命《みこと》の十一代の子孫の尾張の国造、乎止与《おとよ》の命《みこと》の子である。母は、尾張の大印岐の女《むすめ》、真敷刀婢の命である。」

さらに、『先代旧事本紀』の「巻第十」の「国造本紀」に、つぎのようにある。

「尾張《おわり》の国造《くにのみやつこ》。志賀の高穴穂の朝の御代（第13代成務天皇の時代）に、天《あめ》の火《ほ》の明《あか》りの命の十世（巻第五では、十一世）の子孫、小止与《おとよ》の命《みこと》を、国造に定めた。」

また、『新撰姓氏録』の「河内国神別」に、つぎのようにある。

「尾張《おわり》の連《むらじ》。火《ほ》の明《あか》りの命《みこと》の十四世の子孫。小豊《おとよ》の命《みこと》の後裔である。」

ここでは、「十一世の子孫」ではなく、「十四世の子孫」と記し、「小登與（乎止与）の命」を、「小豊の命」と記す。

このように、「乎止与《おとよ》の命《みこと》」は、尾張の国の支配者であった。

ただ、尾張氏は、もともとは、もっと西の方から尾張の地に来た、とみる見解があり、それなりの根拠をもつ。

立命館大学などの教授であった日本史家、太田亮《おおたあきら》氏（一八八四～一九五六）は、大著『姓氏家系大辞典』（角川書店、一九六三年刊）をあらわし、そのなかの「尾張」の項でのべる（原文は文語文、現代語に訳したのは安本）。

「尾張氏は、崇神天皇の時代までは、（大和、奈良県の）葛城地方にいた。尾張氏は、忍人《おしひと》の命《みこと》から倭得玉彦《やまとえたまひこ》の命（108ページの系図2参照）のころまでは、ほとんど葛城地方の人と結婚し、あるいは、その地名を、その名に負っている。これは、尾張氏が、当時葛城地方にいたことを示すものである。

ことに、『日本書紀』の『神武天皇紀』に、『高尾張《たかおわり》の邑《むら》、ある本に、葛城《かつらぎ》の邑《むら》という。』とある。また、『高尾張《たかおわり》の邑《むら》……、よって改《あらた》めてその邑《むら》を号《なづ》けて葛城という。』とある。尾張氏の本居がこの地であることは、確実というべきである。

そして、倭得玉彦の命は、建諸隅《たけもろずみ》の命の子であるから、崇神朝か垂仁朝の人とすべきである。したがって、崇神天皇のころまでは、尾張氏が葛城地方にいたことを知るべきである。」

尾張氏と葛木《かつらぎ》

『先代旧事本紀』を読むとき、尾張氏については、その系譜中の人物が、しばしば「葛木《かつらぎ》」（奈良県の地名）と関係をもっていることが、注目される。すなわち、つぎのようなものである（以下③④⑤などは、饒速日《にぎはやひ》の命《みこと》〔『記紀』の表記〕の、何世目の孫かを、示す数字）。

(1)　③天忍男《あまのおしお》の命《みこと》は、葛木《かつらぎ》の土神《くにつかみ》剣根《つるぎね》の命《みこと》の娘、賀奈良知《かならち》姫を妻とした。なお、『日本書紀』の「神武天皇紀」に、剣根《つるぎね》を、「葛木の国造」としたことがみえる。『先代旧事本紀』

の「国造本紀」にも、神武天皇の御世《みよ》に、剣根《つるぎね》の命《みこと》を葛木の国造《くにのみやつこ》にした、という記事がみえる。

(2)　③天忍人《あまのおしひと》の命《みこと》は葛木《かつらぎ》の出石《いずし》姫を妻とした。
(3)　④天戸目《あまとめ》の命《みこと》は、葛木避姫《かつらぎさくひめ》を妻とした。
(4)　④瀛津世襲《おきつよそ》の命《みこと》（尾張《おわり》の連《むらじ》たちの祖）の別名は、葛木彦《かつらぎひこ》の命《みこと》。
(5)　④建額赤《たけぬかが》の命《みこと》は、葛木尾治置姫《かつらぎのおわりおきひめ》を妻とした（この「葛木《かつらぎ》の尾治《おわり》」の表記法に注意。尾治は、葛城の部分地名のようにもみえる）。
(6)　⑤建筒草《たけつつくさ》の命《みこと》は、葛木《かつらぎ》の厨《みつし》の直《あたい》の祖。
(7)　⑦建諸隅《たけもろずみ》の命《みこと》は、葛木《かつらぎ》の直《あたい》の祖《おや》、大諸見《おおもろみ》の足尼《すくね》の娘、諸見己《もろみこ》姫《びめ》を妻とした。
(8)　⑦大海姫《おおあまひめ》の命《みこと》は、別名を、葛木高名姫《かつらぎのたかなひめ》といった。この大海姫の命は、第10代崇神天皇の妃となった。

地名学者の吉田東伍氏は、その編著『大日本地名辞書』（冨山房、一九〇〇年刊）のなかでのべている。

「**尾張《おわり》**　葛城の別名であろう。むかしは、尾張《おわり》の連《むらじ》があって、大きな氏族であった。『日本書紀』「神武天皇紀」に、高尾張《たかおわり》の邑《むら》といっているのは、すなわち、高宮郷のことであろう。河内《かわち》の国に尾張郷があり、東海道に尾張の国（愛知県の西半分）があるのは、尾張の連の移住によるか。」

「**高尾張**《たかおわり》　『日本書紀』「神武天皇紀」にみえる。すなわち、尾張の高丘の地をさして、このようにいったものであろうか。（中略）当時、尾張《おわり》の連《むらじ》は、葛城に居住していた強くさかんな氏族であったことは、あきらかである。」

「**高宮**《たかみや》**郷**　『和名抄《わみょうしょう》』の葛城上郡高宮郷。これは、高丘の宮のことで（第2代の）綏靖《すいぜい》天皇の郷邑《ごうゆう（さとむら）》であるので、この名がある。『大和志』に森脇《もりわき》を宮のあととする。また、大字名柄《ながら》がある。むかしは、長柄と書いたり、長江《ながえ》とよんだりした。」

「**高丘**《たかおか》**の宮**《みや》　高丘は、神武天皇が、葛城の土蜘蛛《つちぐも》を誅《ちゅう》した高尾張の地であって、尾張の連がいた。」（原文は文語文）

広く資料に目を通した吉田東伍氏は、かなり妥当な推測を行なっているようにみえる。

以前、歴史学者の鳥越憲三郎氏が、『神々と天皇の間』（朝日新聞出版、朝日文庫、一九八七年刊）という本をあらわし、初期の天皇について、葛城王朝の実在性を説いた。

初期の諸天皇が、葛城の国造《くにのみやつこ》系氏族（剣根の命の子孫とされる）や、尾張氏にささえられ、葛城に都していた時代があったのではないか。

『先代旧事本紀』は、そのような仮説をさぐるための資料となりうるものである。

なおのちの時代に、饒速日の命の系統とは別系統の、武内宿禰《たけしうちのすくね》の子が、葛城《かつらぎ》の襲津彦《そつひこ》を名

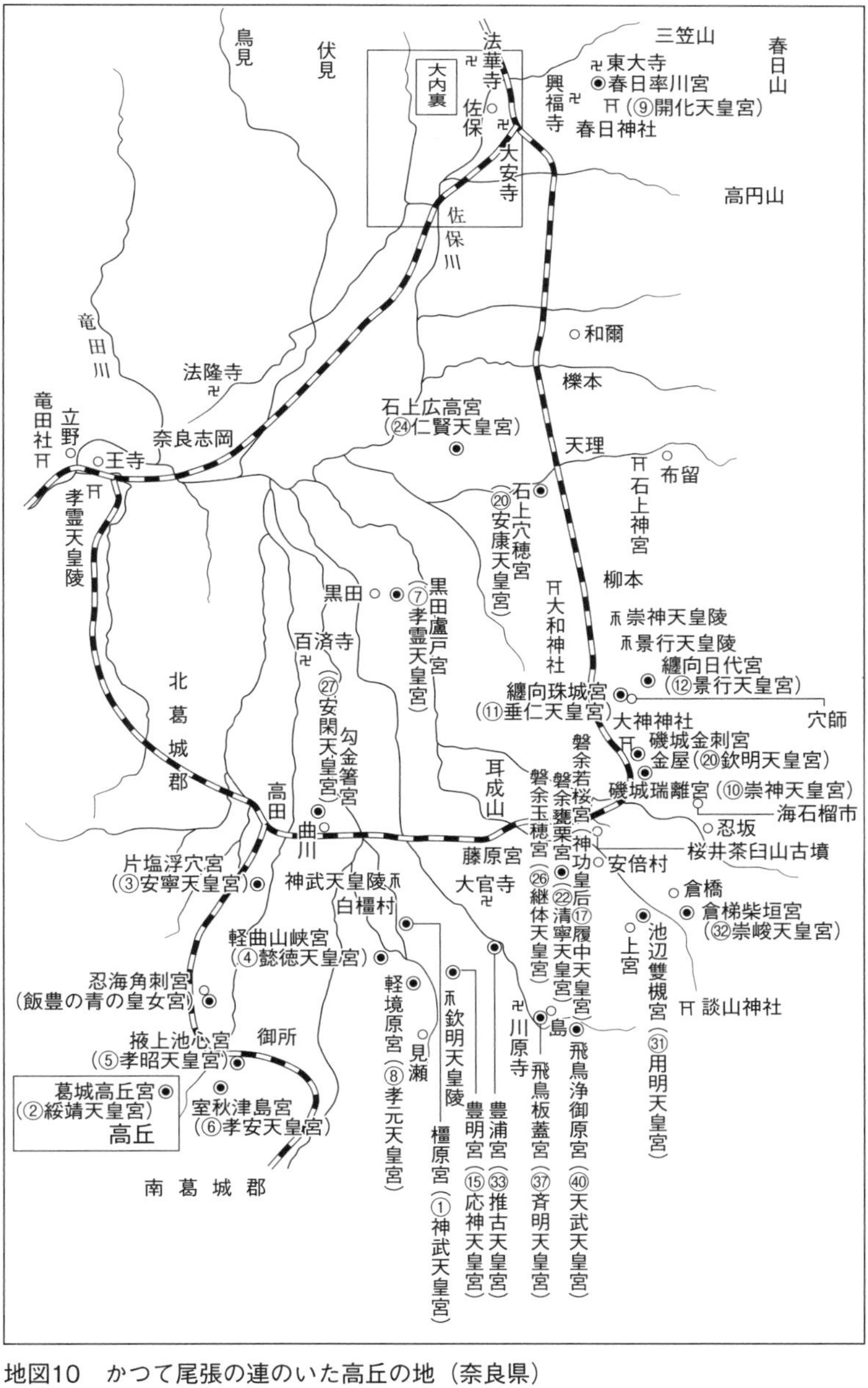

地図10　かつて尾張の連のいた高丘の地（奈良県）

のる。

『古事記』の「孝元天皇記」に、つぎのような記事がある。

「(孝元天皇は、物部氏系の、)伊迦賀色許売《いかがしこめ》の命《みこと》をめとられて、比古布都押《ひこふつおし》の信《まこと》の命《みこと》が、生まれた。(比古布都押《ひこふつおし》の信《まこと》の命《みこと》は、『古事記』によれば、武内宿禰《たけしうちのすくね》の父である。)比古布都《ひこふつ》押《おし》の信《まこと》の命《みこと》は、尾張《おわり》の連《むらじ》らの祖の、意富那毘《おおなび》の妹の葛城《かつらぎ》『高千那毘売《たかちなびめ》』をめとった。」

ここでも、「尾張の連」と「葛城」とが関係している。

また『紀氏家牒《きしかちょう》』の逸文によると、葛城《かつらぎ》の襲津彦《そつひこ》の母は、葛城《かつらぎ》の国造《くにのみやつこ》荒田別の娘、葛比売であるという。

このような関係があって、武内宿禰の子孫が、のちにこの地に繁栄するようになり、尾張氏は、むしろ、愛知県方面で栄えることになったのであろうか。

大和、河内地方から尾張地方へ

北海道大学などの教授であった日本史家の佐伯有清氏は、その著『新撰姓氏録の研究 第四』(吉川弘文館刊)の「河内国神別」の「尾張の連。火明の命の十四世の子孫、小豊の命の後裔である。」の説明に、「本条の尾張の連氏の本拠は、河内国安宿《あすかべ》郡尾張郷(大阪府柏原市国分付近)

の地。」と記す。

吉田東伍氏も、その著『大日本地名辞書』（冨山房刊）の「尾張国」の条で、「（尾張の国は、）大和、河内に起れる尾張の連の兼治したる国とす。」と記し、尾張氏が、大和、河内地方から来たことを記している。

このようにみてくると、「辺津鏡」と「息津鏡」とは、尾張氏、海部氏の動向とともに、大阪・奈良などの関西方面から、尾張地方へ、そしてさらに、京都府の元伊勢籠神社へと動いているようにみえる。

では、そのまえは、どこにあったのか？

「昭明鏡」「雲雷文内行花文鏡」の県別分布の中心地、福岡県などの北部九州の地にあったのであろうか？

そのことを思わせる伝承がある。

北部九州から丹後の国へと鏡が動く様子が、考古学的資料が示すところと、文献伝承が語るところと、大きくみて一致しているようにみえるのである。

『先代旧事本紀』の「巻第三」、「天神本紀」の記事

『先代旧事本紀』の「天神本紀」に、つぎのような記事がある。とくに注目すべき重要な記事である。

「正哉吾勝々速日天《まさかあかつかつはやひあま》の忍穂耳《おしほみみ》の尊《みこと》に、天照太神《あまてらすおおみかみ》は仰せられた。

『豊葦原《とよあしはら》の千秋長五百秋長《ちあきながいほあきなが》の瑞穂《みずほ》の国は、私の子の正哉吾勝々速日天《まさかあかつかつはやひあま》の忍穂耳《おしほみみ》の尊《みこと》が治めるべき国です。』と命じて天から下らせようとなされた。その時に、（天の忍穂耳の尊は、）高《たか》皇産霊《みむすひ》の尊《みこと》の子で、思兼《おもいかね》の神の妹である万幡豊秋津師姫《よろずはたとよあきつしひめ》栲幡千々姫《たくはたちぢひめ》の命《みこと》を妃《みめ》（妻）として、天照国照彦天《あまてるくにてるひこあま》の火明《ほのあかり》櫛玉《くしたま》饒速日《にぎはやひ》の尊《みこと》がお生まれになった。

正哉吾勝々速日天《まさかあかつかつはやひあま》の押穂耳《おしほみみ》の尊《みこと》は、『私が下ろうとして準備している間に子供が生まれました。この子を下らせましょう。』と申し上げると、天照太神はこれをお許しになった。

天つ神のご先祖（天照太神、または天照太神と高皇産霊の尊）は、天璽《あまつしるし》の瑞《みず》の宝物（天照太神と高皇産霊の尊の子孫の証しとなる神宝）を十種お授けになった。瀛津《おきつ》鏡一つ、辺津《へつ》鏡一つ、八握《やつか》の剣（握りこぶしの幅の八倍の長さの剣）一つ、生玉《いくたま》（不滅の霊魂が宿る玉）一つ、死反《よみかえしの》玉《たま》（霊魂を蘇生させる玉）一つ、足玉《たるたま》（充足をもたらす玉）一つ、道反玉《みちかえしのたま》（邪悪なものを追い

返す玉）一つ、蛇比礼《へみのひれ》（肩にかけて蛇を払う薄い布）一つ、蜂比礼《はちのひれ》（蜂を払う薄い布）一つ、品物比礼《くさぐさのもののひれ》（さまざまな用途の薄布）一つ。これらがすべてである。」

この文のなかに、「瀛津鏡《おきつかがみ》」と「辺津鏡《へつかがみ》」との名が出てくることが注目される。

そして、『先代旧事本紀』の「巻第三」は、この記事のあとのほうに、つぎのように記す。

「太子《ひつぎのみこ》の正哉吾勝々速日天《まさかあかつかちはやひあま》の忍穂耳《おしほみみ》の尊《みこと》は、高皇産霊《たかみむすひ》の尊《みこと》の娘の万幡豊秋津師姫《よろずはたとよあきつしひめ》の命《みこと》、またの名を栲幡千々姫《たくはたちぢひめ》の命《みこと》を妃として、二人の男子が誕生された。兄は天照国照彦天《あまてるくにてるひこあま》の火明《ほのあかり》櫛玉饒速日《くしたまにぎはやひ》の尊《みこと》。弟は天饒国饒天津彦彦火瓊瓊杵《あまにぎしくにぎしあまつひこひこほのににぎ》の尊《みこと》と申し上げる。」

すなわち、天照大御神《あまてらすおおみかみ》（『先代旧事本紀』は、「天照太神」と記す）の御子の忍穂耳の尊には、男子の御子が二人いて、さきに兄の天照国照彦天の火明櫛玉饒速日の尊の「天孫降臨」が行なわれ、そのあとで、弟の天饒国饒天津彦彦火瓊瓊杵の尊の「天孫降臨」が行なわれた、と記しているのである。すくなくとも、二度、「天孫降臨」が行なわれたことになっている。

そして、瓊瓊杵の尊は、八坂瓊《やさかに》の曲玉《まがたま》（勾玉）、八咫《やた》の鏡《かがみ》、草薙《くさなぎ》の剣《つるぎ》の三種の宝物を与えられて降臨することになるのである。

『先代旧事本紀』は、尾張氏の祖先とされる「火《ほ》の明《あかり》の命《みこと》」と、物部氏の祖先とされる「饒速日《にぎはやひ》の命《みこと》」とを、同一神としている。

「火の明の命」と「饒速日の命」とが、同一神であるかどうかは、正確にはわからない。

しかし、尾張氏の祖先の「火の明の命」が、天照大御神の孫とする伝承は、『先代旧事本紀』以外にもある。

すなわち、つぎのとおりである。

(1)『古事記』は、「天《あめ》の火《ほ》の明《あかり》の命」を、邇邇芸《ににぎ》の命《みこと》の兄としている。

(2)『日本書紀』の「一書《あるふみ》」の第六も、「天の火の明の命」を、瓊瓊杵の尊の兄としている。

(3)『日本書紀』の「一書」の第八も、「天照国照彦《あまてるくにてるひこ》火《ほ》の明《あかり》の命《みこと》」を、瓊瓊杵の尊の兄とし、かつ、「尾張《おわり》の連《むらじ》等の遠祖《とおつおや》なり。」と記す。

(4)『新撰姓氏録』は、天の火の明の命を、天照大御神の孫としている。

そして、尾張氏と物部氏とのあいだには、つぎのような共通性もある。

(1) 尾張氏も、物部氏も、ともに、「大和（奈良県）」「河内（大阪府）」に、活動拠点をもっていた。

(2) 尾張氏も、物部氏も、ともに、東海道に属する一連の広い地域「尾張」「参河」「遠淡《とおとお》海《み》」「駿河《するが》」「伊豆」に、活動拠点をもっていた。『先代旧事本紀』によるとき、「国造」は、つぎのとおりである（**地図11**参照。国名において、カッコ内に記した国名は『延喜式』による表記）。

「尾張《おわり》国造」…尾張氏系（天の火の明の命の子孫）

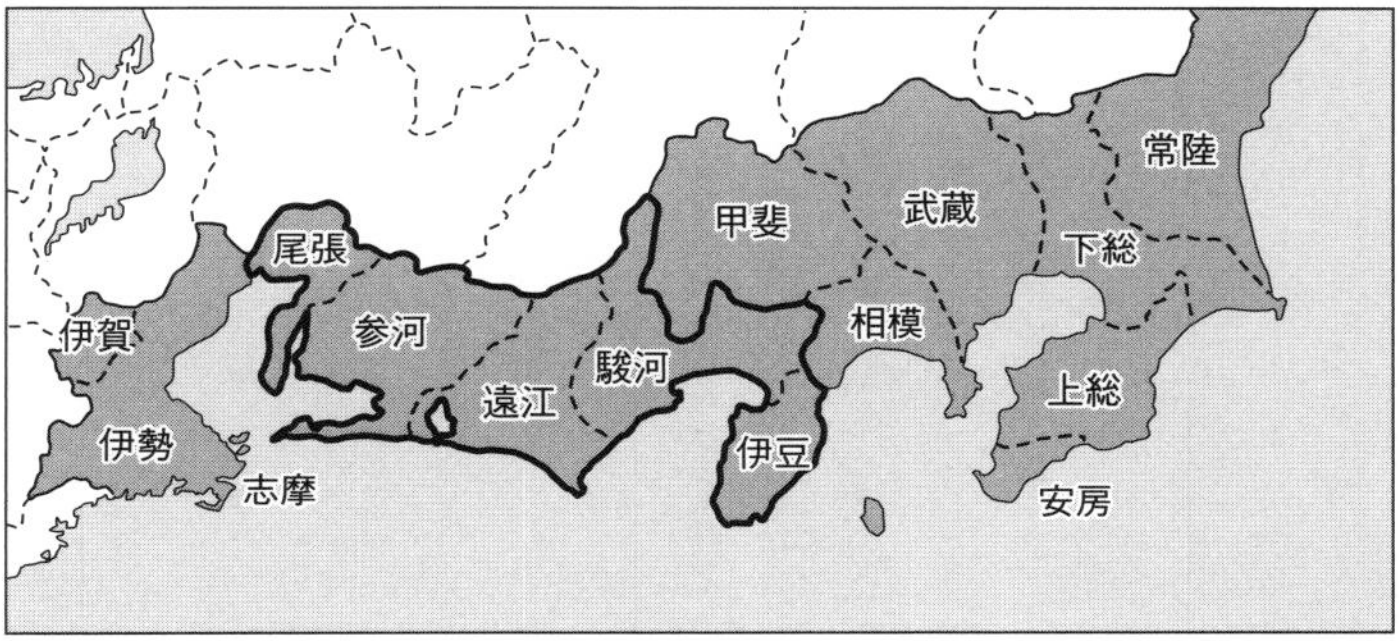

地図11　『延喜式』において「東海道」に属する国
とくに太い線でかこんだ地域が、「天の火の明の命」または「饒速日の命」の子孫が、「国造」になっている地域。

「参河《みかわ》国造」…物部氏系（饒速日の命の子孫）
「遠淡海《とおとおみ》（遠江）国造」…物部氏系（饒速日の命の子孫）
「珠流河《するが》（駿河）国造」…物部氏系（饒速日の命の子孫）
「伊豆《いず》国造」…物部氏系（饒速日の命の子孫）

なお、この地域は、「三遠式銅鐸」が行なわれた地域でもある（「三遠式銅鐸」の「三遠」は、「三河《みかわ》（参河）」と「遠淡海」をさす）。「三遠式銅鐸」と物部氏との関係については、拙著『邪馬台国は銅鐸王国へ東遷した』（勉誠出版、二〇一六年刊）のなかで、ややくわしく検討した。

尾張氏と物部氏とは、同族といってもよいほど、近い関係にあったことは、たしかとみられる。

『先代旧事本紀』は、「天の火の明の命」と「饒速日の命」とを、同一の人物とみなして、物部氏の系譜を、

系図4　『先代旧事本紀』巻五「天孫本紀」所載、物部《もののべ》氏系譜

（父　正哉吾勝勝速日天押穂耳尊《まさかあかつかちはやひあまのおしほみみのみこと》
母　万幡豊秋津師姫栲幡千々姫命《よろづはたとよあきつしひめたくはたちぢひめのみこと》）

- 天照国照彦天火明櫛玉饒速日尊《あまてるくにてるひこあまのほのあかるくしたまにきしはやひのみこと》
  - 天香語山命《あまのかごやまのみこと》―（尾張氏系〔108ページの系図2参照〕）
  - ①宇摩志麻治命《うましまちのみこと》
    - ②味饒田命《うましにぎたのみこと》
    - 彦湯支命《ひこゆきのみこと》（物部氏系）
      - ③大禰命《おほねのみこと》
      - 出雲醜大臣命《いづものしこのおほおみのみこと》
        - ④大木食命《おほきくひのみこと》
        - 六見宿禰命《むつみのすくねのみこと》
        - 三見宿禰命《みつみのすくねのみこと》
      - 出石心大臣命《いづしごころのおほおみのみこと》
        - 大水口宿禰命《おほみくちのすくねのみこと》
          - ⑤鬱色雄命《うつしこをのみこと》
            - 伊香色謎命《いかがしこめのみこと》
            - 伊香色雄命《いかがしこをのみこと》
              - ⑦建胆心大禰命《たけいこころおほねのみこと》
              - 多弁宿禰命《たべのすくねのみこと》
              - 安毛建美命《やすけたけみのみこと》
              - 大新河命《おほにひかはのみこと》
                - ⑧物部武諸隅連公《もののべのたけもろずみのむらじきみ》
                  - ⑨物部多遅麻連公《もののべのたぢまのむらじきみ》
                    - ⑩物部印葉連公《もののべのいにばのむらじきみ》
                    - 物部山無媛連公《もののべのやまなしひめのむらじきみ》
                    - 物部伊与連公《もののべのいよのむらじきみ》
                    - 物部小神連公《もののべのをかみのむらじきみ》
                    - 物部大別連公《もののべのおほわけのむらじきみ》
                - 物部大小市連公《もののべのおほこいちのむらじきみ》
                - 物部大小木連公《もののべのおほこきのむらじきみ》
                - 物部大母隅連公《もののべのおほもろずみのむらじきみ》
              - 物部十市根命《もののべのとをちねのみこと》
                - 物部胆咋宿禰《もののべのいぐひのすくね》
                  - 物部五十琴宿禰連公《もののべのいことのすくねのむらじきみ》
                    - 物部伊莒弗連公《もののべのいこふつのむらじきみ》
                      - ⑪物部真椋連公《もののべのまくらのむらじきみ》
                      - 物部布都久留連公《もののべのふつくるのむらじきみ》
                      - 物部目大連公《もののべのめのおほむらじきみ》
                      - 物部鍛冶師連公《もののべのかぢしのむらじきみ》
                      - 物部竺志連公《もののべのつくしのむらじきみ》
                    - 物部麦入宿禰連公《もののべのむぎいりのすくねのむらじきみ》
                      - 物部大前宿禰連公《もののべのおほまへのすくねのむらじきみ》
                      - 物部小前宿禰連公《もののべのをまへのすくねのむらじきみ》
                      - 物部御辞連公《もののべのみことのむらじきみ》
                      - 物部石持連公《もののべのいしもちのむらじきみ》
                    - 物部石持連公《もののべのいしもちのむらじきみ》
                  - 物部五十琴姫命《もののべのいことひめのみこと》
                  - 物部五十琴彦連公《もののべのいごとひこのむらじきみ》
                    - 物部目古連公《もののべのめこのむらじきみ》
                    - 物部牧古連公《もののべのまきこのむらじきみ》
                  - 物部竺志連公《もののべのちくしのむらじきみ》
                  - 物部竹古連公《もののべのたけこのむらじきみ》
                  - 物部椋垣連公《もののべのくらがきのむらじきみ》
                - 物部止志奈連公《もののべのとしなのむらじきみ》
                - 物部片堅石連公《もののべのかたがたしのむらじきみ》
                - 物部印岐美連公《もののべのいきみのむらじきみ》
                - 物部金弓連公《もののべのかなゆみのむらじきみ》
              - 建新川命《たけにひかはのみこと》
              - 大咩布命《おほめふのみこと》
          - 鬱色謎命《うつしこめのみこと》
          - 大綜杵命《おほへそきのみこと》
          - 大峯大尼命《おほみねのおほねのみこと》
            - ⑥武建大尼命《たけたつおほねのみこと》
        - 大矢口宿禰命《おほやぐちのすくねのみこと》

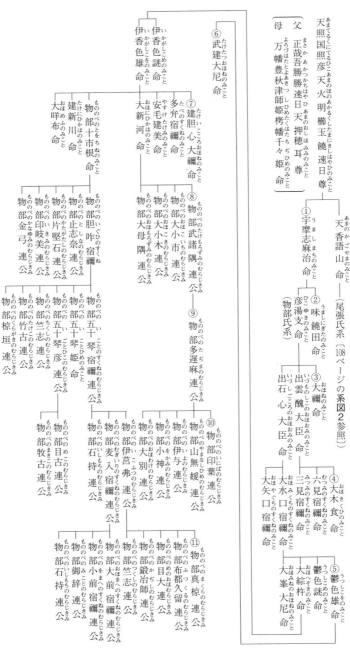

系図４のような形であらわせるものとする。

尾張氏の祖先とされる「天の火の明の命」と、物部氏の祖先とされる「饒速日の命」との関係については、およそ、つぎの三つにわけられる説がある。

(1)「火の明の命」と「饒速日の命」とは、本来は別の人物（または神）である。

(2)「火の明の命」と「饒速日の命」とは、同一の人物であるかどうかはわからないが、すくなくとも、兄弟関係にある人物などの、密接な関係にあった人物である。

(3)『先代旧事本紀』の記すとおり、「火の明の命」と「饒速日の命」とは、同一の人物とみとめるべきである。

私は、すくなくとも、(2)ていどの関係は、みとめてよいであろうと考える。

天照大御神が、尾張氏の祖先である天の火の明の命に与えた鏡が、「瀛津《おきつ》鏡《かがみ》（息津鏡）」と「辺津《へつ》鏡《かがみ》」である。それが、尾張氏から海部氏へ伝えられ、現在、元伊勢籠神社にある。そして、それらは、中国製の「昭明鏡」と「雲雷文内行花文鏡」である。

なぜ、日本神話の中心人物、天照大御神は、中国製の青銅鏡をもっていたのか？

神話の中から、現実の事物や人物が出現する。

「日本の天皇」そのものがそうであるし、元伊勢籠神社社家の伝承する鏡もそうである。

ここで、思いおこされるのは、東大系の文献学者たちを中心として、根づよくとなえられてきた説「天照大御神は、卑弥呼のことが、神話化し、伝説化したもの」とする説である。

そのような説をとれば、天照大御神は、卑弥呼と重なると考えられるわけであるから、天照大御神すなわち卑弥呼は、魏の国の皇帝から与えられた銅鏡百枚をもっていて、そのうちの二枚を、孫である天の火の明の命が「天孫降臨」するさいに与えたのであると考えれば、話のつじつまがあう。

南九州へは、邇邇芸の命（瓊瓊杵の尊）がくだり、近畿方面には、饒速日の命がくだり、出雲方面へは、天の穂日の命がくだり、「天孫降臨」は、何度も行なわれているようにみえるのである。

神話伝承のなかから、ぬっと現実の鏡が、姿をあらわす。この事実は、「天照大御神は、卑弥呼のことが神話化し、伝説化したものである」とする仮説が成立する可能性を、より大きくするものであろう。

次章以下では、このような仮説が、どのていどの根拠をもつのかを、すこしくわしくたずねてみよう。

大海氏《おおしあま》について

なお、古代の氏族に、「大海《おおしあま》（凡海とも書く。おおしうみ、おおうみ、の読み方もある）」という氏族があった。いくつかの海部氏《あまべ》を、統轄する地位にあったとみられる。

『新撰姓氏録』の「未定雑姓、右京」に、「凡海《おおしあま》の連《むらじ》。火《ほ》の明《あかり》の命《みこと》の後《すえ》（後裔）なり。」とある。

崇神天皇の妃《みめ》に、「尾張《おわり》の大海媛《おおしあまひめ》」（『日本書紀』の表記。『古事記』の表記は、「尾張の連《むらじ》の祖、意富阿麻比売《おほあまひめ》」）がいる。そして、『日本書紀』の「神代紀」に、「火《ほ》の明《あかり》の命《みこと》。これ、尾張の連《むらじ》らの始祖なり。」とある。

尾張氏と大海氏とは、ともに、天の火の明の命の後裔であるようにみえる。

大海《おおしあま》の宿禰《すくね》菖蒲《あらかま》は、大海《おおしあま》の皇子（のちの天武天皇）の乳母を出した。天武天皇の実名が、大海の皇子であるのは、それによる。

丹後の国の加佐《かさ》郡（元伊勢籠神社のあった与謝《よさ》郡の東南の隣の郡）に、「凡海《おおしあま》郷」の地名がある。

大海氏は、尾張の国から、丹後の国にかけて分布していたようにみえる。

メモ 「息津鏡《おきつかがみ》」と「邊《へ》（辺）津鏡《つかがみ》」の意味

天の火の明の命から、尾張氏・海部氏へ伝えられたとみられる鏡を、元伊勢籠神社関係の資料では、「息津鏡」「邊津鏡」と記し、『先代旧事本紀』では、「嬴津鏡《おきつかがみ》」「邊津鏡《へつかがみ》」と記す。

「邊」の字の常用漢字体は、「辺」なので、「邊津鏡」のことを、ふつうの論文などでは、「辺津鏡」と記していることが多い。この本でも、「辺津鏡」の表記を用いた。

「息津鏡」「辺津鏡」と類似の表現には、「瀛風《おきつかぜ》」「辺風《へつかぜ》」（『日本書紀』）、「奥浪《おきつなみ》」「辺浪《へつなみ》」（『万葉集』）、「奥津加伊《おきつかい》（沖つ櫂）」「辺津加伊《へつかい》（辺つ櫂）」（『万葉集』）などがある。

「おきつ」「へつ」は、「沖から岸辺に吹いてくる、打ちよせる、やってくる」などの意味で、「息津鏡」「辺津鏡」の原義は、おそらく、海外からわが国に来た、すなわち「舶来の鏡」という意味であろう。

「息津鏡《おきつかがみ》」「辺津鏡《へつかがみ》」には、天の火の明の命から、海部氏に伝わったとみられるもの以外に、新羅の王子の天《あめ》の日矛《ひぼこ》が、わが国に持ってきた鏡に、「奥津鏡《おきつかがみ》」「辺津鏡《へつかがみ》」（『古事記』）がある。やはり舶来品である。

なお、「瀛」には、「大きな海」の意味がある。「嬴」は、「瀛」の略体か。

第3章

「邪馬台国東遷説」研究小史

おもに、東大系文献史家たちの支持した説

東洋史学者、白鳥庫吉氏によって指し示され、哲学者、和辻哲郎氏によって、発展され、体系化された「邪馬台国東遷説」は、数々の東大系学者によって支持され、補強されてきた。

すなわち、「卑弥呼」や「邪馬台国」の時代は、わが国の古典『古事記』『日本書紀』の伝える神話の時代にあたるのであり、のちに、邪馬台国の勢力をうけつぐものが東遷して、大和朝廷をたてた、とする。

「神話から歴史へ」。見かたによっては、きわめて自然なこの学説の発展のあとを追う。

東洋史学者、白鳥庫吉氏の説

第二次世界大戦後のわが国におけるはなばなしい考古学的発掘の成果の発表の喧騒のなかで、とかく陰《かげ》となりがちであるが、おもに東大系の文献学者たちによって根づよくとなえられてきた説に、「邪馬台国東遷説」がある。

北部九州にあった邪馬台国の後継勢力が、東に遷《うつ》って大和朝廷になったとする説である。

そのような説は、いまから百年以上まえの明治期に、東大の白鳥庫吉氏と、京大の内藤湖南氏とのあいだで、白熱の邪馬台国論争が戦わされたときに、すでに芽ばえている。

白鳥庫吉氏（一八六五～一九四二）は、明治期の東京大学を、いな、わが国を代表する史家であった。東洋史学の開拓者であり、かずかずの新研究を発表するとともに、多くの研究者を育成した。

白鳥庫吉氏は、また、邪馬台国北九州説を説き、畿内大和説を主張する京都大学の内藤湖南氏と、白熱の論争を戦わせた。邪馬台国の位置をめぐる諸説は、それまでにも出されてはいた。しかし、現代まで長く尾をひく、いわゆる邪馬台国論争は、このときはじめて、はげしい沸騰をみせたといってよい。

白鳥庫吉氏は、「邪馬台国東遷説」を示唆し、のちの和辻哲郎氏、栗山周一氏などの「邪馬台国東遷説」に、直接つながりうるような内容をもつ論文を、いまから百年以上まえに、すでに発表している。

すなわち、白鳥氏は、明治四十三年（一九一〇）に発表した論文「倭女王卑弥呼考」の中で、「魏志倭人伝」の「卑弥呼」に関する記事内容と、『古事記』『日本書紀』の「天照大御神」に関する記事内容とを比較している。そして、その二つの記事内容について、「その状態の酷似すること、何人も之《これ》を否認する能《あた》わざるべし。」と述べている。この指摘は、のちの「邪馬台国東遷説」の核心部と関係する。

白鳥庫吉氏は、すでに、『古事記』『日本書紀』の神話を伝える天照大御神は、「魏志倭人伝」の記す卑弥呼の反映なのではないか、天照大御神がいたと伝えられる高天《たかま》の原は、北部九州にあった邪馬台国の反映なのではないかとする考えを示している。

原文は、文語体であるが、口語体になおして、白鳥庫吉氏の述べているところを紹介する（文章の一部に傍線を引き、その部分の文字をゴシックにしたのは、安本）。

「すべて、神話伝説は、国民の理想を述べたものであって、当時の社会の精神風俗などは、ことごとくそのなかに包含されるものである。したがって、皇祖発祥の地である九州において、上古、卑弥呼をはじめとして、女子で君長であったものが多数いたとすれば、天照大御神が女王として天上に照覧するのも、また、なんの怪しむべきことがあろうか。」

「つらつら神典（『古事記』『日本書紀』）の文を考えると、天照大御神は、素戔嗚《すさのお》の尊《みこと》の乱暴な振るまいを怒って、天の岩戸に隠れた。このとき、天地は、暗黒となって、万神の声は狭《さ》蠅《ばえ》のごとく鳴りさやぎ、万妖がことごとく発した。ここにおいて、八百万《やおよろず》の神たちは、天の安の河原に神集《かんつど》いに集って、大御神を岩戸から引きだし、ついで素戔嗚《すさのお》の尊を逐いやったので、天地はふたたび明るくなった。ひるがえって『魏志』の文を考えると、倭女王卑弥呼は狗奴国男王の無体を怒って、長くこれと争ったが、その暴力に堪えず、ついに戦中に死んだ。ここにおいて、国中大乱となり、一時男子を立てて王としたが、国中これに服せず、たがいに争闘して数千人を殺した。しかるに、その後、女王の宗女壱（台）与を奉戴するにおよんで、国中の混乱は一時に治った。これは地上に起きた歴史上の事実で、かれは、天上に起きた神典上の事跡であるけれども、**その状態の酷似すること、何人もこれを否認することはできないであろう。**もしも神話が太古の事実を伝えたものとすれば、神典の中に記された天の安の河原の物語は、卑弥呼時代における社会状態の反映とみることができようか。」

いっぽう、白鳥庫吉氏は、「邪馬台国＝北九州筑後山門説」をとなえている。のちの時代に、畿内の大和に存在した大和朝廷のつたえる神話上の事跡が、北部九州に存在した邪馬台国についての事実と酷似するというのである。

白鳥庫吉氏の所説は、大和朝廷の原勢力が北九州にあり、それがのちに畿内に移動したことを示唆しているといえよう。「邪馬台国東遷説」の萌芽が、そこにみとめられる。

和辻哲郎氏の『日本古代文化』

白鳥庫吉氏の見解は、観察眼の広さと、明晰な思考によって知られる東京大学の哲学者、和辻哲郎氏（一八八九〜一九六〇）によってうけつがれ、発展させられた。和辻哲郎氏は、はじめて、「邪馬台国東遷説」を、明確な形で提示した。

和辻哲郎氏は、ニーチェやキェルケゴールの研究から、さらに、日本文化の研究にすすみ、『日本古代文化』、『古寺巡礼』、『風土』などの、数々の名著をあらわした。

和辻氏の「邪馬台国東遷説」は、『日本古代文化』（岩波書店刊）のなかにみえる。『日本古代文化』は、大正九年（一九二〇）に初版が刊行された。そして、大正十四年（一九二五）と、昭和十四年（一九三九）とに改稿版が、昭和二十六年（一九五一）には『新稿日本古代文化』がだされている。改稿のたびに、内容は、かなり大きく書きあらためられている。

初版の『日本古代文化』は、和辻氏が、三十一歳のときの著作である。和辻氏の「邪馬台国東遷説」は、初版において、もっともくわしい。

初版の『日本古代文化』について、和辻氏は、のちに、つぎのように述べている。

「その後、二十年のあいだに、自分は、幾冊かの著書を書いたが、この書（初版『日本古代文化』）を書きあげた時ほど、うれしかったことは一度もない。」（昭和十四年改稿版『日本古代文化』序文）

初版の『日本古代文化』は、和辻氏にとって、記念の一冊であった。

以下では、初版の『日本古代文化』を中心に、改稿版によっておぎないながら、和辻氏の「邪馬台国東遷説」を、紹介してみよう。

そこでは、穏健犀利をもってきこえる和辻哲郎氏だけあって、「邪馬台国東遷説」の、重要なポイントのいくつかが、すでに、よくおさえられている。

まず、和辻氏は、「邪馬台国問題」については、つぎの理由などから、「九州説」をとる。

「女王国が、九州西北部に限られていたことは、魏志の参問した倭地が周旋五千余里というのを見て、あきらかである。朝鮮海峡を三千余里とみる見当から行けば、周旋五千余里は、

筑肥の全部を含むに足りない。」（初版）

また、『古事記』『日本書紀』の性質については、つぎのような理解が示される。

「記紀の材料となった古い記録は、たとえ、官府の製作であったとしても、ただ少数の作者の頭脳から出たものではない。弥生式文化の時代からの、古い伝承に加えて、三、四世紀における第二次の国家統一や、五世紀における国民の発達の間に、自然に生まれてでた古い伝説が、六世紀を通じての無数の人々の想像力により、この時代の集団心に導かれつつ、漸次形をなして行ったのである。奈良朝に至って、最後に編集されるさいに、とくに明白な官撰的な色彩を帯びさせられたとしても、それは、物語の中核をまで変えていない。」（改稿版）

「記紀の伝説が、じつは、魏志の伝える筑紫人の生活を背景として産まれたものにすぎない……」（初版）

『古事記』『日本書紀』の神話と「魏志倭人伝」の記述との一致

和辻氏は、その「邪馬台国東遷説」を展開するにあたって、まず、『古事記』『日本書紀』の神話と「魏志倭人伝」の記述との一致とを、ややくわしく指摘する。

『古事記』『日本書紀』の伝える天照大御神の事跡は、「魏志倭人伝」の記す卑弥呼の事跡と一致するとし、『古事記』『日本書紀』の神話の伝える高天《たかま》の原時代は、「魏志倭人伝」の伝える邪馬台国時代の記憶ではないかとする。それは、白鳥庫吉氏の論旨にほぼ近い。

「君主の性質については、記紀の伝説は、完全に魏人の記述と一致する。たとえば、天照大御神は、高天の原において、みずから神に祈った。天上の君主が、神を祈る地位にあって、万神を統治するありさまは、あたかも、地上の倭女王が、神につかえる地位にあって人民を統治するありさまのごとくである。また天照大御神の岩戸隠れのさいには天地暗黒となり、万神の声さばえのごとく鳴りさやいだ。倭女王が没した後にも国内は大乱となった。天照大御神が岩戸より出ると、天下はもとの平和に帰った。倭王壱（台）与の出現も、また国内の大乱をしずめた。天の安河原においては八百万神が集合して、大御神の出現のために努力し、大御神を怒らせたスサノオの放逐に力をつくした。倭女王もまた武力をもって衆を服したのではなく、神秘の力を有するゆえに衆におされて王とせられた。この一致は、暗示の多いものである。」

「我々は国民の大きい統一が三世紀以後の機運であることを知っている。また、女王卑弥呼が、倭人の間においても、新しい現象として起ったという形跡を、魏志の記述から発見する。明らかに国家統一後の所産である神代史が、右のごとき一致を示すとすれば、たとえ伝説化せられていたにもしろ、邪馬台国時代の記憶が、全然国民の心から、消失していたとは思えない。」

「さらにまた、神代史の諸伝説が、筑紫を背景とするという見解も、ここには暗示深いものとして役立つであろう。潮満瓊《しおみつたま》潮涸瓊《しおひるたま》の伝説が九州西海岸の潮の干満と関係し、天照大御神の天の安河原の諸伝説が、（白鳥庫吉氏の述べるように）『卑弥呼時代における如き社会状態』を反映するとすれば、これらの諸伝説の原形がいかなるものであったにしろ、筑紫の生活のほのかなる記憶が、統治者の階級に残っていたとみることは許されねばならぬ。」

大和朝廷は、邪馬台国の後継者

和辻氏は、ついで、大和朝廷の国家統一が、どのように行なわれたと考えられるかについて述べる。大和朝廷は、邪馬台国の後継者であり、『古事記』『日本書紀』の伝える神武東征の物語の、「国家を統一する力が九州から来た。」という中核は、否定しがたい伝説にもとづくものであろうとする。「邪馬台国東遷説」の骨格が、かなり明確な形で提示されている。

和辻氏はいう。

「大和朝廷の国家統一がいかにして行なわれたかは、記紀の古い伝説のうちに、ほのかながらも、痕跡が認められると思う。」

「なんらの伝説もないところに、全然頭のなかから、都合のよい物語をつくりだすというような力は、とてもあったらしく思えない。だから、全体の構想や、一つ一つの物語の連関のつけ方など、後代の創意を認めるとしても、おのおのの物語には、それぞれ古い民間説話が秘められていると見なければならない。国家統一の事情も、そういう意味で、神代史や上代史から見いだせるであろう。」

「大和朝廷の国家統一については、まず、神武東征の物語が関係をもつ。……神代と人代を結びつける物語が、とくに作者のいちじるしい潤色をうけたのは当然である。しかし、人名や地名や個々の事件などを別として、『国家を統一する力が九州から来た』という物語の中核は、はたして作者の作為であろうか。大八州を生んだイザナギの命の降臨地が大和に近く、また天孫が大八州を治めるために天より降るとすれば、皇室の発祥地を最初より大八州の中央と定める方が、物語の構造としてははるかに自然である。人間のことでない天よりの降臨が、しかも、悠久な古《いにしえ》の出来事が、大和であると九州であるとによって、どれほど神秘的な意味を変えるだろう。ことに、大和に都する皇室のためには、皇祖が、大和に降臨したとする方が、はるかに意味深い。物語としても、かえって、その方が、出雲国譲りの事件を活かせることになる。これらの好都合をすべて無視して、天孫を九州に降臨せられたと、国家統一のために神武東征を必要とするのは、作者の作為とは思われない。

統一の力が九州から動いた。このことは、恐らく否定しがたい伝説であったろう。」

「神武東征の物語に、筑紫の勢力がほとんど問題とせられていないのは、筑紫の状況を知るわれわれにとって、力強い暗示である。もし、筑紫以外の九州の勢力が、国家を統一したとすれば、筑紫の勢力との争闘は、なんらかの伝説を残さずにはいまい。しかし、『かつて盛大であった邪馬台《やまと》』の征服を思わせる伝説は、どこにも存しない。邪馬台《やまと》の国は突如として消えた。がそこにはもう全国を統一する大和《やまと》の勢力があらわれている。」

東亜の状勢の中で

和辻氏は、さらに、東亜さらには世界の全体的状況、考古学的事実、大和朝廷の「大和《やまと》」という名称などから、自説を補強する。

まず、大和朝廷の興起と、世界の状況との結びつきについて、およそ、つぎのように議論を展開する。

和辻氏は、「大和朝廷の国家統一は、四世紀初頭より、四世紀後半にいたるある時期」とする。

そして、和辻氏は、「野蛮諸族の目ざましい興起は、この時代の世界的現象」であったことを指摘する。大和朝廷の成立が、そのような世界的現象と、呼応していることを指摘する。

「朝鮮半島も、その（世界的現象の）例にもれない。四世紀の初め鮮卑が遼東を占領して漢人の勢力を南へ圧迫したことは、漢の武帝以来四百年間朝鮮北東部を支配した権力の消滅を意味した。漢人の力によって北方へ押しつけられていた高句麗は、この機会に鴨緑江の谿谷からでて、楽浪帯方の故地に勢力を確立した。」

そして、時を同じくして、百済、新羅が興隆する。それは、高句麗の南下が、心的刺激、興奮、緊張をもたらした結果であろうとする。

「この形勢は、さらに、海峡のこなた、筑紫地方にも、関係をもたなければならぬ。韓半島の一角に倭人の国があり、また、筑紫人が韓人と密接な関係を持ったことは、魏志の韓伝によっても察せられる。しからば、韓人の右のごとき心的興奮は、筑紫人に対しても刺激を与えずにはいなかったであろう。漢文化の影響によって、すでにより大いなる組織の機運が働きつつあった筑紫人の社会には、この新しい刺激は、もっとも時をえたものでなくてはならぬ。すでに三世紀においても、韓人の最大国が万余家であるのにくらべて、筑紫人の最大国は七万余戸であった。知力や意力についても、筑紫人が劣っていたとはみえない。馬韓人のなしえたことは、筑紫人にとっても、また容易であったに相違ない。

もし民族移転の影響が、日本にまで及んでいるとすれば、ちょうどこの時期に半島の形勢とぴったり相応して、大和朝廷の国家統一が行なわれたことは、どう解してよいか。外来の刺激が、文化促進の契機であることは、ここに説くまでもない。すでにその刺激があった。そうして急激な進歩があった。その間に、必然の関係を認めてはいけないか。

それがいいとなれば、国家統一にともなう日本人の生活の変遷は、大きい世界史的な背景をうることになる。」

考古学的な事実も……

和辻氏は、また、考古学的な事実について、つぎのような点を指摘する。

(1)『古事記』『日本書紀』の神話では、鉾と剣とが、しばしば語られている。それは、筑紫中心の銅鉾銅剣の文化と照応している。

(2)『古事記』『日本書紀』の神話は、銅鐸についての、なんらの記憶も、記していない。これは、『古事記』『日本書紀』の神話が、近畿中心の銅鐸文化圏において発生したものではないことを示している。

(3) 大和朝廷および古墳時代の文化は、銅鉾銅剣文化の系統をひく。すなわち、筑紫の銅鉾銅剣文化が、近畿銅鐸文化を征服した。

以下、和辻氏の述べているところを、紹介してみる。

「……われわれは、地中の遺物が、山陰を大陸への門戸とする近畿中心の銅鐸の文化と、筑紫を門戸とする筑紫中心の銅鉾銅剣の文化との対峙を示すことをみた。」

「銅鐸の文化と銅鉾銅剣の文化との対峙が消滅したということについては、そのいずれが他を征服したかの問題を考えねばならぬ。それについてただちに思い浮べられるのは記紀の伝える古伝説である。われわれはそこに鉾と剣とが、しばしば語られているのをみる。……剣に重大な役目をつとめしむる説話は、数えるに暇がない。しかし、ここでもっとも必要なことは、鉾や剣が、崇拝の対象とされていることである。……この伝説を銅鉾銅剣の形成上の変遷と対照するとき、そこに疑いがたき連絡点を見出すことができると思う。」

そして、和辻氏は、およそ、つぎのように述べる。

(1)　銅鉾、銅剣などの武器は、多くの鋳型の発見によって証示されるように、筑紫地方において熱心に製造された。

(2)　最初は中国から輸入し、あるいはその形を学んで、細く鋭利であった銅鉾と銅剣とが、のちに異様な大きさのものとなり、刃は、武器として通用しえないほど幅広な厚味あるものと変った。これは、鉾や剣が、呪術的な意味をもっていたことを推測させる。武器の崇拝が、そこに認められる。

(3)　このような、考古学的資料からうかがわれる事実は、「(矛や剣が、崇拝の対象とされている)古伝説へまっすぐに連絡する」。

さらに、和辻氏は述べる。

「しかるにわれわれは、銅鐸についての記憶を、伝説のいずこにも発見することができない。銅鐸の用途は、梅原(末治)氏が推測するごとく、祭器であろう。これほどに顕著な、そうして宗教的意義をもったに相違ない製作品が、古伝説になんらの痕跡を残さないとすれば、古伝説が、銅鐸中心の文化圏内において発生したのではないことはあきらかであろう。」

「ここにおいて、われわれは、われわれの古伝説を生みだした文化圏、すなわち三世紀以後の大和朝廷を中心とする文化圏が、銅鉾銅剣の文化の系統を引くものではないかとの推測に達するのである。すなわち、筑紫地方において急激に発展した勢力——銅鉾銅剣を徴証とすれば、その勢力範囲は、朝鮮南部、四国、中国西部を含んでいる——が、……東方の大和に移り、そこを中心として関東平野以西全部を統一したのではなかろうかという推測である。」

「古墳からもっとも多量にでる漢鏡(和辻氏は『漢鏡』を、『漢代の鏡』の意味ではなく、『中国の鏡』の意味で用いておられるようである。)、勾玉、刀剣の類も、この問題については、暗示するところが多い。……漢人と直接に接触してもっとも多くその影響をうけたのは、筑紫人である。……この種の技術の、もっとももっとも古くもっとももっともよく発達していたのは、筑紫の地でなければならない。だから、鏡、玉、剣のごとき物品およびそれを製作する技術は、漢人と直接交通した筑紫人の手を経て、東方に広がったか、もしくは、筑紫人がみずから東方に運んだかでなくてはならぬ。すなわち、古墳時代の文化は、九州起源だということができるのである。」

「このような考古学的事実を、前述の『東征』という事実に連関せしめてみる。弥生式文化は、筑紫地方を中心として東方へ広がったのであって、これを『東征』と考えて、なんらさしつかえはない。また、武器尊崇は、筑紫地方から起って、東方へ広がったのであって、銅鐸尊崇がそのために消滅したことを、『東征』と考えても、おなじくさしつかえはない。……古伝説のなかに、もっとも強力なモチーフとして、東征が語られるのも、ゆえなきことではないであろう。」

黒板勝美氏の『国史の研究』

一九三二年に、日本古文書学を確立した東京大学の黒板勝美《くろいたかつみ》氏*（一八七四～一九四六）の大

*黒板勝美（一八七四～一九四六）東京大学の教授であった黒板勝美氏は、一九三二年に『国史の研究』（岩波書店刊）をあらわし、天照大御神のいた「高天の原」は、九州の北部であろうとした。

著『国史の研究　各説』の上巻が、岩波書店から刊行されている。これは、当時の官学アカデミーの中心に位置した黒板氏の代表的著作といってよい。

『国史の研究』が刊行された当時、岩波書店は、この本を、「学界の権威として、洛陽の紙価を高からしめたる名著」とし、「最近まで各方面にわたりて学界に提出されし諸問題」を、「一一懇切詳密に提示論評し」、「その拠否を説明取捨し以て学界の指針たらしめ」「宛然《さながら》最近に於《お》ける国史学界進展の総決算たる観を呈して居る」、そして、「わが国史に就《つ》きての中正なる概念を教示する」もので、一般人士はもちろんのこと、「専門研究者も座右《ざゆう》に備ふるべき好伴侶《はんりょ》たるを失はない」とのべている。

黒板勝美氏は、『国史大系』などの編集者であり、他の説の批判や自説の主張においては、つねにその根拠を、くわしくのべている。岩波書店がのべていることは、当時にあっては、けっして誇大な宣伝ではなかったのである。その説は、学問的考究の上にたつ、穏健中正な見解とみられていたのである。

黒板氏は、津田左右吉氏の日本神話作為説を、「大胆な前提」から出発した研究とし、それを「余りに独断に過ぎる嫌《きらい》がある」と批判する。そして、黒板氏は、神話伝説は、むしろ長い年月の間にだんだん作られて来たとする方が妥当であり、はじめはひとつのけし粒であっても、ついに金平糖になるようなものであり、しだいに立派な神話となり伝説となるところにやはり歴史が存在するのではあるまいか、とする。

黒板氏は、『国史の研究 各説』上巻の冒頭で、およそつぎのようにのべて、「国史の出発点をいわゆる神代まで、遡《さかのぼ》らしめ得る」と説く。

「史前時代と有史時代との境目を明瞭に区別しにくいことは、世界の古い国々みなそうである。その太古における物語は、霊異神怪や荒唐《こうとう》無稽《むけい》の話に富んでいて、神話や伝説などのなかに歴史がつつまれているといえる。

わが国の神話伝説のなかから、もしわが国のはじまりについての事がらを、おぼろげながらでも知ることができるのであれば、私たちは、国史の出発点を、いわゆる神代まで、さかのぼらしめ得るのであり、神代史の研究が、また重要な意義を占めることになるであろう。

もっとも、神武天皇が始馭天下之天皇《はつくにしらすすめらみこと》という尊称をもち、大和に都をひらいた第一代の天皇であるという古伝説にしたがって、あるいは、わが国の歴史の発展を、神武天皇から説明するにとどめようという人があるかも知れない。しかし、わが国のはじまりが、どのようであったかを、いくぶんでも知ることができるとするならば、従来神代といわれている時代に研究を進めることは、また緊要なことといわなければならない。」

天照大御神は「なかば神話の神、なかば実在の人」

ついで、黒板氏は、天照大御神よりもまえの神々は、皇室の祖先として奉斎《ほうさい》されていないことなどから、実在性はみとめがたいが、天照大御神は、「半ば神話の神、半ば実在の御方」と説く。

「天照大御神は、最初から皇祖として仰がれた方であったからこそ、三種の神器の一つである八咫鏡《やたのかがみ》を霊代《たましろ》として、やがて伊勢に奉斎され、今日まで引きつづき皇室の太廟として、とくに厚く崇祀《すうし》されているのである。

元来史話なるものは、截然《せつぜん》と神話に代るものではなく、その境界は、たがいにいりまじって、両者をはっきりと区別することがむずかしい。これが、天照大御神の半ば神話の神、半ば実在の方として古典に現れる理由である。神話がほどよく史的事象を包んでおり、史的事象がほどよく神話化されている。したがって、須佐《すさ》の男《お》の命に関する古典の記載なども同様であるが、天照大御神の御代に皇室の基礎が定まり、わが国は天照大御神の徳によってはじまったことは、おぼろげながらみとめられなければならない。」

アカデミーの立場からの「地上説」の評価

そして、黒板氏は、高天の原を、「地上の何処《どこ》かに之《これ》を擬すべきである」とし、それを、「九州の北部」と考える。

「天孫民族が大和や日向に入る以前、すなわち、いまだあい分れていない時の地が、いわゆる『高天の原』であるともいえよう。本居宣長が、これを天であると解釈しているのは、『古事記』のできたころ、わが国民が、そのように考えていたとする意味においては妥当であるが、もし、高天の原を、天孫民族の祖国と解すべきであるならば、地上のどこかにこれを擬すべきである。ところで、『旧事本紀』の天孫本紀が古伝であることは、学者の意見の一致しているものであるが、それには、天孫饒速日《にぎはやひ》の命《みこと》が、高天の原から大和に降臨したと記載されている。これは、のちに神武天皇が大和に入ったさいに、物部氏の祖饒速日《にぎはやひ》の命《みこと》が、天皇と同族である証拠を示したという『日本書紀』の記事とも一致するものである。このような大和降臨説話の存在は、すくなくとも高天の原をもって大和とする説にとって、大きな打撃であるといわなければならない。それで、高天の原を、海外に擬してもさしつかえないという説がでてきたのであるが、日本語がふきんの外国語とまったく系統を異にしている点から、天孫民族がわが国に移住してきたのは非常に太古であったろうといわれる白鳥博士の説をある点までみとめ、また、考古学的にもこの説を支持しうるならば、高天の原国内説は、よほど有力になってくるであろう。もっとも、本居宣長も、すでに『古事記伝』の大八州生成の条で、『すべて神代の故事は多く西になんありける』といっており、暗に九州の一部に高天の原を擬していたように思われる。『日本書紀』の景行天皇紀十二年、仲哀天皇八年の条に、九州の土豪が、三種の神器と同様の鏡、剣、玉の三種の神宝を船中の榊《さかき》の枝に取り掛けて、天皇を奉迎したことがある。神宝が主権者のしるしであり、三種の神器が天孫民族に特有なものであったとすれば、これらの土豪も、あるいは高天の原から分かれた天孫民族の一部であって、景行天皇や仲哀天皇の御代まで、なお九州の北部に存在していたものではあるまいか。」

さらに、黒板勝美氏は、『国史の研究 総説』（一九三一年刊）で、「高天の原は、本島のなかの大和にはなかったとする説が有力であるように思われる。」とし、つぎのような点も指摘している。

「『古事記』『日本書紀』にみえる神々を研究し、『延喜式』神名帳を調べて、神代における神々として伝えらえる方で、九州北部に鎮座するものの多いのをみれば、その地方が、天孫民族と深い関係をもつことだけは推測されうるように思う。」

飯島忠夫氏の『日本上古史論』

一九四五年に、第二次世界大戦がおわる。

一九四七年に、飯島忠夫博士(一八七五〜一九五四)の、『日本上古史論』(中文館書店刊)があらわれる。

飯島氏は、二期(回)だけ卒業生を送りだした東京大学(当時は東京帝国大学文科大学)付属の、第一臨時教員養成所の一期に、首席で入学し、首席で卒業した地方出身の秀才であった。臨時教員養成所卒業後、東京大学選科の支那文学科に入学したが、中途退学し、学習院中等科の教員となり、のちに、学習院大学の教授となった人である。

天文暦法の専門家で、京都大学教授の新城新蔵博士(のち京大総長)と、暦学上の、長くはなばなしい論争を行なったことなどでしられている。(第一書房から、飯島忠夫氏の著作集が、刊行されている。)

飯島忠夫氏が、『日本上古史論』で述べているところを整理すれば、つぎのようになる。

(1) 九州の邪馬台国が、本州の大和に移動した。

(2) その移動の時期は、西暦三百年前後である。(『日本建国の年代は、『日本書紀』に記されている年代から、約千年ほど、後世に引きさげて考えるべきである。）

(3) その移動の記憶が、神武天皇東征伝承であると考えられる。

(4) 天照大御神の時代は、卑弥呼の時代にあたる。

飯島氏は、九州の邪馬台が、本州に移転したとすれば、それは、晋の武帝の泰始二年（西暦二六六年）十月に、卑弥呼の後にたった倭女王（台与と考えられる）が貢献したとき以後と考えられるとし、つぎのように述べる。

「前に述べたごとく、新羅百済任那の建国は、西紀二九一年以後の出来事であって、それは東晋が楽浪帯方二郡を失ったことに関係があるものとすれば、この二郡の失陥は、倭国にも大なる刺激を与えたので、倭国でも、一層国力を強力にして朝鮮半島諸国の新興勢力に対抗する必要を痛感したために、一時、南方の敵なる熊襲を放置して、まず本州方面を統一するの策略に出たものであろう。」

「神武天皇の大和平定を西紀二九一年以後とする時は、天照大御神の時代は、卑弥呼の位置にあたるものとなるのではあるまいか。」

そして、飯島氏は、つぎのような点を指摘する。（若干、私がおぎなった。）

(1) 天照大御神も、卑弥呼も、ともに女性である。ともに配偶者がない。ともに男弟がいる。

(2) ともに、シャーマン的で宗教的性格をそなえた君主である。

(3)　天照大御神を補佐する神は、男神なる高皇産霊神であり、卑弥呼を補佐するものは男弟である。

(4)　天照大御神と素戔嗚《すさのお》の尊《みこと》との戦争談は、卑弥呼と狗奴国の男王なる卑弥弓呼との戦争に似ている。

(5)　卑弥呼が大なる山陵に葬られたことは、天照大御神の岩戸隠れに似ている。卑弥呼の没した時には、『魏志』に記してある風俗にしたがって、群臣等は、歌舞飲酒したであろうが、それは、死者を蘇生せしめようとするためであろう。そのことは、天の岩戸のまえで、諸神が歌舞したのに似ている。

(6)　卑弥呼の没後に男王がたったが、国中服せずして戦いがおこなわれ、ついに、ともに合議して女王を立てたので、国中がおさまったということは、天の岩戸から日の神がふたたびあらわれたので、諸神が、みな大いによろこんだという説話に似ている。

そして、飯島氏は、つぎのように述べ、「邪馬台国＝高天の原」とする。

「徳川時代の学者の中には、高天の原をもっていにしえの皇都のこととし、あるいはそれを常陸《ひたち》の国多珂郡とし、あるいは豊前の国中津とし、あるいは大和とした人があったが、以上のごとき考え方によれば、筑紫の邪馬台は、すなわち高天の原である。」

飯島忠夫氏の「邪馬台国東遷説」

飯島忠夫氏の「邪馬台国東遷説」を紹介しよう。

飯島氏は、まず、邪馬台国の位置を、「九州の北半」とする。

「魏志には、帯方郡から邪馬台まで一万二千余里とある。そして、郡から狗邪韓国まで七千余里、狗邪韓国から対馬まで一千余里、対馬から壱岐まで一千余里、壱岐から松浦まで一千余里、松浦から怡土《いと》まで五百里とある。すると（帯方）郡から怡土までは、一万五百余里となる（7,000 + 1,000 + 1,000 + 1,000 + 500 = 10,500）。ゆえに、怡土から邪馬台までは、一千五百里ばかりとしなければならぬ（12,000 − 10,500 = 1,500）。それは、松浦から怡土までの三倍である。怡土から大和へは、遠くはなれているから、それを一千五百里（実の距離は、今の二十里ばかり）とするのは、また不当である。ゆえに、邪馬台をもって、大和に比定することは困難である。」

ついで、飯島氏は、女王卑弥呼の時代には、まだ、大和朝廷は、成立していなかったであろうと思われる根拠を述べる。

「魏志の倭人伝においては、本州方面のことを、『女王国の東、海を渡ること千余里にして、また国ありて皆倭種なり。』と記す。その国は、大和か出雲あたりに根拠地を有していたものであろう。倭女王卑弥呼の時代に、大和を都とする統一国家が厳存していたとすれば、九州の北半を領有する倭国は、大和にある統一国家の権力を無視して、その国名を僭称して、大八州の一部に割拠していることとなる。」

「(大和に統一国家があるとすれば)その大和の統一国家は、かならず帯方郡と交通していたであろう。そして、大和と帯方郡および南朝鮮諸国との海上交通貿易は、かならず邪馬台によって妨害されていたであろう。このばあいは、大和朝廷からの征討軍がかならずさしむけられなければならぬ。しかし、女王国と戦ったのは、南方の狗奴国であって、東方に対しては、まったく無事であった。」

「……卑弥呼の時代には、大和の朝廷が、まだ存在していなかったと考えることができるであろう。」

「さて卑弥呼は、倭国王の名をもって中国と交通し、大和の朝廷はまた倭国王の名をもって、卑弥呼より後の宋の時代に中国と交通している。そこで、隋書には、大和の朝廷を称して、『すなわち、魏志にいうところの邪馬台なり。』と記しているのである。これは、九州のヤマトが、大和の朝廷に叛いて、それに滅ぼされたものではなく、大和の朝廷が、かえって九州のヤマトの後継者ではなかろうかと思わせるものである。」

「大和の朝廷が、九州から移転したという伝説は、日本にも明らかに存在する。それは、神武天皇が、九州の日向から東征、大和に入ったことである。しかしそれには、九州のヤマトから出発したということがない。天照大御神の皇孫である瓊々杵《ににぎ》の尊が、日向の高千穂の宮に天降りしその後、彦火々出見《ひこほほでみ》の尊、鸕鷀草葺不合《うがやふきあえず》の尊の二代をへて、神武天皇となるのである。」

「日向への天降りというのは、筑紫のヤマトの王族が、なんらかの事情によって、日向に移住したことを示しているものではあるまいか。それは、あるいは狗奴国の背面を、抑制するためであったかも知れぬ。日向が、熊襲の背面を抑制するのに適当の地であることは、景行天皇の物語において、天皇が、熊襲征伐のために、日向の高屋の宮に、六年間滞在したことがあるのによっても、充分うかがわれる。」

「九州の日向から出発して、大和へ入ったことは、説話の骨子として、(『古事記』『日本書紀』の)二書共通であるから、信ずべきものである。」

「神武天皇の東征の年代が、上述のごとく、女王卑弥呼の年代におくれたものとすれば、本州の大和という国名は、この天皇の時から始まったものであるから、卑弥呼の時にはまだなかったのである。天皇が討伐した大和の諸賊の居住した土地の名は、ヤマトではなく、菟田《うだ》、磯城《しき》、鳥見《とみ》であった。」

「ヤマトという国名は、神武天皇のときに、九州の邪馬台の名をうつして、青山四周とよばれている大和の全地域につけられ、それが拡大して、日本全土の名となったということができる。」

金子武雄氏の「邪馬台国東遷説」

金子武雄氏（一九〇六～一九八四）は、上代文学の専門家で、東京大学の教授をされた方である。『古事記神話の構成』のほかに、『延喜式祝詞講』（武蔵野書院刊）、『称詞・枕詞・序詞の研究』（公論社刊）その他の著書がある。

金子武雄氏の『古事記神話の構成』は、大きく、「逐条考察編」と「総括考察編」との二つにわかれている。

「逐条考察編」では、「古事記神話」を、その資材となっている個別神話に分析し、「総括考察編」では、「逐条考察編」での分析の上に立って、考察が進められる。

金子氏は、結論的に、およそ、つぎのように述べる。

「『古事記』神話の資材となっている個別神話は、国家経営の神話が出雲地方で生育したものであるほかは、日向三代の神話はもとより、高天の原の闘争・国家譲渡の交渉・天孫降臨など、ほとんど大部分の神話が、筑紫（九州）特に北九州の地において生育したものである。」

金子氏が、このような結論を述べられる根拠を整理すれば、つぎのようになる。

(1) 淤能碁呂島《おのごろしま》を造った伊邪那岐《いざなぎ》・伊邪那美《いざなみ》の両神は、ここを本拠として大八島国の島々を生みまわる。その島生みの順序を見ると、『日本書紀』の諸伝では、淡路島《あわじのしま》に始まり、それから大日本豊秋津洲《おおやまととよあきづしま》というのが圧倒的に多い。『古事記』の伝もまた淡路島に始まっている。この島生みの神話は、次のような理由で、筑紫の地に生育したものと考えられる。『古事記』の伝においても、島生みは淡路島に始まってはいるが、それから四国・隠伎・九州・壱岐・対馬・佐渡となり、最後に本州となっている。その記述を見ると四国と九州との二つについては、特別に地勢が詳しく語られ、またそれによる国分けも行なわれている。これに対し、大和の朝廷にとっては最もたいせつな島であるはずの本州については、ただ名だけが、しかも一番最後に挙げられている。その上、この「大八島」のあとには、吉備児島《きびのこじま》・小豆島《あずきじま》・大島（山口県）・女島《ひめじま》（大分県）・知訶《ちか》の島《しま》（五島列島）・両児《ふたご》の島《しま》が挙げられているが、これらはどれも淡路島以西の島々である。『古事記』の伝を虚心に見るならば、この神話を生んだ地は淡路島や近畿ではなく、はるかに西のほうにあったと考えられる。それは、筑紫であろう。「大八島」の中にははるか北のほうの佐渡が含まれているが、この名は『旧事紀（先代旧事本紀）』には見えない。隠伎との関連でのちに加えられたものとみられる。『古事記』の伝を、『日本書紀』の諸伝と比べてみると、国々がそれぞれ男女の神としての名を持っているなど、はるかに古いおもかげを残しているとみることができる。

(2)

黄泉《よみ》の国から逃げ帰った伊邪那岐神が「みそぎ」をしたところは、『古事記』には明らかに「竺紫《つくし》の日向《ひむか》の橘《たちばな》の小門《おど》の阿波岐原《あはぎはら》」となっている。『日本書紀』の一書第六にも「筑紫《つくし》の日向《ひむか》の小戸《おど》の橘《たちばな》の檍原《あはぎはら》」とある。「阿波岐《あはぎ》原」が、筑紫のどこかをさしていたことは確かである。この「みそぎ」のさいに生まれたという底津綿津見《そこつわたつみ》の神《かみ》・中津渡津見《なかつわたつみ》の神《かみ》・上津渡津見《うわつわたつみ》の神《かみ》の三柱は、「阿曇《あづみ》の連等《むらじら》の祖神《おやがみ》と以《も》ち拝《いつ》く神なり。」とある。この阿曇の連の発祥地は、おそらく『和名類聚抄』に見える「筑前国粕屋郡阿曇《あづみ》郷」であろう。

それから同じ「みそぎ」のさいに生まれたという底筒《そこつつ》の男《お》の命《みこと》・中筒《なかつつ》の男《お》の命《みこと》・上筒《うわつつ》の男《お》の命《みこと》の三柱は、「墨江《すみのえ》の三前《みまえ》の大神《おほかみ》なり。」とある。この「墨江」については本居宣長は『古事記伝』六において、「津ノ国の住吉をいへるなり。」と言っているが、これはこれらの神話が大和あるいは近畿に生育したものと考えていたところから生じた誤解であろう。

この「墨江」はやはり『延喜式』に見える「筑前国那珂郡住吉神社三座」のことと考えるべきである。『古事記』中巻の仲哀天皇の条に、筑紫の訶志比《かしひ》の宮を舞台として起きた託宣のことを語っているところにも、この託宣の主《ぬし》としてこの三柱の神が現われている。これらを合わせ考えてみると、伊邪那岐の神の「みそぎ」の神話の舞台はもとより筑紫である。そして、その生育した地もまた同じところであろう。

(3) 『日本書紀』の一書第四には、追放された素戔嗚《すさのお》の尊《みこと》は、その子五十《い》猛《たける》の神とともにはじめ新羅国へ降る。それから出雲へ渡ったが、樹木の種子をどっさり持って降った五十猛神は、それを韓地には蒔かない。「尽《ことごとく》に持ち帰る。遂に筑紫《つくし》より始めて、凡《すべ》て大八洲国《おほやしまくに》の内《うち》に、播殖《まきおほ》して青山《あおやま》に成さずといふことなし。」とある。一書第五には簡単ながら韓郷に渡って植林したとある。これらの伝はこの神の本拠が筑紫であるということを思わせる。朝鮮へ渡るというようなことも、地理的に言ってやはり九州のほうがふさわしい。こうして須佐の男の命は筑紫の産であることを思わせ、したがってまた、この神に関するこの神話もまた、九州で生育したものであることを思わせる。

(4) 天照大御神と須佐の男の命とが「宇気比《うけひ》」を行なったさいに、天照大御神が須佐の男の命の十拳剣《とつかつるぎ》を「物実《ものざね》」として生んだ多紀理毘売《たきりびめ》の命・市寸島比売《いちきしまひめ》の命《みこと》・田寸津比売《たきつひめ》の命《みこと》の三柱について、『古事記』はそれぞれの鎮坐する宮を示し、「胸形《むなかた》の君等《きみら》のもち拝《いつ》く三前《みまえ》の大神なり。」としるしている。この三神はそれぞれ筑前国宗像郡の沖の島・大島・玄海町の田島に祭られている。これらを祭っていた胸形の君らの発祥の地も、この宗像郡であったであろうと言われている。これらのこともまた、この高天の原の闘争の神話がやはり筑紫で生育したものであろうと思わせる。

(5)

国譲りの神話の舞台は高天の原と出雲とであるが、出雲方の人々の立場からではなく、高天の原方の人々の立場で語られていることは明らかである。しかし高天の原方の立場に立つ人々というのは、近畿の人々なのか、それとも筑紫の人々なのか。『古事記』では、建御雷《たけみかづち》の神《かみ》とこれに添えられた天《あめ》の鳥船《とりふね》の神とが、「出雲《いづも》の国の伊那佐《いなさ》の小浜《をはま》に降《くだ》り到《いた》りて、十掬剣《とつかつるぎ》を抜きて、逆《さかさま》に浪の穂に刺し立て、その剣の前《さき》に趺《あぐ》み坐《ま》して」、とあり、その上で大国主神と談判したとある。「降《くだ》り到《いた》り」とあるから高天の原から降ったという意である。しかし、本来そうだったのか。高天の原から降るというのなら、なぜ、わざわざ岸近くの海に降ったのか。おそらくは海路から出雲に行ったという事実が反映しているのであろう。「天《あめ》の鳥船《とりふね》の神」は船そのものか、あるいは船の操縦者か区別しがたいが、とにかくこの神が添えられたということがそれを思わせる。そして「天降った」というのは、高天の原との関係によって神話化せられたものと考えることができる。

この出雲との国譲りの交渉の神話は、おそらくなんらかの史実を基盤としていると思われる。建御雷の神が船に乗って出雲の海岸に着いていることが、この神話の基盤になっている史実を反映しているものとすれば、その史実は、当然、近畿と出雲との間の交渉ではなくて、筑紫と出雲との交渉であったとみなければならない。近畿から出雲へは船で行くはずはないからである。こうしてこの国家譲渡の交渉の神話もまた、筑紫で生育したものであることを思わせる。

(6) 筑紫と出雲との間に交渉のあったことを思わせる痕跡は、『古事記』の神話の中の他のところにも見られる。たとえば、大国主神の系譜を伝えているところに、「この大国主の神、胸形《むなかた》の奥津宮《おきつみや》に坐《ま》す神、多紀理毘売《たきりびめ》の命《みこと》を娶《めと》して生める子、阿遅鉏高日子根《あぢすきたかひこね》の神。次は妹《いも》高比売《たかひめ》の命、またの名は下光比売《したてるひめ》の命。」とある。

(7) 天孫降神話では、天孫邇々芸《ににぎ》の命《みこと》の天降った場所は、『古事記』にも、「竺紫《つくし》の日向《ひむか》の高《たか》千穂《ちほ》の久士布流嶺《くじふるたけ》。」とあって、明らかに筑紫の日向となっている。やはり筑紫のどこかの高峯がこの神話と密着しているものと考えなければならない。

(8) 『古事記』の神話の中には、まま近畿と関係のある、あるいはありそうな土地と関係づけられている記述が見られる。しかし、それらについては一々吟味してみると、ほとんどすべてがとってつけたような不自然さを持っている。そういう不自然さを犯しているところに、かえって本来なかったものを補足したということが露出していると見られる。

以上のような考察の上にたって、金子氏は述べられる。

「やや比喩的に言えば、高天の原はほかならぬ筑紫の上にあったのである。……いわゆる高天の原系神話も、いわゆる筑紫系神話と同じく筑紫の地に生育したものと思われる。」

「伊那佐《いなさ》の小浜《おはま》」は、九州から船で来やすいところ

高天の原から出雲への第三回目の使者、建御雷《たけみかずち》の神をつかわしたときの状況を、『古事記』は、つぎのように記している。

「建御雷《たけみかずち》の神と天《あめ》の鳥船《とりふね》の神の二はしらの神は、出雲《いずも》の国の伊那佐《いなさ》の小浜《おはま》にくだり到着して、十掬《とつか》の剣を抜いて、さかさまに浪《なみ》のさきに刺《さ》したて、その剣のまえに足をくんですわって、大国主の神にたずねてのべた……。（此《こ》の二《ふた》はしらの神、出雲《いずも》の国《くに》の伊那《いなさ》の小浜《おはま》に降り到りて、十掬剣《とつかのつるぎ》を抜きて、逆《さかしま》に浪の穂に刺し立て、その剣《つるぎ》の前《さき》に趺《あぐ》み坐《ま》して、その大国主神《おおくにぬしのかみ》に問《と》ひて言《の》りたまひしく……。）」

『古事記』のほかの個所に、「天《あめ》の鳥船《とりふね》の神」は、別の名を、「鳥の石楠船《いわくすぶね》の神（鳥のようにはやい楠製の丈夫な船の神）」ともいうと記されている。したがって、この記事は、建御雷の神が、海路を船によって、高天の原から出雲の海岸へ下ったことをしめしている。

ここから、「高天の原」は、出雲の国へ、陸路によって使または兵を派遣するよりも、海路によって使または兵を派遣したほうがよい場所ということになる。

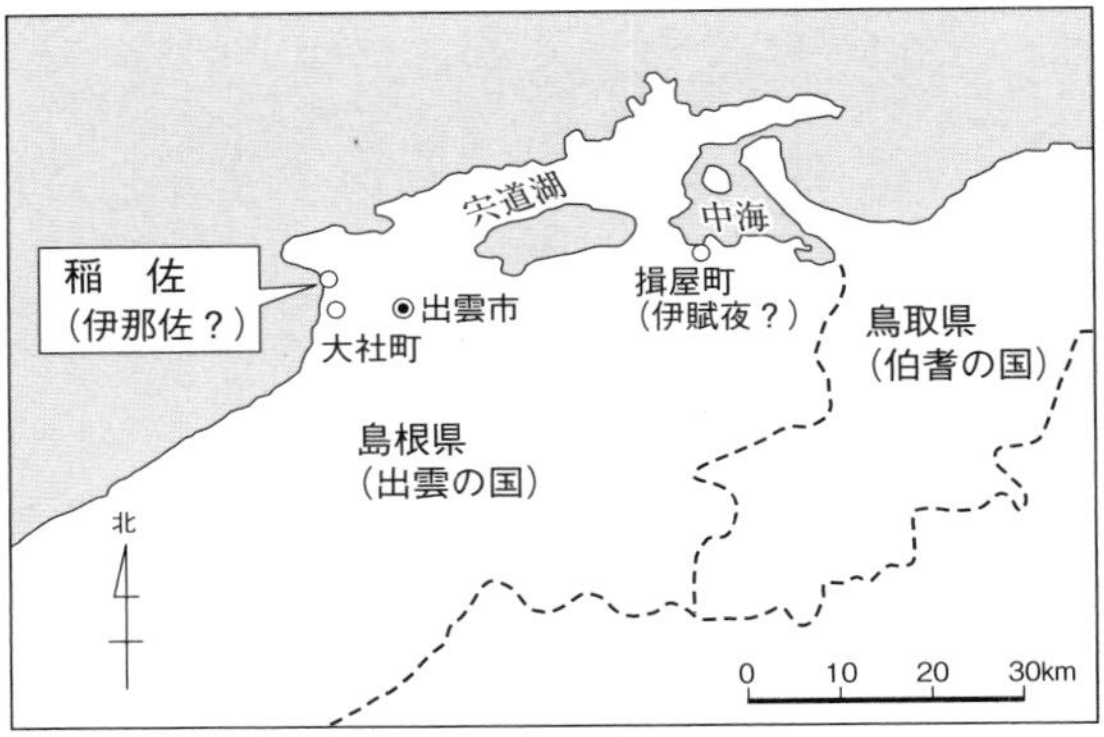

地図12　稲佐の所在地

「高天の原」は、畿内大和をモデルにしているという説がある。しかし、大和から出雲へ船で行くはずがない。「高天の原」は、北九州方面と考えたほうが自然である。「伊那佐の小浜」は、『出雲国風土記』の出雲郡の条に、「伊奈佐神社」とある地（島根県簸川郡大社《たいしゃ》町稲佐の浜）をさす。

稲佐の地は、**地図12**に見られるように、九州方面から船のつけやすいところである。

やはり、高天の原は、北九州方面とみるべきである。

『古事記』神話と史実

金子武雄氏は、さらに、『古事記』は、神話編である上巻も含めて、歴史の書として編集されたものであり、とくに、主権者天皇の権威の歴史を説こうとするものであり、『古事記』の神話は、かなり重大な史実に立脚しているものであろうとされる。そして、金子氏は、これらの神話は、およそ、つぎのような史実に立脚しているであろうと考えられる（要約）。

「『古事記』上巻のもろもろの神話は、どの時代に生育したものであろうか。

これらの神話のうちのあるものは、遠く縄文時代に生まれたと言ってよいものもあるかもしれない。しかし大部分は、水稲耕作が行なわれ、金属器が使用せられ、織物技術が存在し、勾玉・管玉などが用いられている内容となっている。これらは大体、弥生時代にはいってから行なわれたとされている。これらの神話の根幹となるものは、弥生時代からのちの時代にできたものと思われる。弥生時代のころ、この国土に住む人々の間では、食養経済も狩猟・漁撈・採集だけに頼るところからすでに脱し、水稲耕作が行なわれるようになっていた。石器の使用も次第に減って、金属器特に鉄器の使用も行なわれていた。人々は広く九州・四国・本州の大部分にわたって住み、階級社会も次第に形成せられてきていた。

そのうちに、特に有力な中心勢力が九州の北部と山陰の出雲とにできてきた。それらのうち出雲中心の勢力は、その地が地理的条件に恵まれていたところから、日本海を経て渡来する大陸の文化を受け入れることもでき、国土の開発も進められていた。その活動範囲あるいは勢力範囲は遠く北陸にも近畿にも及んでいた。筑紫中心の勢力は、その地が大陸の文化を受け入れるにはさらに有利な条件に恵まれていたので、大陸から伝来した造船術や航海術を利用して、遠く瀬戸内海の東端までをその活動範囲あるいは勢力範囲としていた。

そのうち、筑紫中心の勢力は、さらにその勢力の伸長をはかって、近畿の奥地にも及ぼそうとしたが、しかしそこはすでに出雲中心の勢力の圏内にあった。そこで筑紫中心の勢力はそのすぐれた武力と造船術や航海術とに物を言わせて、海上から相手の本拠出雲に迫り、遂にこれを屈服させ、若干の条件づきで出雲を封鎖し、近畿を放棄させた。

前述のような交渉が行なわれた結果、筑紫中心の勢力はかなりの大集団で瀬戸内海を東進して紀伊半島に上陸し、土着の豪族によってなされた抵抗を排除して、畿内の中心地大和にはいって、大和中心の大勢力となった。これが大和朝廷である。神倭伊波礼毘古《かむやまといはれびこ》の命《みこと》（神武天皇）らのひきいる集団が、九州の北部からではなく、日向から出発したことになっているのは、神倭伊波礼毘古の命の祖先とせられている三代が日向に住んでいたとせられているからである。それも、初代の邇々芸《ににぎ》の命が日向に天降ったとされているからである。この筑紫の中心勢力が近畿へ移動し、大和中心の大勢力となったのは、いつか。大和朝廷の人々が近畿で生育した別個の神話を持っていなかったとしたら、それは近畿に移動したのが、原初的な神話を生むような時代をすでに過ぎていたためである。とすれば、そんなに古い時代のことではなかったであろう。

ところで、考古学の教えるところによれば（以下は曽野寿彦氏に負うところが多い）、墓の中に剣・玉・鏡、および巴形銅器を副葬するのは、筑紫ではすでに弥生時代からのことであったが、近畿ではやっと古墳時代にはいってから始まったという。その点から言えば、北九州の文化は大体、弥生時代の末ごろに近畿へはいったと考えられよう。そして、これらの副葬品の伴なう古墳は、もちろん支配階級のものである。

さらにまた、弥生時代の中期から末期にかけてさかんに用いられたものに、銅鐸・銅剣・銅鉾がある。その分布の状態は、かなり明確に二つに分かれているという。すなわち、大体、近畿・山陰・北陸、および四国の東部が銅鐸文化圏であり、九州および瀬戸内海沿岸が銅剣銅鉾文化圏である。しかもこの二つの文化圏の対立は次の古墳文化の成立とともに消滅している。

考古学の教える以上のような諸事実は、『古事記』の若干の神話の暗示するところを根拠として想定したところと大方合致する。このことは、これらの神話が多分に史実に立脚していることを思わせる。そして、筑紫の中心勢力が近畿へ移動したとしたら、それは弥生時代の末期ごろではないかと推定される。これから言えば、『魏志倭人伝』に見える邪馬台国は北九州にあったものということになる。『大和《やまと》』というのも、この『邪馬台』と呼ばれた中心勢力の名であり、近畿へ移動した時にもこの名を負って行き、やがてその地の名ともなり、また、この勢力によって成立した国家の名ともなったのであろう。

なお、『古事記』の中巻以下は、その後の大和朝廷の歴史を暗示または明示するものである。これによれば、大和朝廷は次第に勢力を伸長して、ほぼ全国を統一するようになり、さらには朝鮮半島にまで進出するほどになった。大陸からの文化も直接大和へ渡来するようになって、ここが、事実上日本の政治と文化との中心となったのである。この間のことで特に注目したいのは、植村清二氏も指摘しておられるように（『神武天皇』）、日本武の尊に集約せられている諸地方への征討の伝説である。日本武の尊が征討に向かったのは、日向（南九州）と東国とであり――『日本書紀』には出雲もはいっている――、そして北九州がはいっていないのである。このことは、大和と筑紫との親密な関係を示すものであり、それは筑紫から大和への移動の史実を思わせる。

大和朝廷の人々は、どうして国史の最初の位置に筑紫や出雲に生育した神話を据え置くことになったのか。それは、このような位置に据えることのできるほどの神話を大和朝廷の人々は持っていなかったためであろう。それでは、大和朝廷の人々は、近畿の地で生育した独自の神話あるいは伝説を持っていなかったのか。私は『古事記』の中巻以下に見られる神話や伝説がこの人々の持っていたものであると思う。中巻のはじめには、神倭伊波礼毘古の命の東征のことが語られているが、大和朝廷の人々は、遠い昔、自分らの祖先が筑紫からはるばるやって来たという伝承を持っていたのである。だから、自分らのこういう伝承の前に、筑紫で生育した神話を据えることには、ほとんど抵抗を感じなかったことであろう。『古事記』が神倭伊波礼毘古の命の日向の高千穂宮からの出発を境として、上巻と中巻とを分けたのも、主としてこういう事情によるものと思われる。

そして、上巻と中巻との連結には、『古事記』の編者が苦心したらしい跡が見られる。連結の役割をしているのは、直接には日向三代の神話と神倭伊波礼毘古の命の東征の神話とである。日向三代の神話は、それより前の諸神話にくらべて著しく体裁を異にしており、中巻以下の歴朝体とほとんど同じものになっている。もちろん内容も形式もよく整っていないところもあるがおそらく中巻以下の体裁にならって構成したものであろう。それは邇々芸《ににぎ》の命を第一代の天皇とみることも可能であるような記述の仕方になっている。邇々芸《ににぎ》の命と木花《このはな》の佐久夜毘売《さくやびめ》との婚姻の条には、『故《かれ》、ここをもちて今に至るまで、天皇命等《すめらみことたち》の御命《みいのち》長くまさざるなり。』というような語句も用いられているのである。」

金子武雄氏の考察は、『古事記』神話を、要素にわけて分析し、その結果を総合するという科学的な方法の上にたっている。

畿内の大和朝廷の役人によって編集された『古事記』の神話の資材のほとんどが、北九州で生育したものであるという。この事実は、神話が、大和朝廷の役人によって「作られた」とする戦後の「作為説」の立場からは、説明できない。『古事記』神話は、古い時代の史実を伝えているとみるべきである。

太田亮《あきら》氏の「高天の原＝肥後山門説」

東大系の学者ではないが、系譜学者として、わが国の氏族についての厖大なデータを整理した太田亮《あきら》氏（一八八四〜一九五六）は、一九二八（昭和三）年に、『日本古代史新研究』（磯部甲陽堂刊）をあらわしている。太田亮氏は、この本のなかで、高天の原論争史上はじめて、「邪馬台国＝高天の原説」を、はっきりとうちだした。太田亮氏は、種々の氏族の地域的分布などから、高天の原を邪馬台国であるとし、それを、肥後の菊池郡の山門を中心とする地にあてた。

この太田亮氏の説を、のちに、「卑弥呼＝天照大御神説」を説いた東大系で東洋大学の教授であった市村其三郎氏は、その著『秘められた古代日本』（一九五二年、創元社刊）のなかで、「太田亮氏の高天の原肥後説は大分合理的であるように思われる。」と評している。

太田氏は、その『日本古代史新研究』の第四編、「天神民族の故国」のなかで、およそ、つぎのようにのべる。

「中臣《なかとみ》氏も、大伴《おおとも》氏も、九州発祥の氏であるらしいが、たとえ、そうでないとしても、大和中心の氏族と離れて、九州に一族がある。中央貴族中、天孫とか皇別と称する皇室より分れたという氏族をのぞけば、大多数は、大和と九州とを中心として氏族が分布されている。そのいずれの中心が古いかといえば、私は、九州と答えたい。それは、大伴や中臣や物部《もののべ》の発祥地が、九州らしいというばかりではない。また、宇佐とか、壱岐とか、対馬、松浦とかの古い氏が、天神の子孫であると称しているばかりでもない。また、高天の原神話が、九州を中心としているばかりでもない。

もし、これらの氏が、はじめから大和を中心として栄えたものならば、皇別諸氏のごとく、大和をのみ中心として発展しなければならない。また、近畿の国造《くにのみやつこ》、県主《あがたぬし》というような土地の領主中に一族がなければならない。しかし、事実は、これに反している。よって、ある時代に、これら貴族の中心地が、大和に大移動をしたものであって、それ以前は、九州であったと思うのである。

したがって、天祖の都城は、これを九州にもとめなければならない。すなわち、神武天皇の東征を、史実と考えるのである。九州中において、天祖の都城として、もっとも適当なのは、畿内ヤマトと同じ名をもつ肥の国のヤマトの外にないと思う。高天の原神話は、この地を中心としているらしく考えられ、また、畿内のヤマトは、このヤマトの名を移したと思われる。」

貴族の中心地が、九州から、大和に大移動をしたものであろうということについては、戦後の、地名学者、鏡味完二《かがみかんじ》氏の研究が、おもいおこされる。鏡味氏も、その著『日本の地名』のなかで、九州と近畿とのあいだで、地名の名づけかたが、じつによく一致しているという、太田亮氏とは異なる見地から、やはり、九州から、近畿への大きな集団の移動のあったことを想定している。ただし、地名の一致からは、大和への移動の時期が不明である。これにたいし、太田氏の氏族の分布による推定では、大和朝廷に記憶がのこりうるころという時間の指定が可能である。

太田亮氏は、また、つぎのようにものべる。

「天神族の祖国は、これを九州に求めるのが、一番おだやかだと思う。そして、それは、沃野の打ちつづく、人の住みやすい地でなければならないと考える。その地は、その後も、自然の破壊がなければ、戸数人口の密な場所に違いないのである（地図13）。こう考えてくると、直感的に、天祖の都は、邪馬台国のような地であったのではないかと思われる。

私は、この広くもない、日本列島中の九州と畿内に、ヤマトという二つの大きな国のあったことをあやしむ。わが国は、西から東へと開けていったのである。東の大和なる名称は、肥後のヤマトの名が種族の移住とともに、移ったのであろうと考える。つまり、朝廷が、畿内の今の大和の地にうつったのち、天祖の故国なるヤマトなる名称が、帝都所在地の国名として選ばれたと考えざるをえない。

このような考えから、天神の故国を、邪馬台国と思う。それは、氏族分布からみた想像か

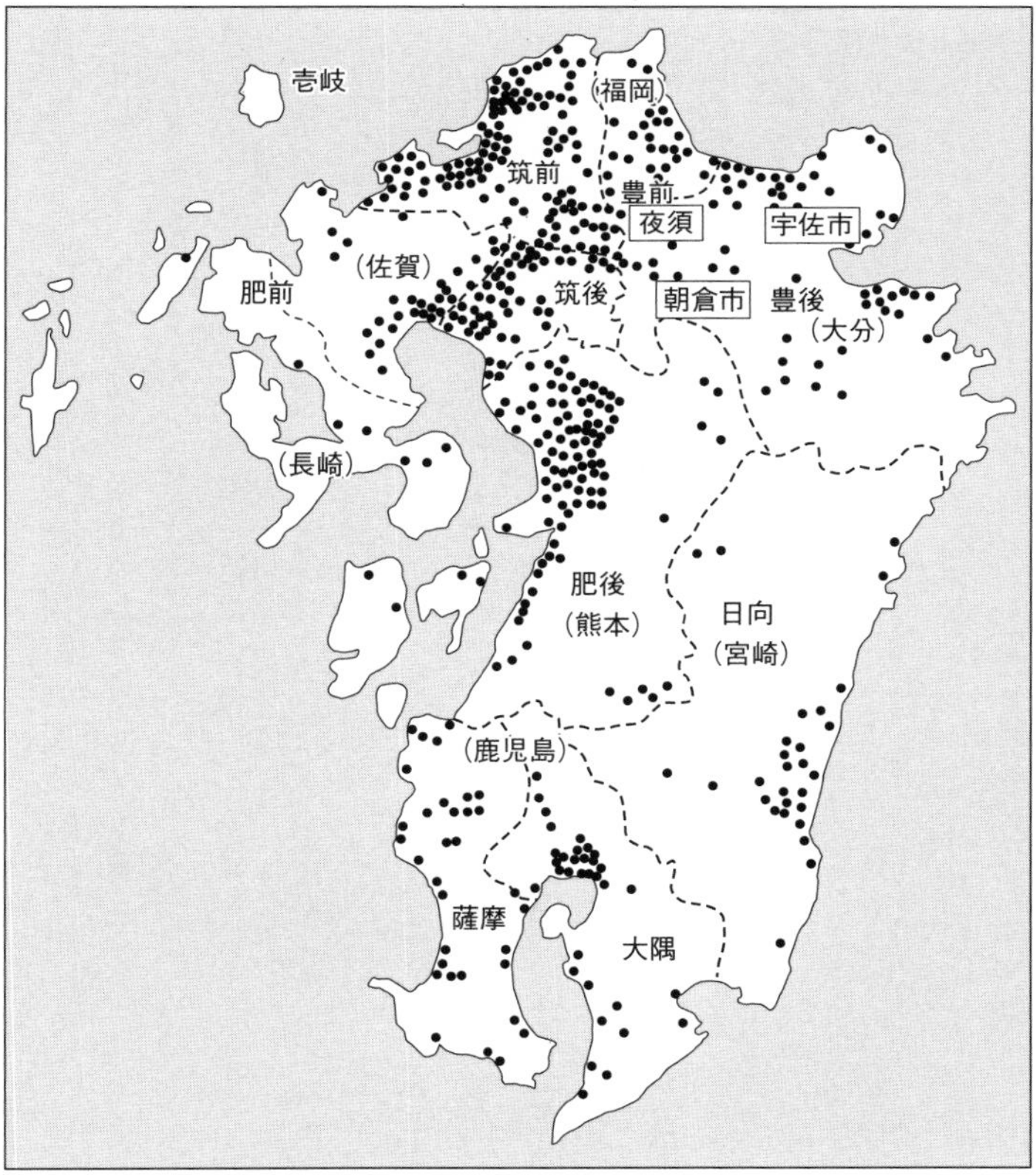

地図13　古代の郷里の所在地

●印は、『和名抄』所載の郷里所在地。一郷は、50戸を標準として作った行政区画である。その密なところは人戸の密であった地で、まばらなところは、人戸希薄なところと考えられる。(太田亮著『日本古代史新研究』による)

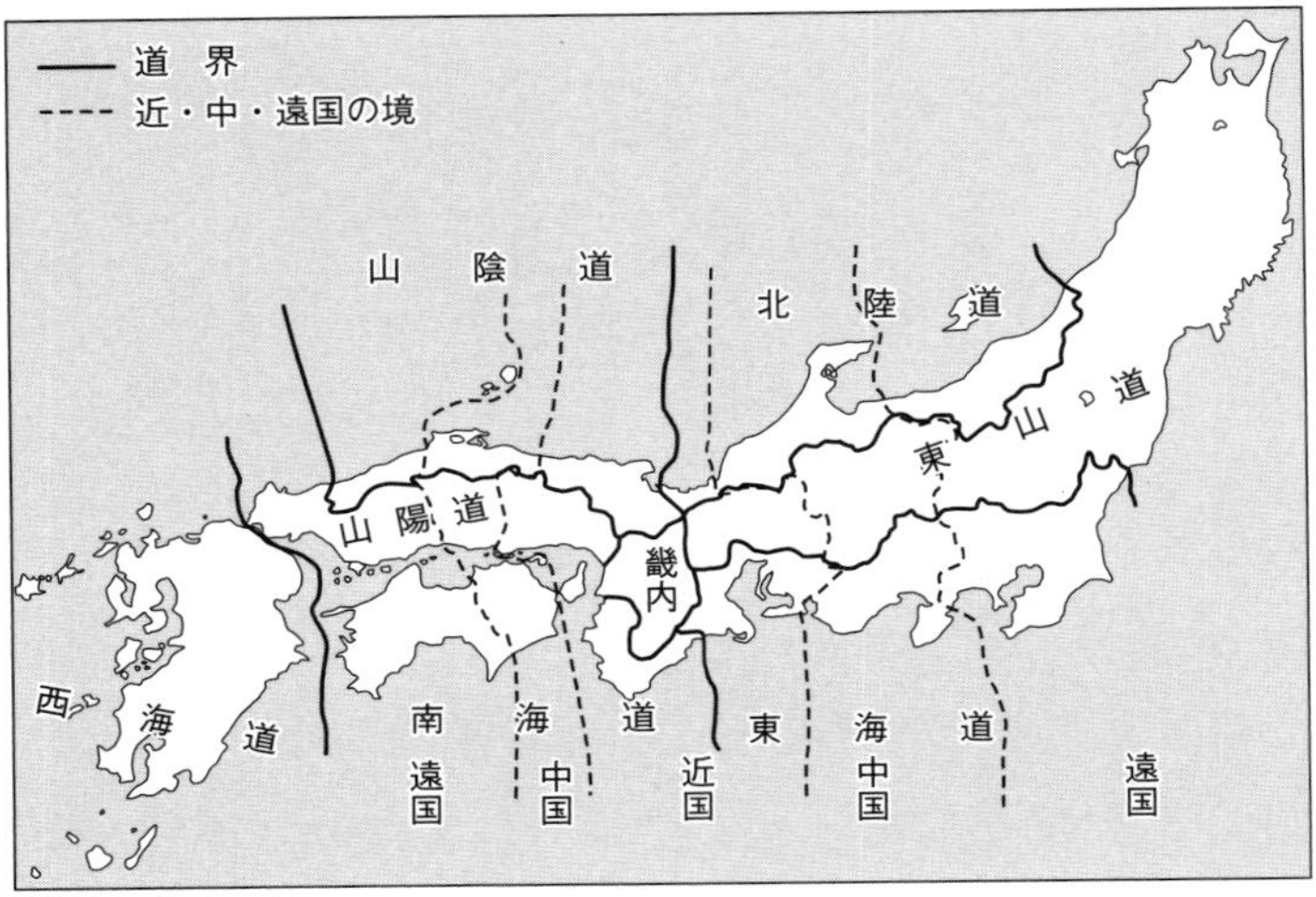

地図14　『延喜式』による行政区分図

らいっても、高天の原神話中にふくまれた地理的観念からかえりみても、そうであったという感じを、禁じえない。」

『古事記』神話の舞台は、九州と山陰

この節では、私（安本）の調査結果と考えをのべる。

『古事記』神話、正確には『古事記』上巻におさめられている説話のおもな舞台は、どこであろうか。それを定める手がかりをうるため、まず『古事記』上巻にあらわれる地名の統計をとってみる。

統計した地名を、西暦九二七年にできた『延喜式』の行政区分（地図14）を一応の基準として分類すれば、**表9**のようになる。

表９　『古事記』神話の地名の統計

	地　　名（国名）	頻度	百分率
現実的色彩をもつ地名（国名）	西 海 道（九州地方：肥前、筑後、豊前、豊後、肥前、肥後、日向、大隅、薩摩、壱岐、対馬）	36個	29.5%
	山 陰 道（山陰地方：出雲、因幡、丹波、丹後、伯耆、隠岐、但馬、石見）	34	27.9
	南 海 道（四国・紀伊・淡路：阿波、讃岐、伊予、土佐、紀伊、淡路）	13	10.6
	畿　　内（大和・山城・河内・和泉・摂津）	11	9.0
	東 山 道（近江、美濃、飛驒、信濃、上野、下野、陸奥、出羽）	9	7.4
	倭　（？）	5	4.1
	北 陸 道（若狭、越前、加賀、能登、越中、越後、佐渡）	4	3.3
	山 陽 道（播磨、美作、備前、備中、備後、安芸、周防、長門）	4	3.3
	東 海 道（伊賀、伊勢、志摩、尾張、三河、遠江、駿河、伊豆、甲斐、相模、武蔵、安房、上総、下総、常陸）	3	2.5
	韓　　国	1	0.8
	所在不明（淤能碁呂島、淡島）	2	1.6
	計	122	100.0

	地　　名（国名）	頻度	百分率
神話的色彩をもつ地名（国名）	高天の原（たかまのはら）	18個	35.3%
	葦原中国（あしはらのなかつくに）	13	25.5
	黄泉（の国）（よみ〔のくに〕）	12	23.5
	水穂国（みづほのくに）	3	5.9
	根の堅州国（ねのかたすくに）	2	3.9
	夜の食国（よるのをすくに）	1	2.0
	常世国（とこよのくに）	1	2.0
	海原（うなばら）	1	2.0
	計	51	100.0

	頻度	百分率
現実的色彩をもつ地名（国名）	122個	70.5%
神話的色彩をもつ地名（国名）	51	29.5
計	173	100.0

表9において、カッコ内は、説明と訓《よ》みである。

たとえば「胸形《むなかた》」という地名があらわれたばあい、胸形は筑前の国に属するので、西海道の地名が一つとして統計されている。

表9において、倭（やまと）は、畿内にふくませることも考えられる。しかし、『古事記』の読みかたによっては、倭の国の所在地は、九州とも考えられる可能性がある。それで一応別にした。倭を、畿内にいれても、九州と考えても、統計の大勢には影響しない。

また、「海原《うなばら》」は、「須佐《すさ》の男《お》の命《みこと》は、海原《うなばら》を治《おさ》めなさい。（汝命《いましみこと》は、海原《うなばら》を知《し》らせ。）」という伊邪那岐《いざなぎ》の命《みこと》のことばのなかにあらわれている。地名（国名）のように用いられているので、一応数えておいた。表9を、グラフに示したものが、図20〜図22である。

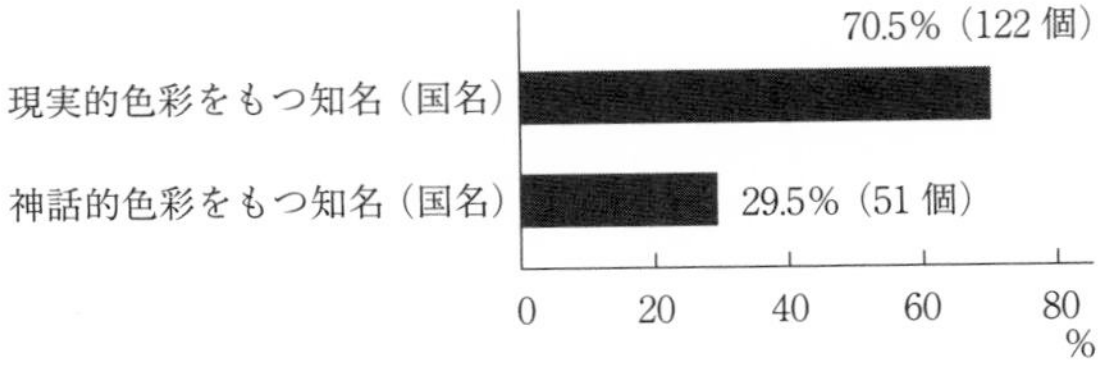

図20　現実的な地名と神話的な地名

さて、表9、図21をみるならば、九州地方（西海道）と山陰地方（山陰道）に属する地名の頻出していることがわかる。この二つの地方の地名が、『古事記』上巻にあらわれる「現実的色彩をもつ地名」の六〇パーセント近く（五七・四%）をしめている。いっぽう、畿内の地名は、九パーセントていどをしめるにすぎない。神話が畿内豪族によってつくられたものであったり、高天の原が畿内にあったとすれば、なぜ、

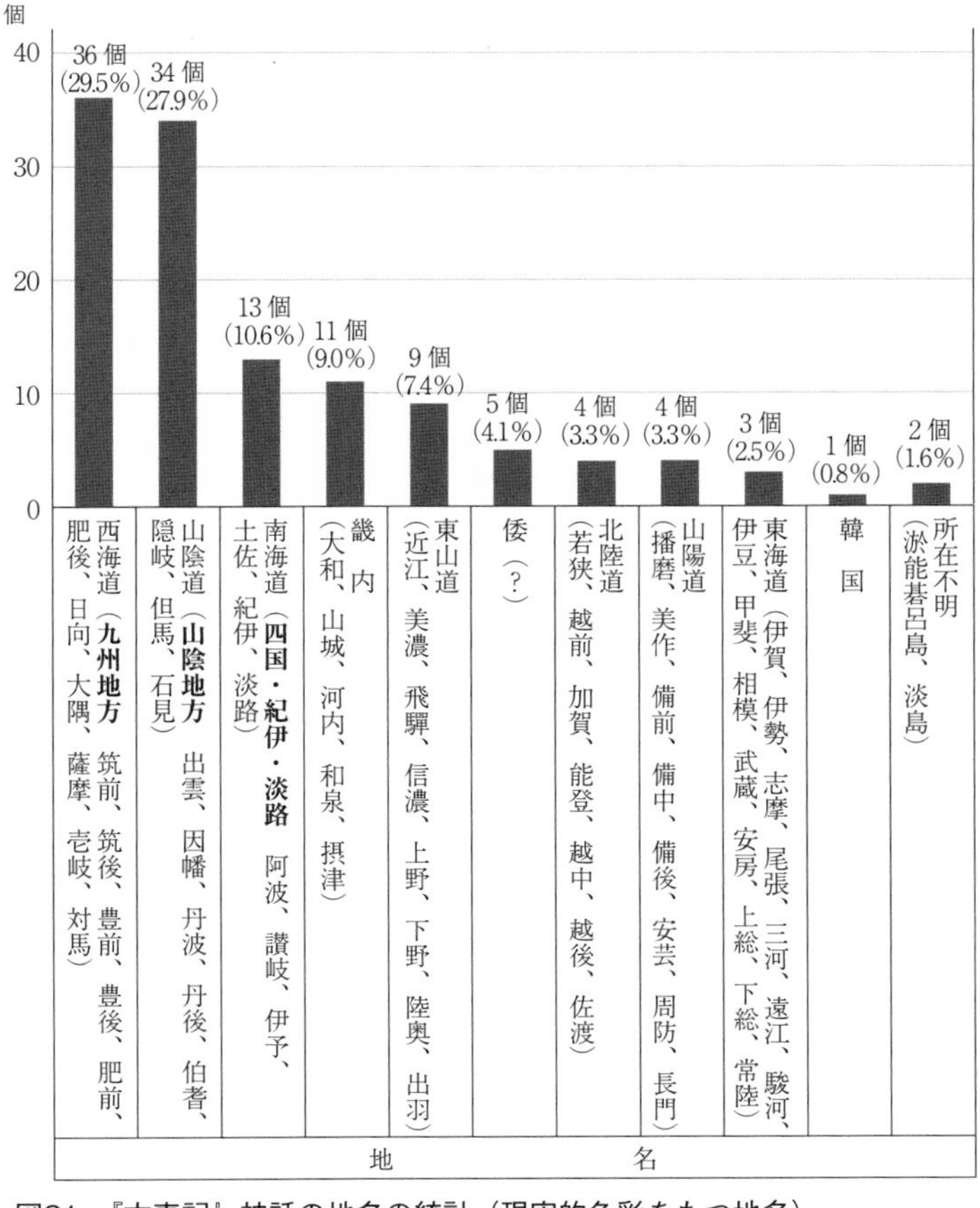

図21　『古事記』神話の地名の統計（現実的色彩をもつ地名）

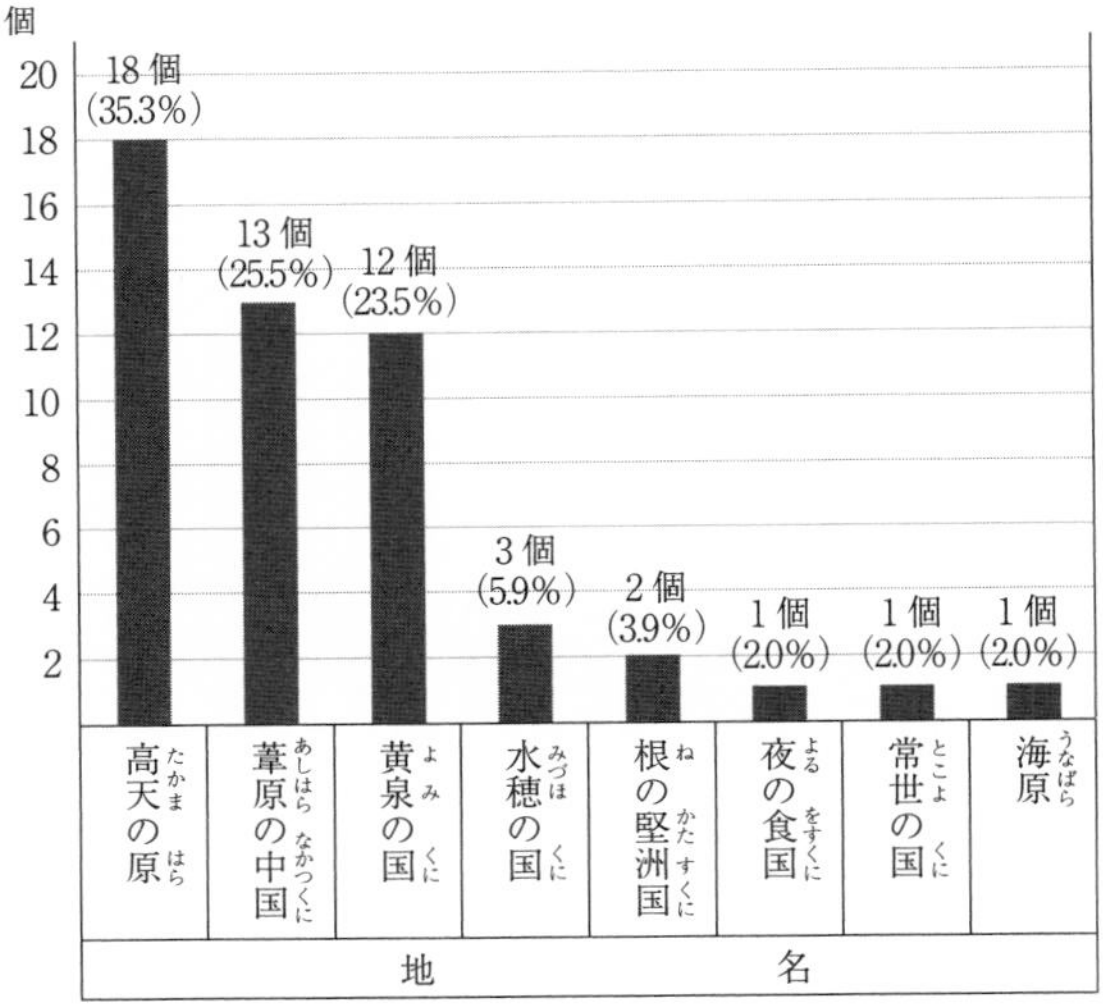

図22 『古事記』神話の地名の統計（神話的色彩をもつ地名）

神話の舞台のほとんどを、九州と山陰に求めなければならなかったのであろうか。

しかも、九州や出雲などの地名があらわれるばあいには、前にも示した文例であるが、「建御雷《たけみかづち》の神と天《あめ》の鳥船《とりふね》の神の二はしらの神は、出雲《いずも》の国の伊那佐《いなさ》の小《お》浜《はま》にくだり到着して、十掬《とつか》の剣（刀身の長さが十つかみほどある剣）を抜いて、さかさまに波《なみ》のさきに刺《さ》したてた。そしてその剣のまえに足をくんですわって、大国主の神にたずねてのべられた。……（この二はしらの神、出雲国《いずものくに》の伊那佐《いなさ》の小浜《をはま》に降りて到りて、十掬剣《とつかのつるぎ》を抜きて、逆《さかしま》に浪《なみ》の穂に刺し立て、その剣の前《さき》に趺《あぐ》み坐《ま》して、その大国主神《おほくにぬしのかみ》に問ひて言《の》りたまひしく、……）」のように、神々の具体的な行動をともなっているばあいが、きわめて多い。

これにたいし、畿内の地名がでてくるばあいは、たとえば、「この神は、御諸山《みもろやま》のうえに鎮座されている神である。(こは御諸山《みもろやま》の上《へ》に坐《ま》す神なり。)」のように、神々の具体的な行動に欠けているばあいが、ほとんどである。このことから、九州地方や山陰地方にかんする説話は、古くからの伝承であり、畿内の地名にかんする記述は、神社などの縁起にもとづいて、のちにつけ加えられたものであるというみかたもできるであろう。

『古事記』上巻にふくまれる全地名、のべ一七三個のなかで、「現実的色彩をもつ地名(国名)」が、一二二個(七〇・五%)をしめている。「神話的色彩をもつ地名(国名)」は、五十一個(二九・五%)にすぎない(図20)。

『古事記』上巻は、ふつう神話を主とすると考えられている。しかし、地名にかんするかぎりでは、現実的な色彩をもつ地名が、神話的色彩をもつ地名を圧倒している。前者は、後者の二倍以上(二・四倍)である。『古事記』の説話の多くは、わが国の具体的な地名とむすびついている。

地名があらわれる頻度からいっても、その記述内容が、登場人物の具体的な行動をともなう点からいっても、『古事記』上巻の主要の舞台は、九州および山陰であるといってよいであろう。このことは、また『古事記』神話の起源についての示唆を与えてくれるように思われる。

この本の「第1章」で、東大の教授で、東大の史料編纂所の所長をされた坂本太郎氏が、サンソム卿の邪馬台国東遷説を、好意的に紹介しておられることは、すでにみた。

東大で、三十年余にわたり、教鞭をとられた日本史家の井上光貞氏（一九一七〜一九八三）は、その著『日本の歴史1　神話から歴史へ』（中央公論社、一九六五年刊）のなかでのべる。

「……もっと自然なのは、邪馬台国東遷なのである。

もちろん邪馬台国東遷説も、可能性のある一つの仮説にすぎないが、『北九州の弥生式文化と大和の古墳文化の連続性』、また『大和の弥生式文化を代表する銅鐸と古墳文化の非連続性』という中山（平次郎）氏や和辻氏の提起した問題は、依然として説得力をもつと考えられる。また、邪馬台国は、その女王壱与《いよ》が二六六年に晋《しん》に遣使した後、歴史の上から姿を消してしまった。いっぽう畿内の銅鐸も、二、三世紀の弥生後期にもっとも盛大となり、しかも突如としてその伝統を絶った。そして三世紀末、おそくとも四世紀はじめごろから古墳文化が畿内に発達して全国をおおっていくのである。邪馬台国東遷説は、この時間的な関係からみても、きわめて有力であるといってよいであろう。」

以上紹介してきたもののほかにも、東大系の学者では、市村其三郎《きさぶろう》氏や和田清《わだせい》氏など、東大系以外の研究者では、栗山周一氏など、「邪馬台国東遷説」の立場に立ち、すぐれた研究書をあらわしている人々は、すくなくない。

たとえば、東洋大学の教授をされた日本史家、市村其三郎氏は、一九五二年刊行の『秘められた古代日本』、一九五四年刊行の『民族日本史』のなかで、明晰な論理をもって、のべている。

「三国の時代（卑弥呼の時代）を、日本の歴史にあてはめるとどうか。日本の学者は、これまで、この三国時代のころ、日本はすでに大和朝廷が成立して、りっぱに栄えていたと信じている。しかし、それは、日本書紀の盲信からきた錯覚であって、三国時代のころには、そのような形跡は、全然みとめられないのである。……私の見るところによると、日本の歴史そのものは、三世紀の魏の国よりは、相当に古いものである。しかし、大和朝廷すなわち、天皇中心の日本国は、魏の国よりも、新しいのである。」

「（邪馬台国の位置についての）大和説と九州説は、その内容がたしかにちがっている。ところが、この二つの説には、また、根本的な共通点がある。それは、大和朝廷の歴史をあまりに古く評価していることである。那珂通世氏は、大和朝廷の成立を、西暦紀元前後と説かれた。しかし大和朝廷の歴史を、そのように古くさかのぼって考えることは、日本書紀にとらわれた日本人の主観的見解であって、この主観的見解を打破するのでなければ、問題の解決は、永久に望みがたいようである。」

「（大和説と九州説の）もう一つの根本的一致点は、女王ヒミコの格下げである。まず大和説についてみると、日本書紀の編者は、女王ヒミコを神功皇后とし、内藤湖南氏は倭姫《やまとひめ》の命とし、笠井氏は、倭迹迹日百襲姫《やまとととひももそひめ》の命とし、一応は、これを皇族のなかの代表的女性に物色している。しかし、ヒミコがもともと女王であると魏志倭人伝に明記されているところから考えると、その該当者は当然女帝でなければならない。これを皇后に擬したり、たんなる皇女に比定したりすることは、要するに女王としてのヒミコの地位をほしいままに格下げしたものといってよい。また九州説についてみると、この方は、女王ヒミコを、さらに過小評価して、地方的な一女酋にしてしまっている。」

「歴史と神話とは、裏腹の関係にあるのであって、女神を人格化すれば、女王となり、女王を神格化すれば女神となるであろうから、女王ヒミコを神話化したものがオオヒルメムチ（天照大御神）であって、女神オオヒルメムチを歴史化すると女王ヒミコになるのではないか。

大和朝廷をオオヒルメムチにはじまるという日本書紀の考えかたは、ヒミコの女王国にはじまる大和朝廷の歴史を神話化したものと考えられるわけである。」

和田清氏や、栗山周一氏などの業績も紹介したいところであるが、長くなるので省略する。これらの人々の業績については、拙著『研究史　邪馬台国の東遷』（新人物往来社刊）にくわしい。

饒速日《にぎはやひ》の命《みこと》、天《あめ》の火《ほ》の明《あかり》の命《みこと》の後裔氏族の畿内における繁栄

皇学館大学の学長などをされた日本史家の田中卓《たかし》氏は、「饒速日命《にぎはやひのみこと》と神武天皇の東征」（田中卓著作集２『日本国家の成立と諸氏族』〔国書刊行会、一九八六年刊〕所収）という文章のなかで、つぎのようにのべる。

「およそ、いずれの国においても、その国家建設は容易でなかったと思われる。大和朝廷を中心とする日本国家の成立過程においても、おそらく九州方面より何回かの東征が試みられたであろう。その何回かの東征の中で、——九州側からみて——最後に成功したのが神武天皇の場合であって、その一番近い以前の東征者が饒速日命に他ならないと思われる。」

大和朝廷の初期の政体は、先に畿内にはいった饒速日の命の勢力と、あとから畿内にはいった神武天皇の勢力との、連立政権に近かったとみられる。

饒速日の命の後裔氏族は、その後も、畿内で繁栄する。

『新撰姓氏録』は、古代の氏族の系譜を集成した本である。平安前期の八一五年に成立した。京・畿内に本籍をもつ一一八二氏を、その出自や家系によって、皇別《こうべつ》・神別《しんべつ》・諸蕃《しょばん》・未定雑姓に分類し、記述している（表10参照）。

表10　『新撰姓氏録』にのせられた1182氏の分類

分類基準		氏族数		祖先となる天皇や神
皇別		335氏	(28.3%)	神武天皇
神別	天神	265氏(22.4%)	404氏(34.2%)	饒速日《にぎはやひ》の命《みこと》、神魂《かみむすび》の命、高魂《たかむすび》の命、津早魂《つはやむすび》の命（藤原氏の祖神の天《あま》の児屋《こやね》の命は、津早魂の命の三世の孫）
	天孫	109氏(9.2%)		天《あめ》の火《ほ》の明《あかり》の命、天《あめ》の穂日《ほひ》の命、天津彦根《あまつひこね》の命（いずれも天照大御神の子孫）
	地祇	30氏(2.5%)		大国主の命
諸蕃		326氏	(27.6%)	
未定雑姓		117氏	(9.9%)	
計			1182氏(100%)	

このうち、「皇別」は、天皇家から分かれて、臣籍に降下した氏族である。したがって、これは、大和朝廷成立以後にあらわれた氏族である。

また、「諸蕃」は、帰化した人々の子孫であると称した氏族である。

「神別」は、神々の子孫と称した氏族である。

「神別」のうち、「左京神別」「右京神別」などは、平安京ができてから、都に本籍を移した氏族がほとんどとみられる。

これらに対し、次の五つは、土着氏族の分布状況を、あるていど伝えている可能性がある。

(1)　大和国《やまとのくに》神別
(2)　摂津国《せっつのくに》神別
(3)　河内国《かわちのくに》神別
(4)　和泉国《いずみのくに》神別
(5)　山城国《やましろのくに》神別

この五つの「神別」に属する二五七氏が、どの神の子孫の氏族と称しているのかを、国別に分類して示せば、**表11**のようになる。

この**表11**をみれば、つぎのようなことがわかる。

(1)　饒速日の命の子孫系が、もっとも多い。饒速日の命は、『古事記』『日本書紀』の神話世界では、ストーリーの中心となっている神ではない。『古事記』『日本書紀』の神話世界で中心になっているのは、天照大御神や、大国主の命である。饒速日の命系氏族が、**表11**のように、畿内諸国において、中心となっているようにみえるのは、饒速日の命の子孫系の諸氏族が早くから、畿内で地盤をもっていたからであろう。

饒速日の命が、歴史書のストーリー上、中心人物のようにとりあつかわれているのは、『先代旧事本紀』である。『先代旧事本紀』は、『新撰姓氏録』が成立してからしばらくのちの、八三〇年ごろ成立したとみられる。

『新撰姓氏録』は、物部氏を、「神別」のなかの「天神（古代の神々の子孫と称した氏）」のなかにいれ、「神別」の「天孫（天照大御神の子孫とされる氏）」のなかにいれなかった。そのため、『先代旧事本紀』の編者が憤慨し、抗議のために『先代旧事本紀』を編集したのだという説がある。たしかに、『先代旧事本紀』の編者は、人名の表記法その他において、『新撰姓氏録』に、ことさらに異をたてるような書き方をしている（これらについてくわし

表11　『新撰姓氏録』の「神別」氏族の分類（河内・摂津・和泉・山城・大和の諸国）

	河内の国	摂津の国	和泉の国	山城の国	大和の国	計	備考
饒速日の命の子孫系	16氏族	7氏族	14氏族	18氏族	7氏族	62氏族	畿内方面へ天くだった（『古事記』『日本書紀』『新撰姓氏録』『先代旧事本紀』）。
天の火の明の命の子孫系	8	6	7	6	5	32	『先代旧事本紀』は、饒速日の命と、天の火の明の命とを、同一の神とする。
天津彦根の命の子孫系	4	3	2	1	3	13	『古事記』『日本書紀』は、凡《おおし》河内《こうち》国造と山代国国造の祖とする。
神魂の命の子孫系	7	7	13	11	7	45	神魂の命の子孫に、天の道根の命、天《あめ》の背男《せお》の命など。天の道根の命は紀伊国造となる。『新撰姓氏録』『先代旧事本紀』に、神魂の命は、「（葛野の）賀茂（鴨）の県主」の祖とある。
高魂の命の子孫系	9	1	2	0	5	17	大伴氏、忌部氏、葛城国造剣根の命などの祖先神。
天の児屋の命の子孫系	9	8	12	3	2	34	中臣氏、藤原氏の祖先神。
天の穂日の命の子孫系	1	2	5	3	2	13	出雲国造、土師氏の祖先神。
大国主の命の子孫系	1	4	1	2	4	12	大神《おおみわ》氏、大和の加茂氏の祖先神。
その他	8	7	4	1	9	29	天《あめ》の御中主《みなかぬし》の命、火闌降《ほのすそり》の命、彦火火出見《ひこほほでみ》の尊《みこと》、その他の子孫系。
計	63	45	60	45	44	257	

くは、拙著『古代物部氏と「先代旧事本紀」の謎』〔勉誠出版、二〇〇三年刊〕参照)。

しかし、『先代旧事本紀』の伝える内容は、『新撰姓氏録』の畿内諸国の「神別」の諸氏族についての記述内容に、呼応しているといえる。

たとえば、『新撰姓氏録』は、「二田物部《ふたたのもののべ》。神饒速日《かむにぎはやひ》の命《みこと》、天降《あまくだ》りましし時の従人《ともひと》、二《ふた》田天物部《たのあめのもののべ》の後《すえ》なり。」のような形で、神饒速日の命の天降り伝承をのせている。そして、その内容は、『新撰姓氏録』よりものちにできた『先代旧事本紀』のほうがストーリーとしては、より詳しい。

多くの子孫氏族が、平安時代の前期に、饒速日の命や、天の火の明の命を祖先とする伝承をもっていた。饒速日の命にあたる人物は実在し、その東遷伝承は、かなり史実を伝えているのではないか。

(2)

表11の「天《あめ》の火《ほ》の明《あかり》の命《みこと》」については、『古事記』は、邇邇芸《ににぎ》の命《みこと》の兄であるとしている。『日本書紀』は、瓊瓊杵《ににぎ》の尊《みこと》の子であるとする伝承と、瓊瓊杵の尊の兄であるとする異伝との両方を伝えている。

表11を見ながら考えるならば、一度、南九州に天下った瓊瓊杵の尊の子が、饒速日の命といっしょに畿内に天下るのは、やや不自然である。

その意味では、瓊瓊杵の尊の兄弟とみたほうが無理がない。

『先代旧事本紀』は、饒速日の命と天の火の明の命とを、同一神とみなす。同一神とみなすのが妥当であるか否かは検討を必要とするが、時代的には大略あうことになる。『日本書紀』は、天の火の明の命の子の天《あま》の香山《かぐやま》が、尾張《おわり》の連《むらじ》の遠祖であることを伝えている。『新撰姓氏録』も、「先代旧事本紀」も「火《ほ》の明《あかり》の命《みこと》の男《こ》、天《あめ》の賀《か》吾山《ごやま》の命《みこと》」を、尾張の連の祖と記している（『先代旧事本紀』の表記は、「天の香語山の命」）。

尾張など、東へより遠く進出するためには、一度、南九州方面へ下ることなく、より早く、はじめから東の方へ下ったとみるほうがよいようにみえる。

いずれにせよ**表11**は、大和朝廷成立前後、饒速日の命、天の火の明の命系氏族が、畿内、とくに「河内・摂津・和泉・山城」の諸国で繁栄していたことを伝えるものであろう。五八七年に、物部氏の本宗家が滅ぼされたのち、二四〇年ほどたったのちに、物部氏の祖先の饒速日の命に関する系譜を作為的に作って、それを勅をうけて撰進された『新撰姓氏録』にのせても、天皇家の権威が高まるとも思えない。

なお、私は、歴史上の人物などの「実在性」「非実在性」などを考えるにあたって、歴史の流れや、文献上、考古学上の諸根拠からみて、「実在の可能性」と「非実在の可能性」のどちらが大きいかを比較（場合によっては計量）する立場である。「実在の確実な証拠がなければ非実在とする」といった津田左右吉氏流の十九世紀的文献批判学の方法はとらない。津田左右吉氏流の議論は、歴史の把握において、くりかえし失敗してきた方法である。

左京・右京の「神別」氏族

つぎに、『先代旧事本紀』の左京・右京の「神別」氏族一四七氏を分類してみる。すると、**表12**のようになる。

表12の全体的傾向は、すでに示した河内・摂津・和泉・山城・大和の国の諸国の「神別」氏族についての**表11**とあまり変わらないようみえる。

やはり、もっとも多いのは、饒速日の命の後裔と称する氏族である。平安京においても、「皇別」氏族をのぞけば、饒速日の命系氏族が、もっとも闊歩《かっぽ》していたようにみえる。

物部氏の本宗家の物部守屋《もののべのもりや》が討滅されてから二百年以上たって成立した『新撰姓氏録』でさえ、平安時代初期ごろの饒速日の命系氏族の繁茂を記しているのである。

「八十物部《やそもののべ》」といわれるように、同系氏族・隷属民はすこぶる多い。饒速日の命についての伝承は、諸氏族にとって、消しがたい記憶であったとみられる。

表11と**表12**とをあわせると、**表13**のようになる。また、それをグラフに描けば、**図23**のよう

表12 『新撰姓氏録』の「神別」氏族の分類（左京神別・右京神別）

	左京神別上	左京神別中	左京神別下	右京神別上	右京神別下	計	備考
饒速日の命の子孫系	28氏族	0氏族	1氏族	15氏族	0氏族	44氏族	石上《いそのかみ》の朝臣《あそみ》、穂積《ほづみ》の朝臣、阿刀《あと》の宿禰《すくね》など。
天の火の明の命の子孫系	0	0	12	0	9	21	尾張《おわり》の宿禰、尾張の連《むらじ》、伊福部《いおきべ》の宿禰など。
天津彦根の命の子孫系	0	0	4	0	2	6	額田部《ぬかたべ》の湯坐《ゆえ》の連、三枝部《さきくさべ》の連、奄智《あむち》の連など。
神魂の命の子孫系	0	8	0	9	4	21	県《あがた》の犬養《いぬかい》の宿禰、竹田《たけだ》の連、鳥取《ととり》の連など。
高魂の命の子孫系	0	10	1	7	1	19	大伴《おおとも》の宿禰、佐伯《さえき》の宿禰、大伴の連など。
天の児屋の命の子孫系	10	0	0	1	0	11	藤原《ふじわら》の朝臣、大中臣《おおなかとみ》の朝臣、石上の朝臣など。
天の穂日の命の子孫系	0	3	0	2	4	9	土師《はじ》の宿禰、菅原《すがはら》の朝臣、秋篠《あきしの》の朝臣など。
大国主の命の子孫系	0	0	1	0	1	2	宗像《むなかた》の朝臣など。
その他	0	2	2	2	8	14	火闌降《ほのすそり》の命《みこと》（２氏族）、彦火火出見《ひこほほでみ》の尊《みこと》（２氏族）、海神綿積《わたのかみわたつみ》の命《みこと》（３氏族）などの子孫系。
計	38	23	21	36	29	147	

になる。

『先代旧事本紀』は、饒速日の命を、天の火の明の命と同一神とするので、図23においては、饒速日の命系と天の火の明の命系とを重ねて描いた。

表13　『新撰姓氏録』の「神別」氏族の分類（総計）

	畿内諸国	左京右京	合計	代表的後裔氏族
饒速日の命の子孫系	62氏族	44氏族	106氏族	物部氏・石上氏
天の火の明の命の子孫系	32	21	53	尾張氏・伊福部氏
天津彦根の命の子孫系	13	6	19	凡河内氏・山代氏
神魂の命の子孫系	45	21	66	紀直氏（紀伊国造氏）・山城の鴨氏
高魂の命の子孫系	17	19	36	大伴氏・忌部氏・葛城国造氏
天の児屋の命の子孫系	34	11	45	中臣氏・藤原氏
天の穂日の命の子孫系	13	9	22	出雲氏・土師氏
大国主の命の子孫系	12	2	14	大神氏・大和の加茂氏
その他	29	14	43	阿曇氏など
計	257	147	404	

饒速日の命と天の火の明の命とを、同一神とすれば、『新撰姓氏録』は、天の火の明の命を「天孫（天照大御神の孫）」とし、尾張の宿禰、尾張の連《むらじ》の祖とするから、天の火の明の命は、海部氏の祖先でもあることになる。天の火の明の命が、天照大御神から、「瀛津《おきつ》鏡《かがみ》（息津鏡）」「辺津鏡」を与えられたとしても、とくに不自然ではない。

いっぽう、饒速日の命と天の火の明の命とが、別神であるとしても『新撰姓氏録』によるとき、天の火の明の命

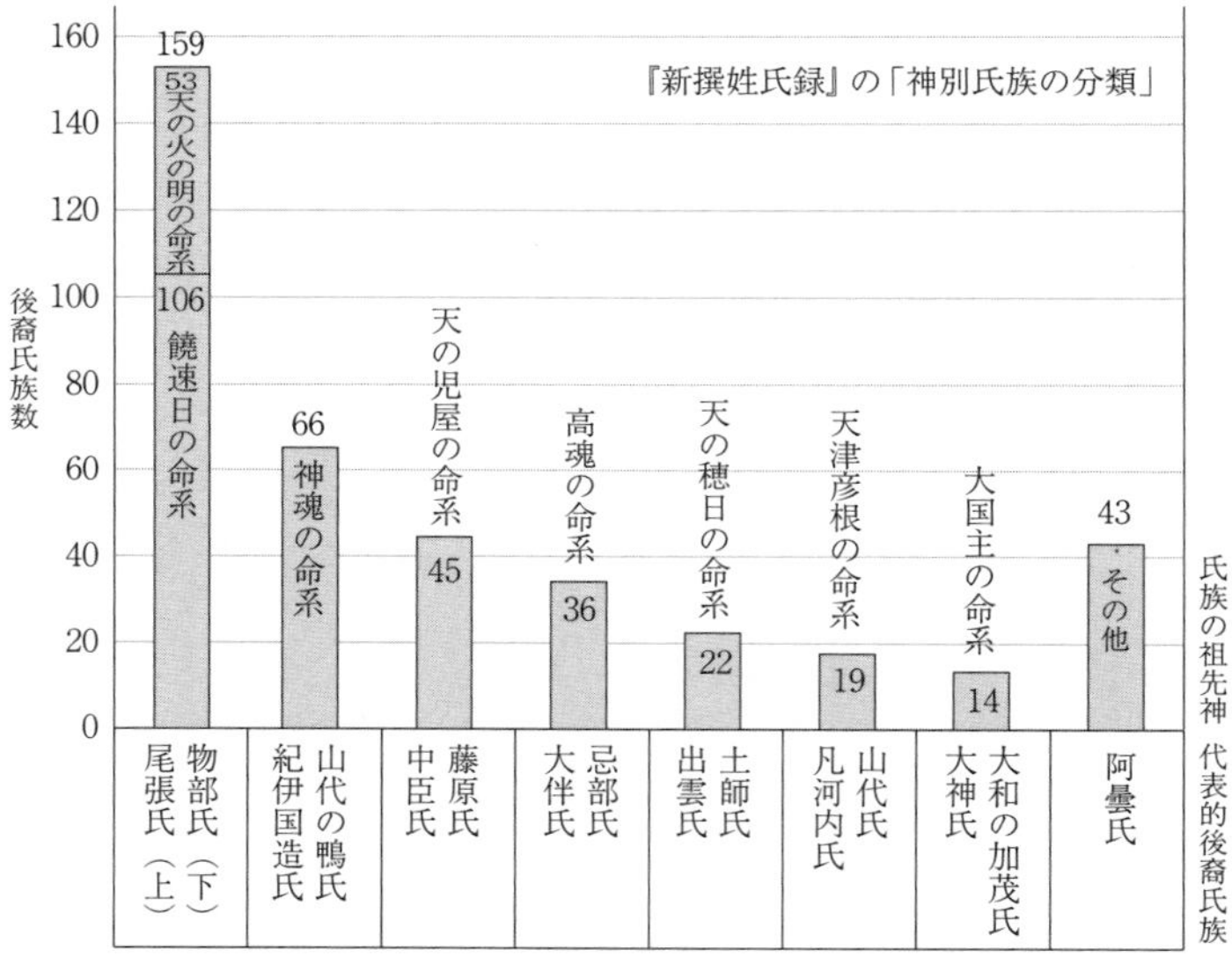

図23　近畿諸氏族の祖先神と後裔氏族数

は「天孫」であるから、瓊瓊芸《ににぎ》の命《みこと》と同じく、天照大御神から鏡が与えられたとしても、話として無理がない。

これに対し、『新撰姓氏録』では、饒速日の命のほうは、「天神」とされ、天照大御神の子孫とはされていないことになって、天照大御神が、みずからの子孫として鏡を与えるのは、やや不自然となる。本来、天照大御神の子孫でない神を、子孫にくみいれたことになる。

このようにみてくると、天の火の明の命と饒速日の命とを、同一神とみても、別の神とみても、鏡は、本来、天の火の明の神に与えられたことになる。『先代旧事本紀』の「国造本紀」は、

「尾張の国造には、天の火の明の命の十世の孫の、小止与《おとよ》の命《みこと》を国造に定めた」と記している。ここで、「天の火の明の命」の子孫と記し、「饒速日の命」の子孫と記していないのは、古い記録に、そのまましたがったのであろう。

なお、『新撰姓氏録』が成立した八一五年は、第52代嵯峨天皇の時代である。当時は、藤原氏が栄えた時代であった。嵯峨天皇自身、桓武天皇と藤原氏出身の母后とのあいだに生まれた。それにもかかわらず、**表13**をみれば、『新撰姓氏録』の「神別」氏族の数は、藤原氏の祖先の「天《あめ》の児屋《こやね》の命《みこと》の子孫系」よりも、物部氏の祖先の「饒速日の命の子孫系」や、尾張氏の祖先の「天《あめ》の火《ほ》の明《あかり》の命《みこと》の子孫系」のほうが、かなり多い。

氏族の出自については、時の権力者によって、それほど簡単には動かしがたい伝承があったとみられる。

以上みてきたように、「邪馬台国東遷説」は、一つの仮説としては、十分成立しうるとみられるが、近年、数理統計学的年代論の発展や、データサイエンスの方法の援用により、さらに確かなものとなりつつあるようにみえる。次章では、それをみてみよう。

第4章

「邪馬台国東遷説」の年代論的基礎

数理統計学による古代年代論

「原始、女性は太陽であった。」

天地は、開闢《かいびゃく》し、やがて、日本の古代の空に、二つの女性の太陽がのぼった。卑弥呼と天照大御神とである。

卑弥呼の名は、中国の史書にあらわれ、天照大御神の名は、日本の史書にあらわれる。

いま、この二つの太陽の軌道を、数理統計学によって追う。二つの太陽の軌道は、一致しているのか否か。

つぎつぎに明らかにされる新事実。太陽復活の物語。

卑弥呼と天照大御神の活躍年代が重なる

いまから、およそ百年まえの一九二〇年代に、統計学の分野で革命がおきる。

イギリスの統計学者、フィッシャー（R. A. Fisher 一八九〇～一九六二）が、確率論にもとづき、「推定」や「検定」を行なう方法を開発したのである。これによって、どれだけのデータがあれば、どれだけのことがいえるのか、などが明確な形で示されるようになった。

以後、この新しい統計学は、それまでの「記述統計学」（数を数え、それを記述する統計学）と区別して、「推計学」「推測統計学」「数理統計学」などとよばれ、発展することとなる。

第二次世界大戦後、この新しい統計学（以後、「数理統計学」とよぶこととする）は、増山元三郎氏（東京理科大学教授など）、北川敏男氏（九州大学教授など）などによって、わが国にも紹介され、急速に応用がひろがることとなった。

一九六七年に、私は、『邪馬台国への道』（筑摩書房刊）をあらわし、わが国の古代年代論に、数理統計学を援用し、わが国の古代の諸天皇の在位年数の平均値や標準偏差（散らばりの度合）にもとづき、卑弥呼と天照大御神の活躍年代が重なることを示した。

わが国の天皇の在位年数の平均値は、古代にさかのぼるにつれて、短くなる傾向がみられる。存在と在位年数とが確実な、最古代の天皇グループの在位年数の平均値は、約十年ていどである。その値を用いると、卑弥呼の活躍年代と、天照大御神の活躍年代とが、重なるというのである。

林知己夫、池田一、森田優三、寺田和夫氏編の『計量的研究――我が国人文・社会科学研究の最近の動向――』（南窓社、一九七四年刊）という本が出ている。その中で、統計数理研究所所長の林知己夫氏（統計学者、理学博士）は、拙著を紹介し、つぎのようにのべておられる（「諸分野の展望」の「歴史学」の項）。

「歴史学では近年、日本の古代史をめぐって数理文献学 mathematical text analysis とも呼ばれるべき新たな方法が試みられている。これは文献の統計的分析に基づき、仮説の設定、推測、検定を行なうものであり、とくに邪馬台国論争にこの方法が応用され興味ある結果がえられた。系譜のみがわかり、活躍の絶対年代が不明な諸天皇の在位時期を、活躍の年数がはっきりしている諸天皇の在位年数から推定した結果、魏志倭人伝にあらわれる卑弥呼は、日本の伝説的女王・天照大御神と一致することが推定された（安本、『邪馬台国への道』一九六七)。また神武天皇が活躍された時期は三世紀末と推定された(安本、『神武東遷』)。安本はさらに最近『数理歴史学』(一九七〇)の発行により、数理的方法の歴史学への導入について多くの示唆を与えた。この種の研究に対する歴史学者の評価が定まるにはなお時日を要しようが、注目すべき業績といえよう。」

この『計量的研究』という本は、第二次大戦後わが国の人文・社会科学の諸分野での計量的・数理的方法による研究が、どのような問題に対して、どのような方法で展開され、どのような成果を示したかをまとめたものである。この本は、つぎのような事情で成立している。

すなわち、ユネスコ本部では、人文・社会科学の諸国の研究動向をレヴューする事業を進めていた。日本ユネスコ国内委員会では、この事業に協力する趣旨で、「人文・社会科学研究主要動向調査」を実施し、その成果を、一九七三年に、英文報告書として出版した。

この本は、この英文報告書のもとになった和文原稿を土台として成立したものである。

このように、この本は、もともとは、わが国の学界事情の対外紹介を目的とした企画にもとづくものである。

『計量的研究』にみられる文章は、私の行なったこころみが、すくなくとも統計学的には、専門家の評価にたえうるものであったことを示しているようにみえる。

拙著『邪馬台国への道』については、のちに、『新考・邪馬台国への道』(筑摩書房、一九七七年刊）という改訂版を出している。

この本について、名著『確率論入門』（ちくま学芸文庫、二〇一四年刊）などの著者であり、現代を代表する数学者の一人である、赤攝也《せきせつや》氏（東京教育大学教授など）は、つぎのようにのべて下さっている。

「最近出た安本美典氏の『新考・邪馬台国への道』は、『邪馬台国問題』の本で、私が本当に面白いと思ったものの一つである。」（『数学セミナー』一九七七年十月号所載・愛知三郎というペンネームによる赤攝也氏の論考「邪馬台国」）

赤攝也氏は、数学者であるから、私の著書の統計学的考察の部分を、評価して下さったものであろう。

私の論考以後、何人かの統計学者たちが、この古代年代論の問題にとりくみ、私が最初に行なった推定よりも、精度のよい結果がえられている。

そのうちの、筑波大学経済学部教授の、平山朝治氏の統計的推定を紹介しよう。

図24をご覧いただきたい。このグラフは、横軸に天皇の代をとり、縦軸に没年または退位年をとったものである。**図24**の実線は確実な歴史的事実の曲線である。この曲線を、古代に逆に伸ばしてみると、神武天皇がいつ頃の人かが、だいたい推定できることになる。

商品の「需要予測」などを、統計学的な分析によって行なう方法がある。過去数年の商品の

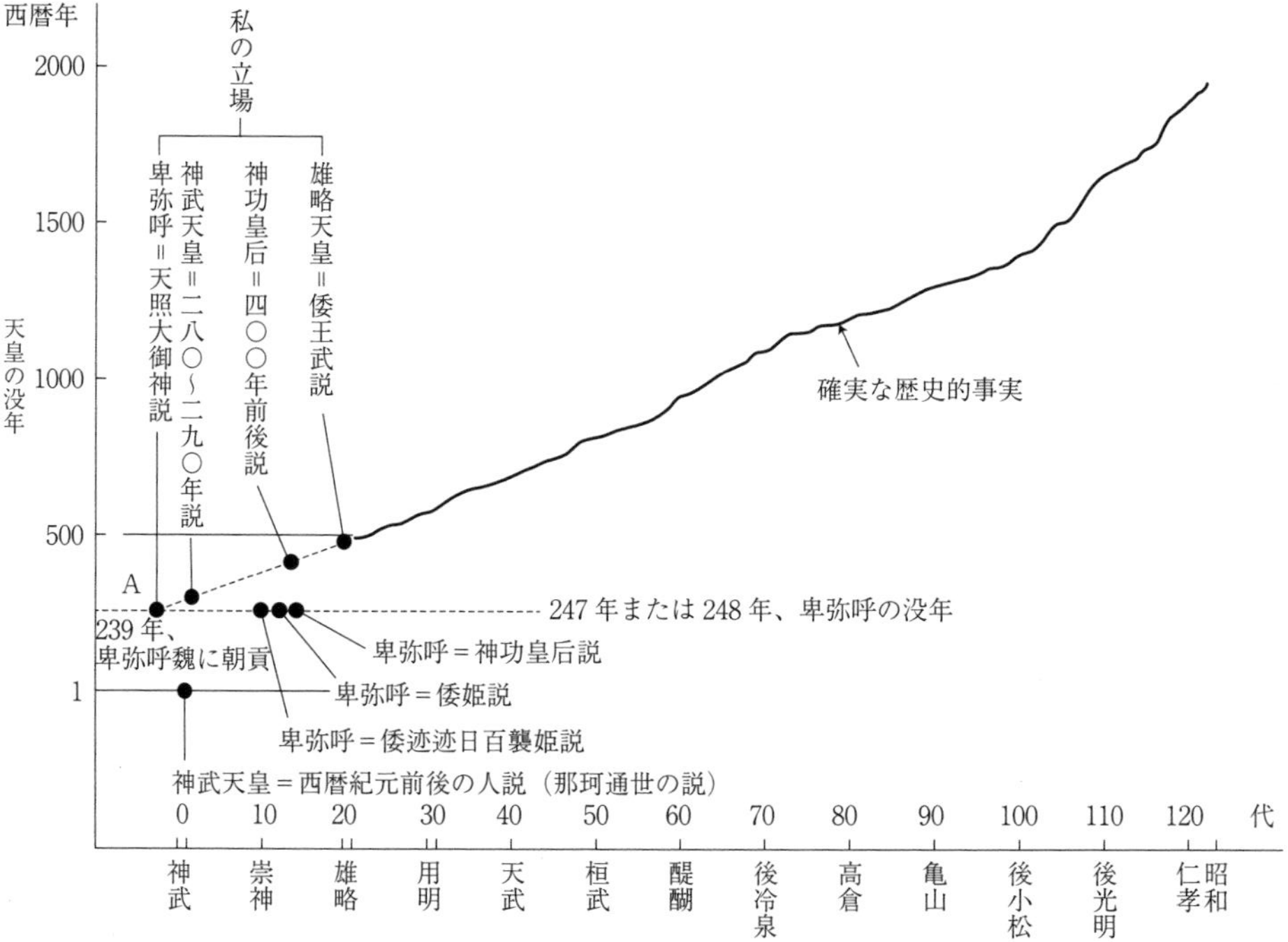

図24 天皇の代と没年または退位年

天皇の没年または退位年についてのくわしいデータは、拙著『倭王卑弥呼と天照大御神伝承』（勉誠出版、2003年刊）にのせられている。

売上げ量を年度別にしらべ、その売上げ量の増加、または減少の傾向線に、直線または曲線などをあてはめ、それらの直線、または曲線などを未来にのばして、将来の売上げ量を予測する方法である。

それと同じ方法を用い、図24のような傾向線に、直線、あるいは曲線をあてはめ、その直線または曲線を過去にのばして、在位時期などが、年代的に確かでない諸天皇の活躍の時期や退位の時期などを推定する方法が考えられる。

数人の統計学にくわしい研究者が、このような推定を行なっている。その結果は、大略一致している。平山朝治氏の推定は、そのような推定のうちの代表的なものの一つである（平山朝治「女王卑弥呼の年代――最小二乗法による推定――」〔『季刊邪馬台国』16号、一九八三年、梓書院刊〕）。

平山朝治氏の統計的推定の結果は、表14のようになっている。神武天皇は、二七六年ぐらいに即位したことになる。すべての天皇が、かりに実在したとしても、神武天皇が即位したのは、卑弥呼の時代の後であることになる。

私が行なった最初の数理統計学的推定結果もそうであるが、平山朝治氏の推定結果によっても、卑弥呼の時代には、まだ大和朝廷は成立していなかったということになる。

卑弥呼についてはこれまで、『日本書紀』が記すように神功皇后《じんぐう》（第14代仲哀《ちゅうあい》天皇の妃で、

表14　天皇などの即位年推定（平山朝治氏・筑波大学経済学部教授による）

天皇・神名	代x	即位年推定値y	信頼度95%	信頼度99%
		年	年　　年	年　　年
天照大御神	−4	224.3	189.7～258.9	176.7～271.9
忍穂耳の命	−3	234.7	200.7～268.7	188.0～281.4
邇邇芸の命	−2	245.0	211.6～278.4	199.1～290.9
穂穂手見の命	−1	255.4	222.6～288.2	210.3～300.5
鵜葺草葺不合の命	0	265.7	233.4～298.0	221.4～310.0
神武	1	276.1	244.4～307.8	232.6～319.6
綏靖	2	286.4	255.3～317.5	243.7～329.1
安寧	3	296.8	266.3～327.3	254.9～338.7
懿徳	4	307.1	277.2～337.0	266.0～348.2
孝昭	5	317.4	288.0～346.8	277.1～357.7
孝安	6	327.8	299.0～356.6	288.2～367.4
孝霊	7	338.1	309.8～366.4	299.3～376.9
孝元	8	348.5	320.8～376.2	310.4～386.6
開化	9	358.8	331.6～386.0	321.5～396.1
崇神	10	369.2	342.6～395.8	332.6～405.8
垂仁	11	379.5	353.5～405.6	343.7～415.3
景行	12	389.8	364.2～415.4	354.7～424.9
成務	13	400.2	375.1～425.3	365.8～434.6
仲哀	14	410.5	385.9～435.1	376.8～444.2
応神	15	420.9	396.8～445.0	387.8～454.0
仁徳	16	431.2	407.6～454.7	398.8～463.6
履中	17	441.6	418.5～464.7	409.9～473.3
反正	18	451.9	429.3～474.5	420.8～483.0
允恭	19	462.3	440.1～484.5	431.8～492.8
安康	20	472.6	450.8～494.4	442.7～502.5
雄略	21	482.9	461.6～504.2	453.6～512.2
清寧	22	493.3	472.4～514.2	464.6～522.0
顕宗	23	503.6	483.1～524.1	475.4～531.8
仁賢	24	514.0	493.9～534.1	486.4～541.6
武烈	25	524.3	504.6～544.0	497.2～551.4
継体	26	534.7	515.3～554.1	508.1～561.3
安閑	27	545.0	525.9～564.1	519.1～571.2
宣化	28	555.3	536.6～574.0	536.6～581.0
欽明	29	565.7	547.2～584.2	540.3～591.0
敏達	30	576.0	557.8～594.2	551.0～601.0
皇極	35	627.8	609.8～645.8	603.1～652.5
天武	40	679.5	662.7～696.3	656.4～702.6
聖武	45	731.2	713.2～749.2	706.5～755.9
桓武	50	782.9	764.7～801.1	757.9～807.9

「三韓征伐」で知られる）とする説、明治時代の東洋史学者で京都帝国大学（当時）教授の内藤《ないとう》湖南《こなん》氏らのとなえる倭姫《やまとひめ》（第11代垂仁天皇の皇女で、神功皇后よりおよそ二代まえ）とする説。大正時代に徳島県の旧制脇町中学校（現・県立脇町高等学校）の国漢地歴の教諭であった笠井新也氏のとなえた倭迹迹日百襲姫《やまとととひももそひめ》（第8代孝元《こうげん》天皇の皇女で、神功皇后よりおよそ五代まえ）とする説など諸説があった。

しかし、推定の誤差を考慮にいれても、神功皇后、倭姫、倭迹迹日百襲姫説などの活躍の時期は、卑弥呼の活躍した時期とまったく重ならない。図25に示したとおりである。

図25は、「区間推定値」といわれるものを示したもので、「九十五％の信頼度」は、百回のうち九十五回ぐらいの確からしさで、その幅の中におさまることを示す。同じく、「九十九％の信頼度」は、百回のうち九十九回ぐらいの確からしさで、その幅の中におさまることを示す。

図25にみられるように、倭迹迹日百襲姫は、四世紀の後半にかたむく時期の人となり、天照大御神は、三世紀前半にかたむく時期に活躍した人となる。

倭迹迹日百襲姫、倭姫、神功皇后のいずれも、卑弥呼から百年ないし百五十年ていどの後の人物となり、卑弥呼にあてはめるには、年代的に無理がある。卑弥呼と年代が重なるのは図25にみられるように、天照大御神だけである。

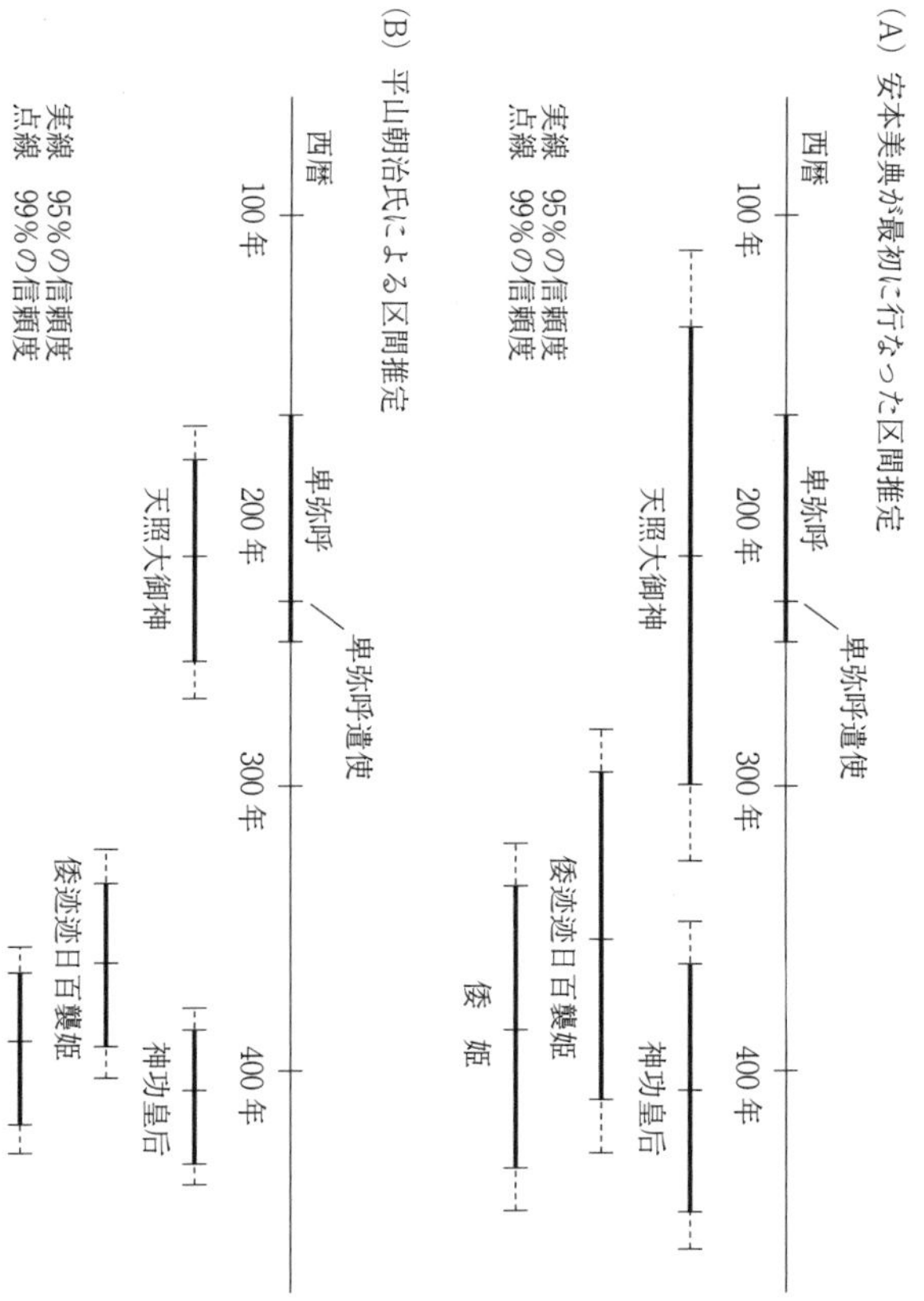

（A）よりも、（B）のほうが、区間推定の幅が狭くなっている。

図25　５人の人物が活躍していた時期

図25をみれば、結論じたいは変らないが、平山朝治氏のほうが、私が最初に行なった区間推定よりも、はるかに狭い幅で区間推定を行なっておられることがわかる。

209ページの図24を、今一度ご覧いただきたい。

図24で表わされている確実な歴史的事実の実線を、破線で古代に延長する。

いま、仮に、「卑弥呼＝天照大御神」とすると、『古事記』『日本書紀』では、天照大御神は、神武天皇の五代前とされているので横軸の値が定まる。

卑弥呼が、二三九年に魏に使いを送っており、二四七年または二四八年になくなっているので縦軸の値が定まる。かくて、図中のポイントA点が定まる。

図24をみれば、このポイントA点が、実線の延長上に、きわめて自然に乗っていることが読みとれる。一目瞭然といえるほどだと思う。

『日本書紀』は、神武天皇の即位年を、西暦紀元前六六〇年としているから、『日本書紀』の年代は、九三六年ほどの延長があることになる。ほとんど千年に近い延長があることになる。

さまざまな古代年代論が行なわれているが、私は図24のグラフの上に結果をプロットしてみて、不自然な形となる年代論は、とるべきではないと考える。

平山朝治氏は、第31代用明天皇から、奈良時代の終わりの第49代光仁天皇までのデータは、大略直線とみなせるとし、最小二乗法により、直線をあてはめる。最小二乗法というのは、図

24のような傾向線に、もっともうまくあてはまる直線または曲線を求める統計的方法である。

平山朝治氏の推定方法は、簡明で、わかりやすい。

ただし、平山朝治氏は、各天皇などのデータとして、没年データではなく、即位年データを用いている。平山朝治氏によれば、歴代の天皇などの、即位年の推定の結果は**表14**のようになっている。

この**表14**によれば、第1代神武天皇の即位年の推定値は、西暦二七六・一年となっている。

ここで、平山朝治氏が求めた直線の式は、つぎのようになっている。

$$y = 10.3x + 265.72$$

この式の、xの係数（勾配）の、10.3は、あてはめた傾向線全体でみた場合の、天皇の一代平均在位年数を示す。

したがって、神武天皇の即位年の推定値が、二七六・一年であるとすれば、神武天皇の没年（または退位年）の推定値は、二七六・一年に、一〇・三年を足して、二八六・四年となる。

また、神武天皇の活躍年としては、即位年の推定値二七六・一年と、没年の推定値二八六・四年との中数（足して、二で割った値［276.1＋286.4］/2）をとって、二八一・三年となる。

つまり、神武天皇が活躍したのは、西暦二八一年前後と推定されることになる。

ただし、以上は即位年、活躍年、没年（退位年）などの推定値の代表値をとったばあいの話である。

平山朝治氏の年代推定法によるばあい、神武天皇から五代まえとされる天照大御神の活躍の時期が、ちょうど卑弥呼の時代と重なることとなる。

なお、**図24**のように、本来やや下に凸の（下にむけて曲がった）曲線に、直線をあてはめると、神武天皇の即位年を、真の値よりも、やや古めに推定することになる。

吉井孝雄氏による神武天皇の活躍年代の推定

天皇の在位期間は、後代になるにつれ、平均して長くなる傾向をもつ。

（旧）防衛庁のオペレーションズ・リサーチ（数理的作戦計画法）の研究員であった統計学の専門家、元海上自衛官の吉井孝雄氏は、在位期間の増加率を考慮にいれて、二次曲線をみちびき、最小二乗法を用いて、古代の諸天皇の活躍の時期を推定されている。（『季刊邪馬台国』8号、一九八一年、梓書院刊所載の論文「在位年数の増加率を考慮した古代天皇在位時期推定モデル」。）

その結果は、**表15**のような形で、まとめられている。

表15によれば、第1代神武天皇の活躍の時期の点推定値は、二八三年となっている。

この値は、平山朝治氏による神武天皇の活躍時期の推定値、二八一年と、ほとんど変りがない。

また、平山朝治氏の推定でも、吉井孝雄氏の推定でも、天照大御神の活躍の時期は、卑弥呼の活躍の時期と重なる。

さらに、大阪電機通信大学教授の情報工学の専門家、小澤一雅《かずまさ》氏は、その著『卑弥呼は前方後円墳に葬られたか——邪馬台国の数理——』（雄山閣、二〇〇九年刊）のなかで、209ページの図**24**のような傾向線に、「指数曲線」をあてはめ、古代の諸天皇の没年を推定しておられる。

表15　吉井孝雄氏による古代の天皇などの活躍時期の推定値

代	天皇名	活躍時期の推定値（年）	実在位期間（年）
−4	**天照大神**	**236.6**	
1	**神　武**	**283.1**	
10	崇　神	369.7	
15	応　神	419.3	
21	雄　略	480.5	
31	用　明	586.0	585〜587
40	天　武	684.9	673〜686
50	桓　武	799.1	781〜806
60	醍　醐	917.9	897〜930
70	後冷泉	1041.2	1045〜1068
80	高　倉	1169.1	1168〜1180

いま、第1代神武天皇と、第10代崇神天皇との没年を推定するという形で、これまでに得られたおもな結果を、まとめてみよう。すると**表16**のようになる。

表16には、私の方法による最近の推定結果も、示しておいた。

表16を見れば、神武天皇の没年についての推定値は、最大のものと、最小のものとで、わずか五年しか、違わない。

炭素14年代測定法などとくらべ、推定年代につく誤差の幅が、いちじるしく小さい。

表16　第１代神武天皇と第10代崇神天皇の没年の推定値

No.		方法	第１代神武天皇の没年の推定値	第10代崇神天皇の没年の推定値	あてはめた式
(1)	平山朝治氏	第31代用明天皇から、第49代光仁天皇までのデータに、直線をあてはめる。	286年	378年	$y=10.3x+265$
(2)	吉井孝雄氏	２次曲線のあてはめ	288年	375年	$y=0.0228x^2+9.366x+273.73$
(3)	小沢一雅氏	指数曲線のあてはめ	285年	364年	$y=1282e^{0.0066x}-1005$
(4)	安本美典説	直線と指数曲線との合成曲線	283年	368年	$y=ae^{bx}+cx+d$の形の曲線
(5)	同時代（魏晋朝）の中国の皇帝の平均在位年数10年による推定	天皇の１代の在位年数を、10年とする推定	283年	373年	天皇の１代の在位年数を、ちょうど10年としてさかのぼる。
(1)～(4)の４つの値の平均			286年	372年	

私は、**表16**のような数理統計学的な方法による推定結果こそ、明治時代の那珂《なか》通世《みちよ》氏以来の、正統的な文献史学的年代論の、現代における発展形によって得られた成果であると考える。

中国の魏・晋王朝の皇帝の在位期間

表16の(5)の、「同時代（魏晋朝）の中国の皇帝の平均在位年数10年による推定」の欄の説明を、すこししておく。

表16の、崇神天皇の時代ごろまでの年代は、大略魏（二二〇～二六五）、西晋（二六五～三一六）、東晋（三一七～四二〇）の、三王朝の時代にあたる。わが国は、これらの三王朝のいずれとも、外交関係

をもった。

そこで、「魏」「西晋」「東晋」の皇帝の在位期間を、具体的にしらべてみよう。

すると、**表17**、**表18**のようになる。

表17、**表18**をよく見ると、つぎのようなことがわかる。

(1)　魏の第1代（初代）の皇帝、文帝曹丕《そうひ》が、皇帝位についたのは、**西暦二二〇年**のことである。この数字は、**表17**において、四角でかこみ、ゴシックで示されている。

この、西暦二二〇年という年は、また、後漢（魏のまえの王朝）の最後の皇帝・献帝協の退位年でもある。曹丕は、後漢の献帝協から、皇帝の位を譲りうけた。

魏の国の始祖の曹操は、魏王となったが、皇帝にはならなかった。曹丕は、曹操の長子である。曹操は、「武帝」ともよばれるが、これは、曹操の死後に、曹丕がおくった諡《おくりな》である。

(2)　晋の国の最後の皇帝、東晋の恭帝徳文《とくぶん》の退位年（死亡年）は**西暦四二〇年**のことである。

この数字は、**表18**において、四角でかこみ、ゴシックで示されている。

(3)　魏の第1代皇帝曹丕の即位年（後漢の献帝協の退位年）**西暦二二〇年**から、晋（東晋）の最後の皇帝恭帝徳文の退位年（死亡年）の**西暦四二〇年**までは、合計で、ジャスト二〇〇人の皇帝が存在し、その全期間は、ジャスト二〇〇年（四二〇年マイナス二二〇年）であ

表17　魏の皇帝の在位期間

代	皇帝名	在位期間（西暦）	足かけ在位年数
1	文帝丕《ひ》	**220年** ～ 226年	7年
2	明帝叡《えい》	226年 ～ 239年	14年
3	廃帝芳《ほう》（斉王）	239年 ～ 254年	16年
4	廃帝髦《ぼう》（高貴郷公）	254年 ～ 260年	7年
5	元帝奐《かん》（陳留王）	260年 ～ 265年	6年
計			50年

表18　晋の皇帝の在位期間

	代	皇帝名	在位期間（西暦）	足かけ在位年数
西晋	1	武帝炎《えん》	265年 ～ 290年	26年
	2	恵帝衷《ちゅう》	290年 ～ 306年	17年
	3	懐帝熾《し》	306年 ～ 313年	8年
	4	愍帝鄴《びんていぎょう》	313年 ～ 316年	4年
東晋	5	元帝睿《げんていえい》	317年 ～ 322年	6年
	6	明帝紹《めいていしょう》	322年 ～ 325年	4年
	7	成帝衍《えん》	325年 ～ 342年	18年
	8	康帝岳《がく》	342年 ～ 344年	3年
	9	穆帝聃《ぼくていたん》	344年 ～ 361年	18年
	10	哀帝丕《あいていひ》	361年 ～ 365年	5年
	11	廃帝奕《えき》（海西公）	365年 ～ 371年	7年
	12	簡文帝昱《いく》	371年 ～ 372年	2年
	13	孝武帝曜《よう》	372年 ～ 396年	25年
	14	安帝徳宗《とくそう》	396年 ～ 418年	23年
	15	恭帝徳文《とくぶん》	418年 ～ **420年**	3年
計				169年

る。

つまり、魏・晋朝を通じての、皇帝の一代平均在位年数は、ジャスト十年である。

（機械的に、表17、表18の足かけ在位年数の合計二一九年［魏王朝の五〇年、プラス晋王朝の一六九年］を二〇帝で割ると、一代平均在位年数は、一〇・九五年となる。これは、前の皇帝の退位年と、次の皇帝の即位年とが、ダブッて数えられることになるので、右に求めた十年よりも、一年ほど大きくなることに注意。）

このようなデータにもとづき、つぎのような推定ができる。

古代の諸天皇のうち、その在位と、活躍の時期とを、ほぼ確定できるのは、倭王武とみられる第21代雄略天皇が、中国の宋の国へ使をつかわした四七八年である。

古代の諸天皇の平均在位年数は、ほぼ同時期の中国の皇帝の平均在位年数である「十年」と、ほとんど変らないとみれば、第1代神武天皇の活躍の時期は、第21代雄略天皇の活躍の時期、四七八年から、二〇代＝二〇〇年をさかのぼって、**西暦二七八年**ごろと推定できる。

この値は、すでに、傾向線などによって推定した神武天皇の活躍の時期、二八三年前後と、五年ほど異なるだけである。

また、存在と活躍の時期が確実な第31代用明天皇の活躍の時期五八六年から、三〇代＝三〇

○年をさかのぼる形で推定をすれば、神武天皇の活躍の時期の推定値は、**二八六年**となる。

二〇〇年まえ、三〇〇年まえにさかのぼるのであるから、推定値の、二七八〜二八六年ていどのゆれは、やむをえないとみるべきであろう。

なお、わが国でも、古代の天皇の平均在位年数が、約十年であることは、認識されていた。つぎのようなことばがある。

(1)**「奈良七代七十年」** 奈良時代は第43代元明天皇から、第49代の光仁天皇までの七代、すなわち、元明・元正・聖武・孝謙・淳仁・称徳・光仁の七代で、七十四年（七一〇〜七八四）。この間、一代平均一〇・五七年。桓武天皇は、はじめ七八四年に長岡京（京都府向日《むこう》市《し》のあたりが中心）に都をうつしている。

(2)**「君、十帝を経《へ》て、年《とし》ほとほと（ほとんど）百」** この文は、奈良時代史の基本文献である『続日本紀《しょくにほんぎ》』の、淳仁天皇の天平宝字二年（七五八）八月二十五日の条に記されている。これは、第36代の孝徳天皇から、第46代の孝謙天皇までが、十代で、一〇四年ほどであることをのべているのである。

すなわち、天皇一代の平均在位年数が、およそ十年ていどであることは、奈良時代の人たちが大略認識していたことであった。

このような、「数理統計学による年代論」とは、また別種の年代論が成り立つ。それを次章でのべよう。

第5章

パラレル年代推定法

古代の年代を、ピンポイントで推定できる

北部九州を基点として、出雲へ、河内へ、畿内へ、南九州へと、くりかえし、「天孫降臨」が行なわれているようにみえる。

邪馬台国の後継勢力が東進して、大和朝廷をたてたのも、そのような動きの中から生じたようにみえる。それらの「降臨」「東進」の時期は、いつか。新方法の「パラレル年代法」を用いると、千数百年前の年代が、ほとんどのばあい、十年以下ていどの誤差で推定できているようにみえる。

基礎的なデータ

統計学的年代論によって得られた結果をもとにして考えれば、さらに別種の、古代の年代推定法を考えることができる。名づけて、「パラレル年代推定法」。統計学的年代論は、基本的に、「区間推定法（一定の誤差の幅をつけて年代を推定する方法）」であったが、「パラレル年代推定法」は、「点推定法（ピンポイントで、年代を推定する方法）」である。「パラレル年代法」は、簡単で、話がわかりやすく、かつ、多くの事例において、精度がなかなか良いようにみえる。

「パラレル年代法」の説明のために、まず、いくつかの基礎的なデータを示す。

四〇〇年ごとにまとめて、実在と在位期間のあきらかな諸天皇の平均在位年数を算出してみる。もとのデータは、東京創元社刊の『日本史辞典』による。

すると、**図26**のようになる。

図26の意味は、たとえば（E）の時期の、「17世紀〜20世紀」の四〇〇年のあいだに即位し

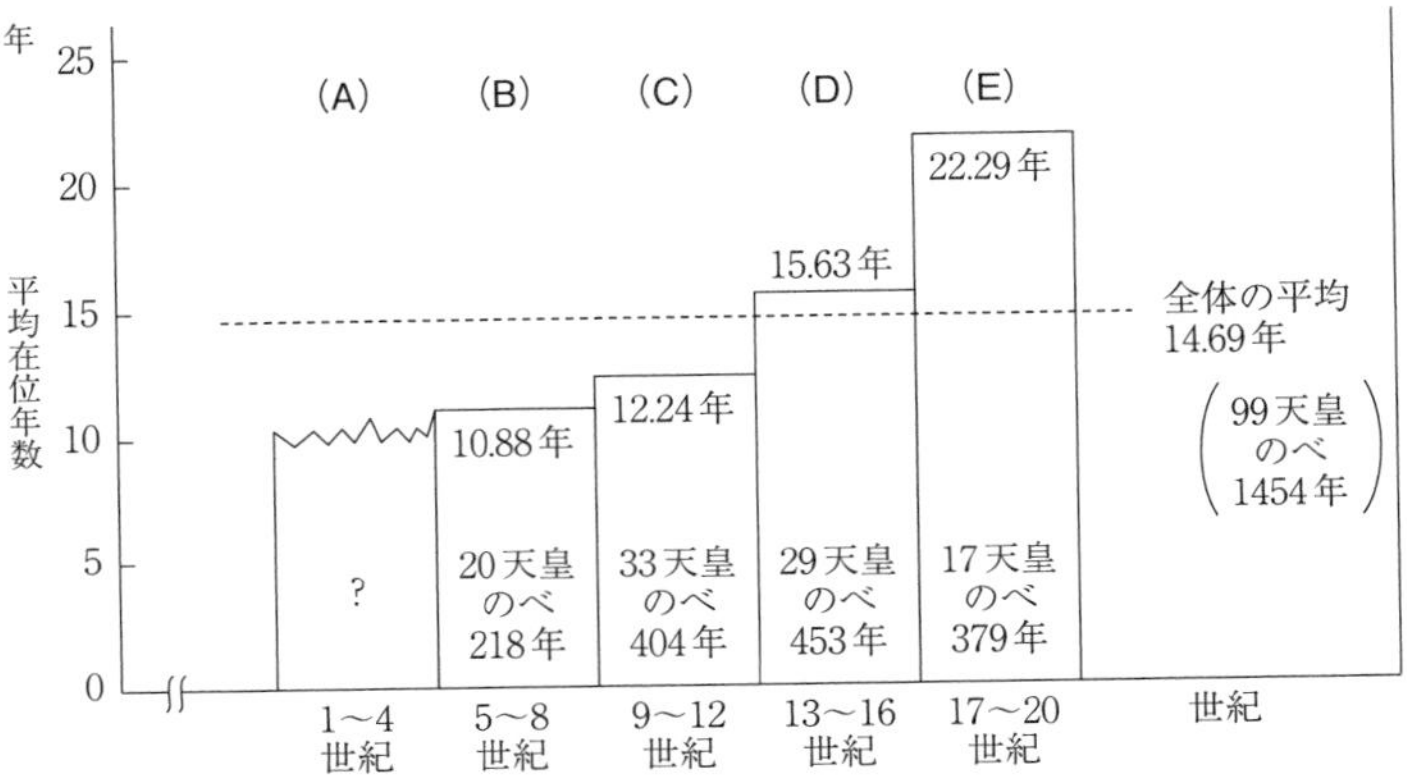

図26　日本の天皇の平均在位年数

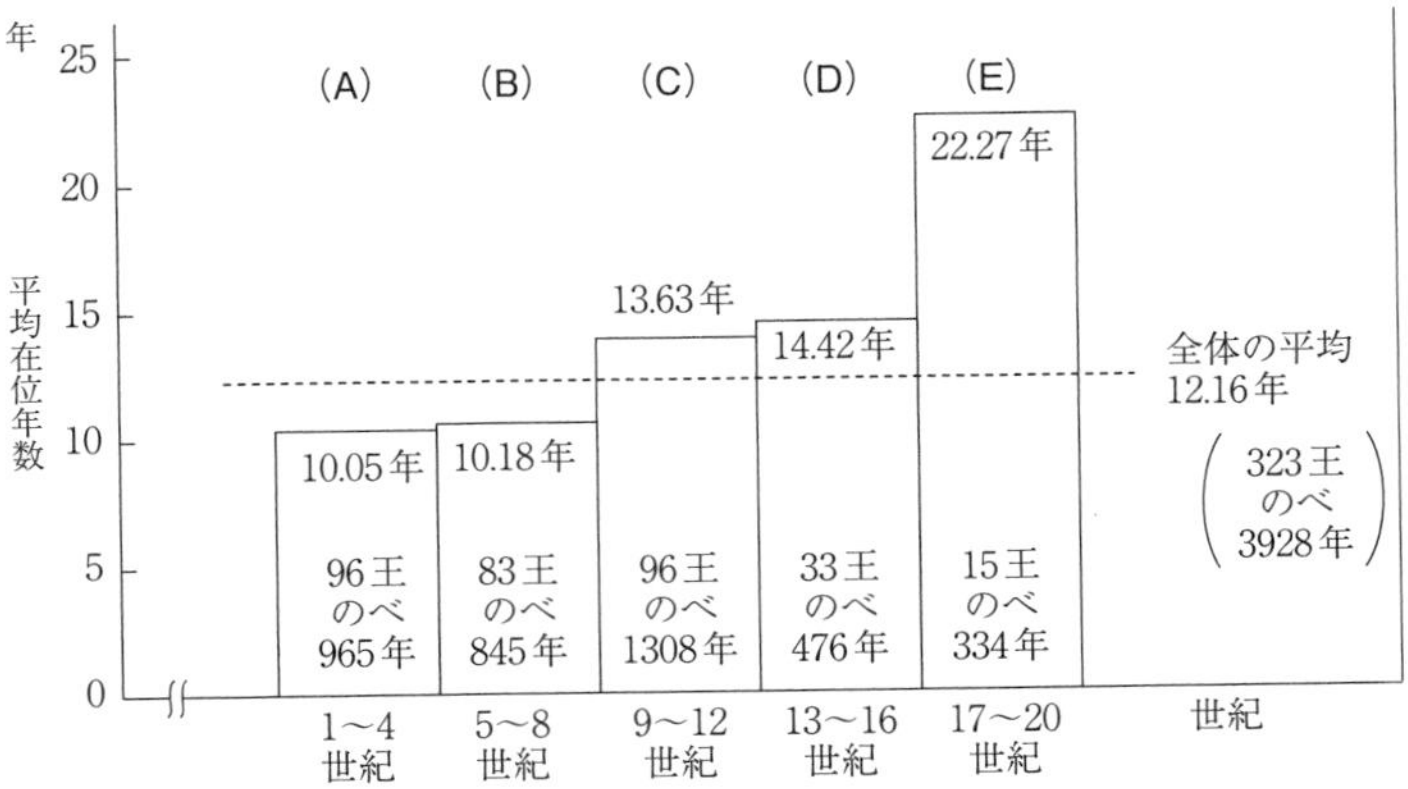

図27　中国の王の平均在位年数

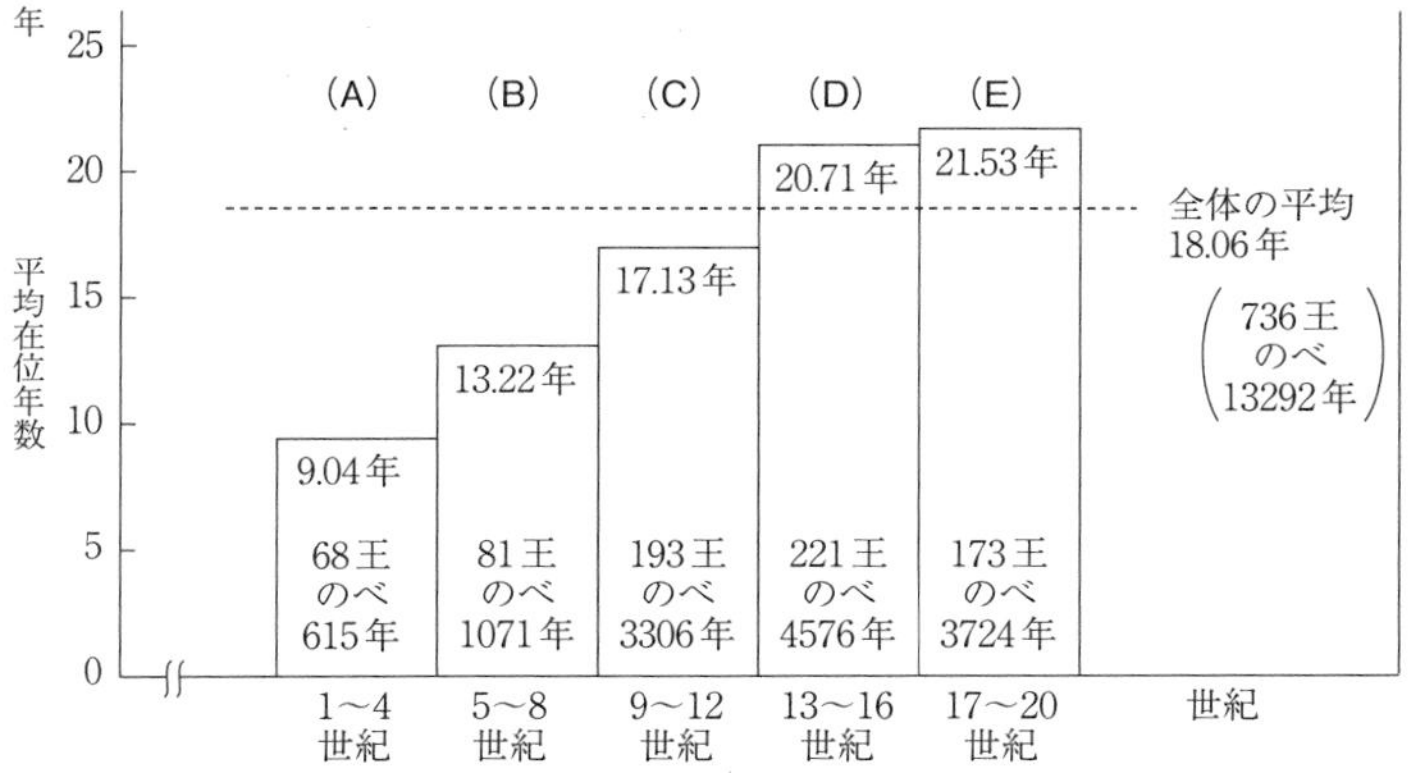

図28　西洋の王の平均在位年数

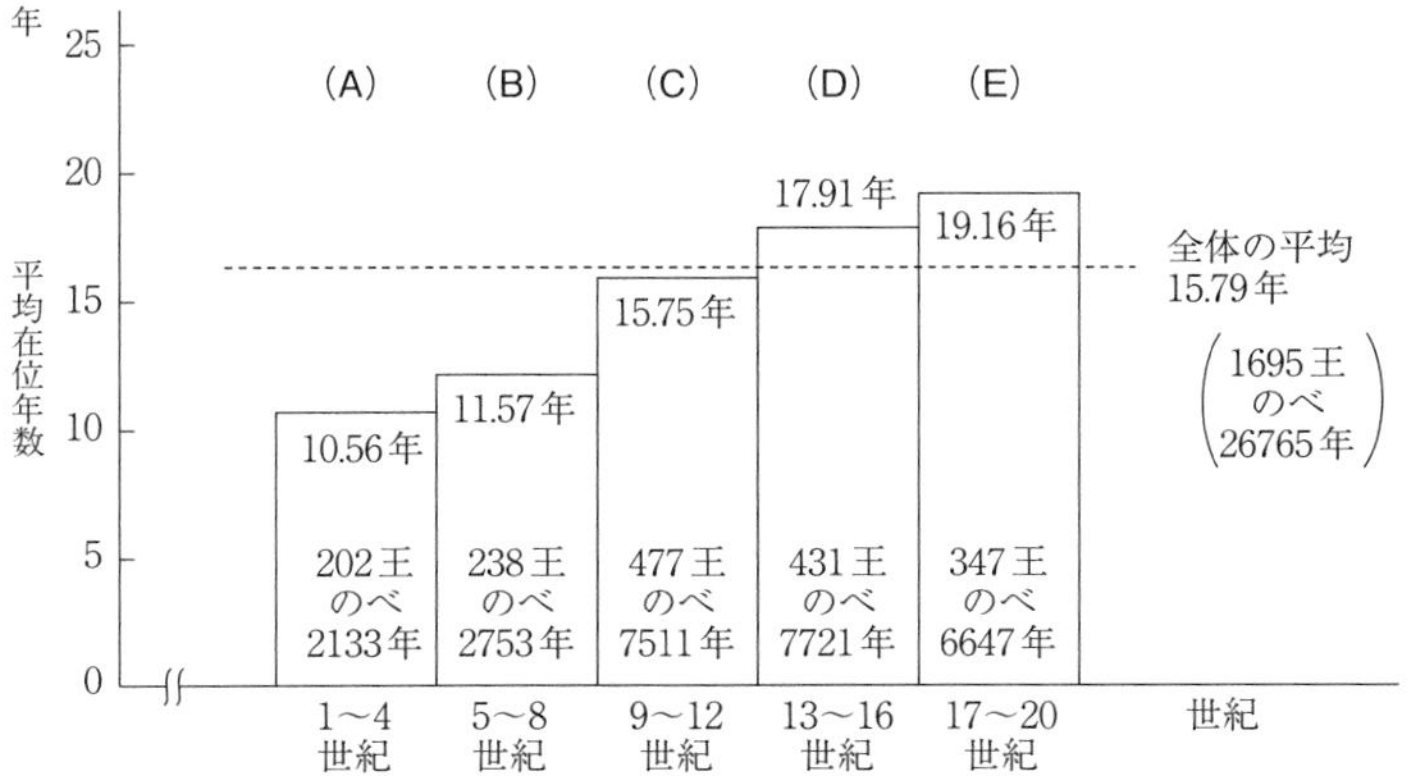

図29　世界の王の平均在位年数

た天皇は、十七天皇いて、その、のべの在位期間は、三七九年間ということである。もちろん、一人一人の天皇をとれば、在位年数の長かった天皇も存在するし、短かった天皇も存在する。

しかし、四〇〇年間のように、長い期間の平均値をとれば、一定の傾向がみてとれる。それは、古代にさかのぼるにつれ、平均在位年数が、短くなる傾向である。十七世紀〜二十世紀の天皇の平均在位年数は、昭和天皇のように長く在位した人もふくめて、二十二・二九年であった。これに対し、五世紀〜八世紀ごろの平均在位年数は、その半分以下の一〇・八八年となっている。

同様のグラフを、東京創元社刊の『東洋史辞典』『西洋史辞典』にもとづき、「中国の王」「西洋の王」「世界の王」という形でまとめれば、図27、図28、図29のようになる。

すると、「中国の王」のばあいも、「西洋の王」のばあいも、「世界の王」のばあいも、「日本の天皇」のばあいと、同じような傾向がみとめられる。

すなわち、古代にさかのぼるにつれ、平均在位年数が、短くなる傾向がみられる。

とくに、「日本の天皇」のばあいの**図26**と、「中国の王（皇帝）」のばあいの**図27**とは、かなり近い形になっている。四〇〇年ごとにまとめた（B）（C）（D）（E）各時代のそれぞれにおいて、平均在位年数は、一年前後ていどしか違わない。**表19**のとおりである。

表19　「日本の天皇」と「中国の王」の時代別平均在位年数の差

	(A)	(B)	(C)	(D)	(E)	差の合計
(1)世紀	1〜4世紀	5〜8世紀	9〜12世紀	13〜16世紀	17〜20世紀	
(2)日本の天皇の平均在位年数	?	10.88年(20天皇)	12.24年(33天皇)	15.63年(29天皇)	22.29年(17天皇)	
(3)中国の王の平均在位年数	10.05年	10.18年	13.63年	14.42年	22.27年	
(2)と(3)との差 (2)−(3)	?	0.70年(1年たらずの差)	-1.39年	1.21年	0.02年(7日ほどの差)	0.54年

機械的に、「(2)と(3)との差」の合計をとれば、〇・五四年、約半年ていどしか異ならない。

いま、「日本の天皇の平均在位年数」と「中国の王の平均在位年数」との、(B)(C)(D)(E)のそれぞれ対応する時期におけるパラレルな増加傾向の様子をみるために、ためしに、つぎのようなことを行なってみよう。

かりに、(B)(C)(D)(E)の各時期において、「日本の天皇の平均在位年数」が、対応する時期の「中国の王の平均在位年数」と同じであったとしたばあい、同じとみなさなかったばあいと、全期間で、どれだけの年数の違いを生ずるものであろうか。

それを計算したのが、つぎの**表20**である。

日本の天皇と中国の皇帝・王とは、個々でみると、長い在位年数の人、短い在位年数の人がいる。しかし、双方が、同じような傾向をもっていわば並行的《パラレル》に、後代になるほど在位年数が、平均して大きくなって行く。そのため、長い期間で

表20　パラレル状況

［Ⅰ］日本の天皇の(B)(C)(D)(E)の全期間の長さは、……

	(天皇)		(年)		(年)
(B)	20	×	10.88	=	217.60
(C)	33	×	12.24	=	403.92
(D)	29	×	15.63	=	453.27
(E)	17	×	22.29	=	378.93
［Ⅰ］の計					1453.72

［Ⅱ］もし、(B)(C)(D)(E)の各期間において、日本の天皇が、中国の皇帝・王と、同じ平均在位年数をもっていたとすれば、……

	(天皇)		(年)		(年)
(B)	20	×	10.18	=	203.60
(C)	33	×	13.63	=	449.79
(D)	29	×	14.42	=	418.18
(E)	17	×	22.27	=	378.59
［Ⅱ］の計					1450.16

［Ⅰ］－［Ⅱ］＝1453.72－1450.16＝3.56（年）
1450年間で、3年半ほどしか違わない。

みると、プラス、マイナスなどの誤差がうちけしあい、一四五〇年間ほどで、わずか三年半ほどしか違わない、というようなことがおきるのである。

このことを利用すると、つぎのような「パラレル年代推定法」が考えられる。

倭の国（日本）は、卑弥呼の時代に、中国の魏の国と国交をもった。そのあと、西晋の国、東晋の国、南朝（江南、南中国）の宋の国など、連続する中国王朝と国交をもった。

南朝宋についての歴史書『宋書』に、西暦四七八年にあたる年に、倭王の武が、宋王朝に使いをつかわし、文書をたてまつったこと、宋の第8代皇帝の順帝の準《じゅん》が、倭王武に、「安東大将軍、倭王」などの称号を与えたことなどが記されている。

この倭王武は、つぎの理由により、わが国の第21代の天皇の、雄略天皇のことであるとみられている。

(1)『古事記』によっても、『日本書紀』によっても、四七八年は雄略天皇の治世の時代とみられること。すなわち、雄略天皇の没年を、『古事記』は、四八九年にあたる年と記し、

『日本書紀』は、四七九年にあたる年と記している。

(2)　倭王武の「武」の名は、雄略天皇の名である「大長谷《おおはつせ》若建《わかたけ》の命《みこと》」(『古事記』)、「大泊瀬《おおはつせの》幼武《わかたけ》の天皇《すめらみこと》(『日本書紀』)などの「建《たけ》」「武《たけ》」と関係があるとみられること。

(3)　埼玉県稲荷山古墳出土の鉄剣銘文により、四七一年(辛亥《しんがい》の年)が、雄略天皇(獲加多《わかた》支鹵《ける》大王)の時代とみられること。

以上から、わが国の第21代天皇の雄略天皇を、中国の南朝宋の第8代皇帝順帝準とほぼ同時代の人であるとみとめる(以下表21参照)。

そして、雄略天皇から、***n***《エヌ》代さかのぼった天皇は、順帝準《じゅん》から***n***《エヌ》代さかのぼった中国の皇帝と、大略同時代の人と推定することにする。

古代の中国の皇帝については、史書の「帝紀」などに、くわしい記載がある。表21の中国がわの、皇帝の在位期間データは、しっかりとしたほぼ確実なデータである。表21は、一応それを手すりとして、古代への階段をのぼり、はっきりとはしない日本の古代の天皇などの、大まかな活躍年代を推定しようとする方法である。

このような方法によると、第21代雄略天皇から、機械的に25代さかのぼった天照大御神の時代は、中国の魏の廃帝芳《ほう》(斉王《せいおう》、在位二三九～二五四年)の時代にほぼあたることとなる。そして「魏志倭人伝」は、二三九年、二四三年に、卑弥呼が、魏の国に遣使したこと、斉王芳の在

西晋	4	愍帝鄴《びんていぎょう》	313年～316年	(2)	綏靖天皇		
	3	懐帝熾《し》	306年～313年	(1)	神武天皇		
	2	恵帝衷《ちゅう》	290年～306年	(Ⅴ)	鵜葺草葺不合《うがやふきあえず》の命《みこと》		
	1	武帝炎《えん》	265年～290年	(Ⅳ)	穂穂手見《ほほでみ》の命《みこと》		
魏	5	元帝奐《かん》（陳留王）	260年～265年	(Ⅲ)	邇邇芸《ににぎ》の命《みこと》	（饒速日《にぎはやひ》の命《みこと》・火明《ほのあかり》の命《みこと》の東遷）	（終着駅）卑弥呼の時代
	4	廃帝髦《ぼう》（高貴郷公）	254年～260年	(Ⅱ)	天の忍穂耳《あめおしほみみ》の命《みこと》		
	3	廃帝芳《ほう》（斉王《せいおう》）	239年～254年	(Ⅰ)	天照大御神《あまてらすおおみかみ》	［卑弥呼の時代］247年（正始8年）～248年（正始9年）ごろ、卑弥呼死去。243年（正始4年）倭王（卑弥呼）魏に遣使。239年7月17日～8月16日（景初3年6月）倭の女王卑弥呼遣使。239年1月22日（景初3年1月1日）明帝崩。（236ページの表22参照）	
	2	明帝叡《えい》	226年～239年	—	——		
	1	文帝丕《ひ》	220年～226年	—	——		

位期間中の二四七年か二四八年のころに、卑弥呼が死去したことなどを記している（**表22**参照）。

すなわち、廃帝芳（斉王）の治世時期を手がかりに、卑弥呼と天照大御神の同時代性が浮かびあがってくる。

つまり、第**21**代雄略天皇の時代から、同じ代数だけ古代への階段をさかのぼった日本の天皇や祖先神と、中国の皇帝らのペアが、それぞれまったく同じ在位年数をもっていたならば、天照大御神の時代は、卑弥呼の時代に、ほぼちょうど重なりあうことになる。

ペアになる中国の皇帝の治世年代によって、日本の古代の諸天皇の大まかな年代を推定しよう、というわけである。こ

表21　「パラレル年代推定法」による推定年代（代数だけを、中国にあわせる）
（第21代雄略天皇を出発点とし、天皇１代さかのぼるごとに、中国の皇帝も１代さかのぼらせて年代を推定する。）

王朝	代	皇帝名	在位期間（西暦）	代	天皇などの名	ほぼ確定できる年代	出発点
南朝宋	8	順帝準	477年～479年	(21)	雄略天皇	478年、倭王武、宋へ遣使。	○ここから出発↓（始発駅）
	7	後廃帝昱《いく》（蒼梧王）	472年～477年	(20)	安康天皇		
	6	明帝彧《いく》（太宗）	465年～472年	(19)	允恭天皇	471年（辛亥の年）［埼玉県稲荷山古墳出土鉄剣銘文に「獲加多支鹵（わかたける）」（雄略天皇）。］	
	5	前廃帝子業	464年～465年	(18)	反正天皇		
	4	孝武帝駿（世祖）	453年～464年	(17)	履中天皇		
	3	文帝義隆（太祖）	424年～453年	(16)	仁徳天皇	438年、倭王珍に安東将軍の称号。	○倭の五王の時代
	2	少帝義符	422年～424年	(15)	応神天皇	425年、倭王讃遣使、上表。421年、倭王讃が貢をおさめた。	
	1	武帝劉《りゅう》裕《ゆう》（高祖）	420年～422年	(14)	仲哀天皇		
東晋	11	恭帝徳《とく》文《ぶん》	418年～420年	(13)	成務天皇		
	10	安帝徳《とく》宗《そう》	396年～418年	(12)	景行天皇		
	9	孝武帝曜《よう》	372年～396年	(11)	垂仁天皇		
	8	簡文帝昱《いく》	371年～372年	(10)	崇神天皇		
	7	廃帝奕《えき》（海西公）	365年～371年	(9)	開化天皇		
	6	哀《あい》帝《てい》丕《ひ》	361年～365年	(8)	孝元天皇		
	5	穆《ぼく》帝《てい》聃《たん》	344年～361年	(7)	孝霊天皇		
	4	康帝岳《がく》	343年～344年	(6)	孝安天皇		
	3	成帝衍《えん》	325年～342年	(5)	孝昭天皇		
	2	明《めい》帝《てい》紹《しょう》	322年～325年	(4)	懿徳天皇		
	1	元《げん》帝《てい》睿《えい》	317年～322年	(3)	安寧天皇		

表22　魏の皇帝曹芳の治世と重なる卑弥呼の遣使（年齢は、数え年）

『三国志』記載の年月	西暦（グレゴリオ暦）	事項
景初三年一月一日	二三九年一月二十二日	明帝曹叡《そうえい》死没。死亡時年齢は、『三国志』「明帝紀」では、三十六歳。裴松之《はいしょうし》の注では、三十四歳。明帝（二〇五～二三九、在位二二六～二三九）。斉王曹芳《そうほう》即位。即位時年齢は、九歳。曹芳皇帝（二三一～二七四、在位二三九～二五四）。
景初三年六月	二三九年七月十七日～八月十六日のあいだ	倭の女王卑弥呼遣使。
正始《せいし》元年一月一日	二四〇年二月十日	新元号正始。正始の年号は、元年～十年（二四〇～二四九）。
正始四年十二月	二四三年十二月～二四四年一月	倭の女王卑弥呼遣使。
正始八年～正始九年ごろ	二四七年～二四八年ごろ	卑弥呼死没。
嘉平六年	二五四年	曹芳皇帝は、司馬一族を追放しようとして失敗。退位させられた。

の方法を、「パラレル年代推定法」と名づける。

「パラレル年代推定法」では、ペアとなる皇帝と天皇との在位年数が、完全に同じでなくても、推定期間における「在位年数の平均値」が、中国と日本とでほぼ同じならば、同様の推定結果がえられることになる。

そして、古代の皇帝や天皇の在位年数の平均値が、中国と日本とで、それほど変わらないと判断されることは、すでにのべた。

宗女、台与《とよ》

すこし、こまかいことをのべておこう。

「魏志倭人伝」によれば、西暦二四七年〜二四八年（正始八年〜九年）ごろ、卑弥呼が死没し、そのあと、宗女（一族の娘）の壱与《いよ》（「魏志倭人伝」の先行文献『翰苑』では、宗女の名は、「臺与〔台与〕」と記されているので、「台与《とよ》」が正しいとみられる）、年十三なるものが、王となったことを記す。台与も、魏と国交をもったとする（表22参照）。

とすると、魏の斉王曹芳の在位期間（二三九〜二五四）のうち、二四八年以後ごろは、台与の時代にあてられることになり、それ以前は、卑弥呼の時代にあてられることになる。

ここで、天照大御神の名で伝えられる神は、卑弥呼と台与の二人の人物が伝説化したもので、日本神話の伝える天の岩屋事件は、初代の天照大御神すなわち卑弥呼の死を意味し、天の岩屋事件以後の天照大御神は、台与を意味するのであろうとする見解がある（和辻哲郎氏など）。

日本神話では、高御産巣日《たかみむすひ》の神《かみ》の娘に、万幡豊秋津師比売《よろずはたとよあきづしひめ》が存在し、万幡豊秋津師比売は、忍穂耳《おしほみみ》の命《みこと》と結婚し、その間に生まれた邇邇芸《ににぎ》の命《みこと》が、皇室の祖先となる。

「台与《とよ》」と「豊《とよ》」の名の一致から、求めるとすれば、「台与」には、万幡豊秋津師比売をあてることが考えられる。台与が成人してのち、忍穂耳の命と結婚したとみられる。

天照大御神に、卑弥呼と台与の二人の女性をあてれば、皇統譜における代の数が、一つふえることになる。初代の天照大御神には、魏の明帝の時代の二三七年、二三八年から、斉王芳のころまでをあてるのが妥当であるということになる。

天の岩屋にかくれるまでの天照大御神は、自分一人で、行動していることになっているのに対し、天の岩屋以後では、天照大御神は、しばしば、高御産巣日の神とペアで行動し、あるいは、高御産巣日の神が、天照大御神をさしおいた形で、他の神々に、命令を下している。

このことは、高御産巣日の神が、おさない台与の後見人であったことを思わせる。

このことについては、拙著『卑弥呼の謎』(講談社現代新書)にくわしい。

大和朝廷の権力の源泉

大和朝廷、つまり、天皇家は、当初から、他の豪族に対して、ほとんど圧倒的に近い政治的権力をもっていた。

その力の源泉は、おもに、二つあった。

ひとつは、「血統」にもとづく伝統からくる力である。

中国の魏によって承認され、権威づけられた邪馬台国の後継勢力であり、宗教的、政治的な伝統をもつものが、古代から血の原理でつながっているということからくる力である。

貴種がもつ権威からくる力である。

大和朝廷のもつ力の、いまひとつの源泉は、その政治システムである。

「魏志倭人伝」に、倭人は「租賦を収む」と記されている。「租税をとる」というアイデアは、中国からきたものであろう。「租税をとる」ことによって、「国家」は、はじめて、部族国家の域を脱する。強力な「国家」といえるものとなる。「租税」によって、戦争にとくに適した屈強の若者たちを、「兵士」としてやとういうる。それらの「兵士」は、戦争だけに専念することができる。組織的な訓練をうけることとなる。「租税」によって、最新鋭の武器を購入することができる。最新鋭の武器をもち、組織的な訓練をうけた兵士によって、王朝を守らせることができる。支配地域を拡大させうる。

第二次世界大戦で、日本が戦争に負けてから、「戦争が好き」などというようなことは、言いにくいこととなった。

だが、いつの時代でも、野良仕事よりも戦争のほうが好きという若者は、一定数存在するのである。

名をあげ、身をたてるため、あるいは食べられない現状打破のため、戦争に参加しようとする若者たちがいるのである。

戦争は、負けると、じつにみじめであるが、勝てる戦争では、意気が昂揚するものなのである。

武力によって、支配地域の人民から、「租税」を収奪することができる。

また、一方、治水や灌漑などの土木工事をより大規模に行なうことができる。外国の新技術も導入し、農業生産力をあげることができる。

国立歴史民俗博物館の春成秀爾《はるなりひでじ》氏は、弥生時代の村という村には、ほとんど環濠が掘られ、土塁がめぐらされていたであろう、と推定している。

私も、邪馬台国時代ごろから、環濠や土塁がなくなりはじめるが、それまでは、おのおのの村に、環濠や土塁がめぐらされていたであろうと考える。

京都府峰山《みねやま》町の扇谷《おうぎたに》遺跡は、紀元前二世紀～三世紀ごろのものである。この遺跡では、環濠が二重にめぐらされていた。そこの土は、かこう岩の風化した岩のようなものであった。発掘調査で掘り起こすときも、二～三人がかりで、一日に一メートルしか掘れなかったという。

削岩機も、ツルハシももたずに、弥生人たちは、深さ四メートル、最大幅六メートル、のべ一キロメートルの環濠を掘っていた。

敵に襲われるのをふせぐためであったとみられる。

「租税」により、国家の武力が大きくなれば、環濠や土塁は、不要となる。

「租税」制度をもつ国家は、人々の生活を安定させ、より豊かにする。人口の自然増も大きくなる。支配地域そのものもひろげうる。

「租税」収入をより大きくし、武力を、すなわち、国家権力を、さらに大きくすることができる。

このようにして、国家権力の拡大再生産が可能となる。

アイヌは、最後まで、部族国家の域を脱しなかった。組織的な徴税システムをもたなかった。このような部族国家では、鮭《さけ》が川にのぼってくれば、戦争を放棄して、魚をとらなければならない。兵士は、日ごろは、生産に従事しており、戦争のプロではない。戦争のための組織的な訓練を、十分にうけているわけではない。

徴税システムをもつ「国家」と「部族国家」とが戦ったばあい、長い目でみると、「部族国家」に勝ち目はない。

大和朝廷は、徴税を行なうという、新機軸の国家システムによって、比較的短い期間で、日本列島を席巻していったとみられる。

「魏志倭人伝」は記している。

「其の（倭人）の俗、国の大人《たいじん》（身分の高い人）は、皆四、五（人）の婦《よめ》あり。下戸《げこ》（しもじもの家）は、あるいは、二、三（人）の婦あり。」

三世紀倭人の伝統を引くのであろう。『古事記』『日本書紀』によれば、天皇は、多くの妻《みめ》をもっている。そして、『古事記』『日本書紀』によれば、天皇家の子弟は、各地に派遣されている。

皇子たちは、中央からの武力をともなって各地におもむき、その地に権威者としてのぞみ、その地で徴税システムをつくり、大和朝廷のさらなる発展に寄与することとなるのである。

中国の漢および後漢では、王子が、しばしば、各地の王に封じられている。大和朝廷がとった方法も、それに近い。

そして、各地におもむいた皇子たちは、各地で組織された兵をひきいて、中央の政府にも参画し、新たな征服戦にものぞむのである。

徴税システムという新文化をうけいれたのは、九州のほうが、畿内よりも早かったはずである。朝鮮半島や中国に近く、また、南方原産の稲がはいったのも、九州のほうが早かったとみられるからである。

そして、徴税システムをさきにうけいれたがわのほうが、国を統一して行く権力になりやすかったはずである。

邪馬台国の後継勢力による国土統一戦争は、古代において長期間つづいた一大革命戦争であった。

「血統」の正しい支配者を上にいただいているという、「正義はわれにあり」とする理念と、新しい組織的国家をつくろうとする意欲と、徴税システムという新文化と、さらに武力とによって、国土を席巻して行く運動であった。

それは、十六世紀以降、ロシアが、コザックの騎兵を先にたて、地つづきで、シベリア方面に進出して行き、広大な土地を支配下におさめた運動とやや似ている。

すべての戦争には、大義名分が必要である。第二次大戦では、日本も、ドイツも、イタリアも、「正義」をかかげて戦った。ウクライナでの戦争でも、関係する各国は、みずからの「正義」をかかげて戦っている。

大義名分は、世論を味方にし、協力者を得やすくさせ、部下たちの士気を鼓舞する。

大義名分のない戦いは、孤立をまねき、部下たちを戦いにくくする。戦争では、他を殺し、自分も死ぬ可能性がある。「正義」という酒に酔っていなければ、なかなかできないところがある。

いかなる組織（集団）であれ、自分の属している組織の存在意義がはっきりしており、また、その組織のなかでの自分の存在意義がはっきりしているとき、成員は、強力な戦力を発揮する。古代においては、「血統」は、「正義」でありえたのである。

ロシアのばあいは、ツァーリズムという形で、君主権が強化された。わが国の古代のばあいは、天皇家中心主義という形で、君主権が強化、確立されて行った。

くりかえされる東遷、東征

考古学者の森浩一氏（一九二八〜二〇一三、同志社大学教授など）は、その著『敗者の古代史』（中経出版、二〇一三年刊）のなかでのべる（文章の一部に傍線を引き、その部分の文字を太字にしたのは安本。以下同じ）。

「饒速日命《にぎはやひのみこと》と長髄彦《ながすねひこ》は、記紀の『神武東遷』の説話に河内平野や奈良盆地の先住の支配者として登場する。神武軍に対して防戦の末、饒速日が舅《しゅうと》の長髄彦を殺して帰順するのが『日本書紀《にほんしょき》』の筋書きだが、金鵄《きんし》が神武軍に加勢するような戦いの記述は鵜《う》呑みにしがたい。

饒速日は物部《もののべ》氏の祖とされる。『先代旧事本紀《せんだいくじほんぎ》』の記事やゆかりの古社の存在からみて、**饒速日こそ北部九州から東遷を実行した人物であり**、その伝承を取り込んで神武東遷の逸話が成立したことがうかがえる。」

森浩一氏は、また、その著『日本神話の考古学』（朝日新聞社、一九九三年刊）のなかで、神武天皇の東遷について『古事記』『日本書紀』に記されている地形が、現在の地形と異なっており、現在から一八〇〇年～一六〇〇年ていど前の河内平野の古地形と合致していることをのべている。

「現在の地形では、瀬戸内海を東に進んで大阪湾に入ると、大阪港があり、あとは延々と陸地が続いて生駒山のふもとに至っているので、イワレ彦（安本注。神武天皇）の物語を読むさいに、イワレ彦の軍勢は船を降りて陸路をとり、クサカで大和の軍勢と戦った状況と思いがちである。だが物語のうえでは、そうではない。『記』では、ナニワ（浪速）の渡《わたし》を経てさらに船で進み、ナガスネ彦の軍勢と遭遇したとき、『船につんでいた盾を取り出したので、その地を盾津《たてつ》と呼んだ』という。」

「『記・紀』のいずれもが、今日の大阪市北部のあたりから、そのまま船に乗って生駒山麓に至ったと述べている共通点がある。このことは、これから述べる河内平野の地形復元の成果と一致しており、イワレ彦の物語は、少なくとも古地形と矛盾しない形で展開している。」

「逆に時代を追っていえば、河内湾の時代から河内潟の時代があり、ほぼ弥生時代以後は河内湖の時代が続き、古墳時代後期ごろには、湖から海への直接の出口がなくなって、江戸時代には深野池と呼ばれていたのである。」

「河内湖に集まるのは、近畿地方全体の三分の一くらいの面積が受ける雨水であるが、それを排出する海への出口は、先ほど述べたように上町《うえまち》台地によって狭められており、さらにこの部分に土砂が堆積しやすいから、川でいえば瀬の状態に近く、渇水の時期は別にして、『紀』が述べていたような急流となり、浪が速いという実感を与えたのであろう。『記・紀』が描くその情景は、明らかに現在の大阪湾のものではない。」

「このようにイワレ彦の物語は、河内平野の古地形に即して展開していることがわかる。これについては、『記・紀』の編者たちが古地形やそれについての伝承に留意すれば、このような描写も可能になるという見方も、当然生まれるであろう。だが、そう考えるになお一つの問題がある。河内平野の古地形の研究に精力的に取り組んだ梶山彦太郎、市原実の両氏は、古代の河内湖の時代をⅠとⅡに分けた。両者を分けるのは、大川《おおかわ》（淀川）の形成である。

今日、大阪市の中央を流れる大川は、自然の流路ではなく、人工的に掘削されたか、あるいはよほどの洪水のときに一時的に水の流出した跡を、人工的に水路として整えたものと推定されている。この大川の出現によって、河内湖の水が安定して大阪湾へ排出できるようになった。梶山・市原両氏が河内湖を前後の時期（Ⅰ期・Ⅱ期）に分けたのは、この大川の出現の重要性を考えたからである。

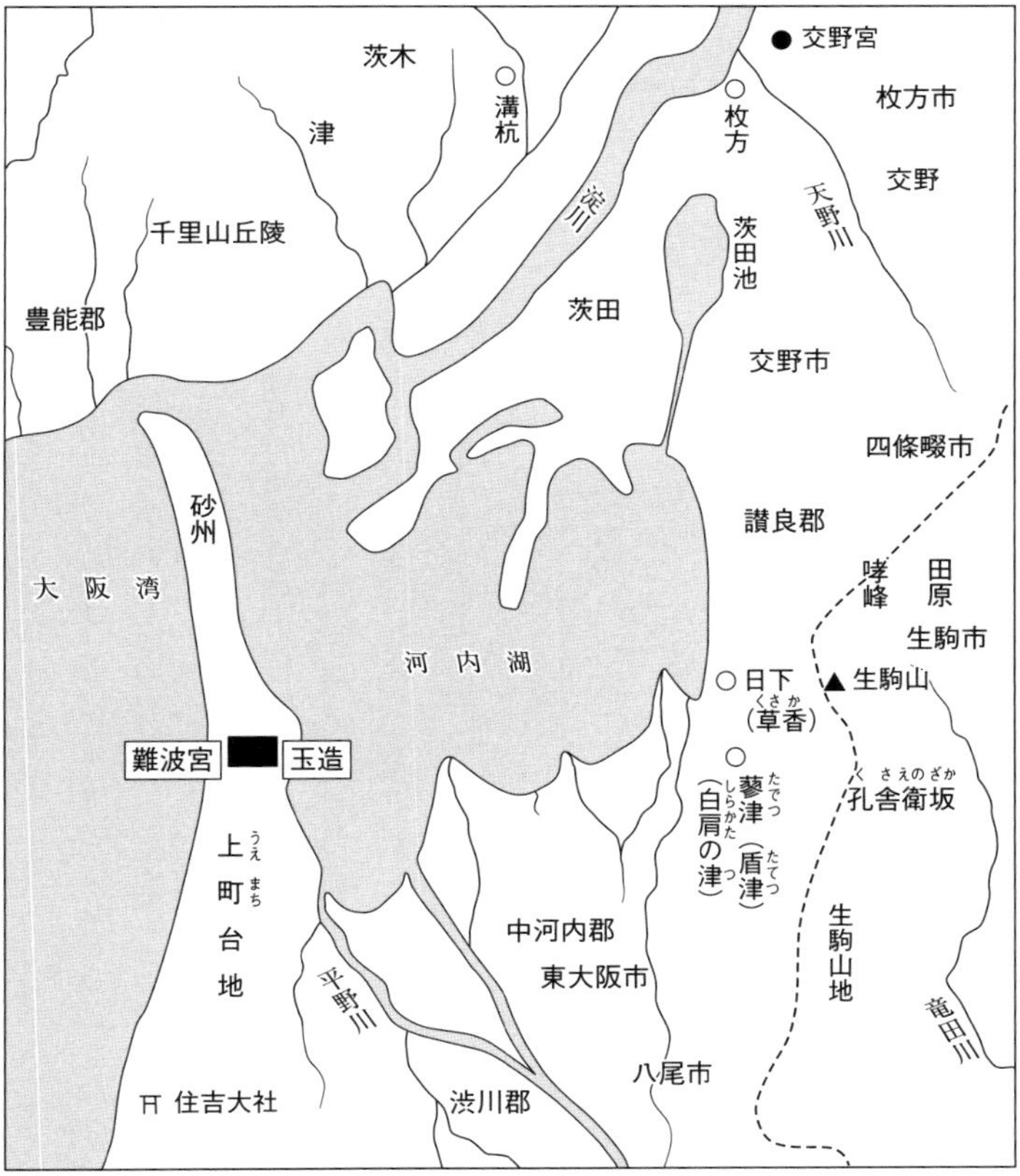

地図15　大阪平野に河内湖があった（約1800〜1600年前）

上町《うえまち》台地を東西に開削したこの工事は、両氏によって五〜六世紀ころにおこなわれたと推定されている。」

「イワレ彦の物語では、河内平野の古地形が十分に把握されているにもかかわらず、大川はまったくあらわれない。もしイワレ彦の東征の伝承があったのであれば、河内湖Ⅱの時期のものではなく、それ以前の地形で語られているとしなければならない。」

「町村合併で日下《くさか》町となる以前の孔舎衛《くさえ》村には日下集落があり、ここには縄文晩期と古墳時代中期などの遺物を出す日下貝塚がある。付近には弥生時代の鬼虎川《きとらがわ》遺跡、西ノ辻遺跡、鬼塚遺跡などが散在し、生駒山脈西麓での遺跡の集中地帯の一つである。また、東に山越えをして大和に至る道（直越《ただこえ》）の出発点であり、山麓の道を北にとると、継体大王の樟葉宮《くずはのみや》に至るなど、陸上交通の要地でもある。」

「『紀』で地名のあとに『邑《むら》』がついている場合、そこにはしばしば弥生時代か、その前後の大遺跡がある。つまり草香邑の場合も、架空の土地が物語の舞台になったのではなく、そこで物語が展開してもおかしくない土地が登場しているのである。」

なお、『日本書紀』の「神武天皇」の条では、「難波《なにわ》の碕《みさき》にいたったときに」と記している。「みさき」の「み」は接頭語で、「さき」は、海または湖に突きだした陸地の「さき」「はし」をさす。

247ページの地図15をもう一度ご覧いただきたい。上町《うえまち》台地のさきが、千里山丘陵の方向に突きでている砂州《さす》を碕《みさき》とよべば、かなり的確に記しているといえそうである。「みさき」には、「岬」「崎」などの文字があるが、『日本書紀』が「碕」の字を用いているのは、「山」の突きでたものではなく、「石」のあつまりの突きでたものである認識があったようにもみえる。

神武東征伝承については、それなりの伝承があり、細部までかなりくわしく伝えている部分もあるようにみえる。

『古事記』『日本書紀』の神武天皇に関する話は、つくり話とみなくても、自然に理解できるような状況が、存在したのである。

また、谷川健一《たにがわけんいち》氏（一九二一～二〇一三、『太陽』初代編集長、民俗学者、近畿大学教授など）は、その著『隠された物部王国「日本《ひのもと》」』（情報センター出版局、二〇〇八年刊）の中でのべる。

「『日本書紀』によりますと、神武が東征した先には、『饒速日《ニギハヤヒ》』と『長髄彦《ナガスネヒコ》』に率いられた強力な連合軍が待ち受けていました。彼らは河内・大和の先住豪族でした。」

「私は、東遷と降臨は大いに関係があると考えています。それが『日本書紀』や『旧事本紀』の神武東征説話のなかに反映されている。すなわち、神武帝の東征に先立ってニギハヤヒが『天磐船《あまねのいわふね》』に乗って国の中央に降臨したことを認めている。このニギハヤヒの東遷は、物部氏の東遷という史実を指しているものと私は受け取っております。物部氏の出身は、現在の福岡県直方市《のおがたし》、もしくは鞍手郡《くらてぐん》あたりのようです。」

「物部氏の（九州での）勢力の基盤と『邪馬台国』の領域とがほぼ重なりあっていることが、確認されるのです。」

古代史家の鳥越憲三郎氏（一九一四～二〇〇七、大阪教育大学教授など）も、その著、『弥生の王国』（中央公論社、中公新書、一九九四年刊）の中でのべている。

「物部一族はもと（福岡県の）鞍手郡を中心とした地域に居住し、そこから主力が河内・大和へ向けて移動したことが確かである。」

また、この本の「第1章」の29ページ以下で、東大の史料編纂所の所長をされた坂本太郎氏が、サンソム卿の『日本史』を好意的に紹介し、つぎのように記していることをのべた。

「神武東征、日本武尊の遠征などの物語は、こまかに委曲を叙述して、それが歴史事実の反映であることをみとめる。九州にあった邪馬台国の勢力が東に進んで、畿内の大和の勢力となった。その東遷の事実が、神武天皇東征の物語となって伝えられたというのである。」

このように、『古事記』『日本書紀』をよく読んだすくなからざる研究者たちが、饒速日の命や、神武天皇などの東遷伝承には、史実の核があるのをみとめている。しかるに、これまたすくなからざるおもに考古学の研究者たちが、「あれは、のちの時代に作られた話ですから」と、いまから百年まえの津田左右吉氏の説を玉条とし、頭から読んでみようとしないのは、残念なことである。

しかし、考古学だけでは、多くの個別事項を、バラバラのまま記載するに終り、まとまりのある話としての記述ができない。

「まとまりのある話」こそが、「歴史」なのである。

北部九州から各地への「天孫降臨」は、くりかえし行なわれているようにみえる。

出雲方面をみても、そもそも、『古事記』の伊邪那岐《いざなき》の命《みこと》と伊邪那美《いざなみ》の命《みこと》との話は、九州方面出身の男性と、出雲方面出身の女性とが結ばれた話のようにみえる。

伊邪那美の命は、出雲の国と伯耆《ほうき》の国とのさかいの比婆山《ひばやま》にほうむられたという。

伊邪那岐の命は、伊邪那美の命にあうために、黄泉《よみ》の国に行くが、追われて、九州方面へ逃げかえる。

伊邪那岐の命の子の須佐《すさ》の男《お》の命《みこと》は、亡《な》き母の国に行きたいといい、結局は、放逐されて出雲の国へ行く。

その後、出雲の国は、須佐の男の命の娘のむこの大国主《おおくにぬし》の命《みこと》の治める時代となるが、九州方面とみられる高天《たかま》の原《はら》からは、天《あめ》の菩比《ほひ》の命《みこと》、天《あめ》の若日子《わかひこ》、建御雷《たけみかづち》の命《みこと》などが、くりかえしつかわされ、国ゆずりの交渉が行なわれる。結局は、天の菩比の命が、出雲の国の国造《くにのみやつこ》の祖となっている。

畿内方面では、神武天皇よりもさきに、饒速日《にぎはやひ》の命《みこと》が、天降っていることは、『日本書紀』にみえる。また、大阪府方面では、天照大御神の子の天津彦根《あまつひこね》の命《みこと》が、凡河内《おおしこうち》の国造《くにのみやつこ》の祖となっている。天津彦根の命は、また、山代《やましろ》（山背、山城。京都府）の国造の祖でもある。天津彦根の命系の人が、畿内に天降っていることは、『先代旧事本紀』に記載がみえる。

また、北部九州とみられる高天の原から、南九州へは、天照大御神の孫の邇邇芸《ににぎ》の命《みこと》（瓊瓊杵の尊）が天降っている。邇邇芸の命には、「八《や》咫《た》の鏡《かがみ》」が与えられている。

『先代旧事本紀』は、天《あめ》の火《ほ》の明《あかり》の命《みこと》と饒速日の命とを同一の人とみなした上で、天の火の明の命の天孫降臨のさいに、天照大御神から、「瀛津《おきつ》鏡《かがみ》」と「辺津《へつ》鏡《かがみ》」とが与えられている。これらの鏡は、「八咫の鏡」と同じく、太陽の神、天照大御神の「霊代《たましろ》（霊《たましい》の代り。霊として、よりそうもの）」として与えられたものとみられる。

「辺津鏡」も、「息津鏡」も、「内行花文鏡」の一種である。同志社大学の教授であった考古学者の森浩一氏は、その著『日本神話の考古学』のなかで、つぎのようにのべている。

「天照大神がニニギノミコトに与えた言葉は、戦前には『天壌《てんじょう》無窮《むきゅう》の神勅』と教えられたものである。そのいわんとしているものを銅鏡の銘文の変遷に照合すると、『長宜子孫』または『大宜子孫』という句に集約することができる。

それと、説明を延ばしてきたけれども、中国では連弧文鏡と呼んでいる内行花文鏡の内行花文は、花の文様ではなく太陽の輝きをとらえた模様だと推定されており、天照大神そのものにふさわしい。八咫鏡の有力候補が内行花文鏡であるということに、私は知的興奮を覚える。」

また、「辺津鏡」は、「内行花文昭明鏡」であるが、その銘文中にみえる「昭」の字は、「てる」「てらす」の意味で、藤堂明保編の『学研漢和大字典』（学習研究社刊）で「昭」の字を引くと、「昭」と「照」とは、中国では、発音も意味も同じで、「昭」は、「照の原字」と説明されている。

つまり、「昭」は、「天照大御神」の「照」の字と一致している。また、「昭明鏡」の「明」の字は、「天《あめ》の火《ほ》の明《あかり》の命《みこと》」の「明」と一致している。さらに、「ほ（火）」ということばには、「秀《ほつ》真《ま》国《くに》（すぐれた国）」「真本《まほ》ろば（すぐれてよいところ）」などのように、「すぐれて」の意味がある。「火《ほ》の明《あかり》」「火明《ほあか》り」は「すぐれて明るい」の意味にもうけとれる。

「辺津鏡」の銘文じたいにも、「夫《それ》日月のごとし」と、太陽と結びつけた表現がある。

「内行花文昭明鏡」である「辺津鏡《へつかがみ》」と、「長宜子孫銘内行花文鏡」である「息津鏡《おきつかがみ》」とは、天照大御神が天の火の明の命に与える鏡として、きわめてふさわしい鏡を選んでいるといえる。

見かたによっては、天照大御神の本名は、『日本書紀』の記すように、「大日孁《おおひるめ》の貴《むち》（太陽である女性で、大いに尊貴な人）」で、天照大御神というのは、中国の魏王朝から与えられた「昭明鏡」の銘文に由来するよび名なのではないか、「天の火の明の命」の名も、「昭明鏡」に由来するのではないか、とさえ思える。

そして、「息津鏡」である「雲雷文長宜子孫銘内行花文鏡」にある「長宜子孫（長く子孫に宜《よ》ろし）」の銘は、森浩一氏ののべるように、『日本書紀』にある、つぎの「天壌無窮《てんじょうむきゅう》」の神勅と、意味のうえで通《かよ》いあうところがある。

「いまし皇孫《すめみま》、就《ゆ》きて治《しら》せ。さきくませ。宝祚《あまつひつぎ》の降《さか》えまさんこと、まさに天壌《あめつち》と窮《きはま》り無《な》けむ（なんじ皇孫よ、これから行ってこの国を治めなさい。行きなさい。天つ日嗣《ひつぎ》がさかえるであろうことは、天地とともに窮《きわま》ることがないであろう。）」

この予祝《よしゅく》のとおり、千数百年後の現在も、天皇家は、日本を代表しつづけている。

英語で、「ヒストリィ（history）」といえば、まず、「歴史」のことである。ただ、英語の「ヒストリィ」は、「物語」という意味ももっている。フランス語で、英語の「ヒストリィ」と語源を等しくすることばは「イストワール（histoire）」である。フランス語の「イストワール」は、おもに、「物語」という意味である。これらの言葉は、ギリシャ語やラテン語の「ヒストリア（historia）」からきている。

「ヒストリア」には、「歴史」の意味も、「物語」の意味もあった。

ドイツ語でも、「ゲシヒテ（Geschichte）」ということばは、「歴史」という意味でもあり、

「物語」という意味でもある。

「歴史」は、きちんとした根拠にもとづき、物語としての統一性をもっていなければならない。なぜ、天照大御神が、その孫の天の火の明の命に与えた鏡が、魏の時代のものとみてもおかしくない「中国鏡」であるのか。

それは、天照大御神とは、卑弥呼のことであり、卑弥呼は、中国の皇帝から、百枚の銅鏡を与えられていたからである。そう考えることによって、事態は、明瞭に説明できる。統一性をもった物語となる。

卑弥呼と天照大御神とは、ともに女性で、最高主権者的存在である。そして、活躍の推定年代も重なる。その上、このような二枚の鏡まで出現している。

鏡にうつる太陽のおもかげが、邪馬台国がどこにあったかなども、昭《て》（照）らし、明らかにしている。

母なる太陽が、天に輝き、地を照らし、日本の歴史を昭明しつづけている。

おわりに

新《ネオ》・神話史実主義《エウヘメリズム》の提唱

紀元前三〇〇年ごろに、シチリア島に生まれたとみられる神話学者、エウヘメロス（Euhēmeros）は、神話は、史実にもとづくとする説をたてた。

すなわち、ギリシャ神話の神々は、人間の男女の神話化したものと説いた。神々は、元来、地方の王または征服者、英雄などであったが、これらの人々に対する尊崇、感謝の念が、これらの人々を神にしたとする説（エウヘメリズム euhemerism）である。

エウヘメリズムは、新井白石の、「神は人なり」説に近いといえよう。

第二次世界大戦後のわが国では、津田左右吉流の立場から、神話と歴史とは峻別すべしということで、エウヘメリズムは、批判の対象とされることが多かった。しかし、エウヘメロスの考えは、シュリーマンの発掘によって、実証された部分があるともいいうる。ヘレニズム（ギリシャ精神）のなかから、もろもろの科学が芽ばえた。エウヘメリズムは、神話についての合理的説明をこころみたものとして、もう一度みなおされる必要がある。

そもそも、「事実」や「史実」の、神話化や伝説化は、古代においては、容易におきうることである。「史実」と「神話」の峻別は、原理的に不可能である。神話を捨てれば、それとともに史実も捨てることになりかねない。タライの水とともに、赤ん坊をも流し捨てることになりかねない。

現代でさえ、『古事記』『日本書紀』の神話は、後代の創作物で、史実をふくむとはみられない、というような、見方によっては、神話そのものが示している「内容」とずれたレッテルはりの解釈がひろく行なわれている。「神話」そのものについての、「内容」からずれた理解、すなわち、一種の「神話化」がみられるのである。神話化の要素を、すこしでも含むものは、すてるべし、という立場をとるならば、津田史学の全体も、またひとつの神話として、すてなければならなくなる。

「神話」は「史実」でない部分をふくむからといって、「神話」の全体をすてさるのではなく、どの部分が史実であるかを、ふるいわけ、とりだす技術をみがくことこそが重要である。

津田左右吉氏は、主として、『古事記』『日本書紀』の記述のあいだのくいちがい、あるいは、相互矛盾をとりあげ、そこから、**『古事記』『日本書紀』に記されている神話の最初の形は、第29代欽明《きんめい》天皇（在位五三九～五七一）の時代前後、すなわち、六世紀の中ごろまでに、大和朝廷の有力者により、皇室が日本を統治するいわれを正当化しようとする政治的意図にしたがって、つくりあげられたものである、と説いた。**（津田氏の著書『神代史の研究』（岩波書店、一九二四年刊））

しかし、わが国において、欽明天皇の時代までに、女性の天皇は、一例も存在しない。わが国最初の女帝は、第33代の推古天皇（在位五九三～六二八）。以後、合計八人、十代（二度天皇になった女性が、二人いる）。

中国でも、日本でも、欽明天皇の時代までに、女帝は、一人も、知られていない。

歴史上、中国唯一の女性皇帝は、唐の則天武后（高祖の皇后（六二三～七〇五、在位六八九～七〇五））だけである。

卑弥呼と天照大御神とは、考え方によっては、時代が合うというのは、偶然ではなかなか起きそうにないことである。

女王、すなわち、女性の最高主権者というのは、当時かなりめずらしい存在であった。創作するには、先例がなく思いつきにくいことである。

天照大御神が、のちに作られた神ならば、なんのために、女神にしなければならなかったのか。現代でさえ、日本で総理大臣になった女性はいない。

このことの説明が困難なため、津田左右吉氏は、江戸時代の山片蟠桃《やまがたばんとう》の説をうけつぎ、天照大御神は、本来は男性であったという説を説く。

しかし、『日本書紀』は、天照大神《あまてらすおおみかみ》を、素戔《すさ》の嗚《お》の尊《みこと》の「姉」と、はっきり、数回にわたり記している。「裳《も》（こしまきタイプのスカート）を身につけていたとも記している。また、天照大神が、「神衣《かむみそ》を織っていた」とも記す。はたおりは、女性の仕事である。

『古事記』では、天照大御神《あまてらすおおみかみ》が、須佐《すさ》の男《お》の命《みこと》を、「那勢《なせ》の命《みこと》」と呼んでいる。「なせ」は、女性が親《した》しい男性を呼ぶときの語である。服屋《はたや》で、神御衣《かむみそ》を織っていたことも記す。

「日本古典文学大系」の『日本書紀　上』（岩波書店刊）は、つぎのように記す。

「皇祖神（天照大神）は最初男性であったのを女帝推古天皇の代に女性に改めたのであるとする推測説が荻生徂徠・山片蟠桃の著書に見え、津田左右吉もその結論を支持しているが、この神の原始的な名称であったと思われる、オホヒルメノムチが女性を意味するとすれば、やはり最初から女性と考えられていたのであろう。」

天照大御神＝男性説こそ、山片蟠桃や津田左右吉氏によって創作された神話の類であるといえる。

第33代の女帝推古天皇（在位五九三～六二八）の時代といえば、大和朝廷の権威が、国内で確立している時期である。

そのような時代に、なんのために、南九州の日向から出発した天照大御神の子孫の神武天皇が、東征して大和朝廷をたてたというような、ややこみいった話を創作する必要があるのであろう。大和朝廷の権威を高めるためであれば、伊勢を皇室の発祥地とするなど、もっと簡明で説得的な話を、いくらでも作れるのではないか。

『日本書紀』成立の百年ほどまえに、そのような話をあらたに創作して、当時の貴族社会に広くうけいれられることは、可能であったのか。

山片蟠桃は、日本の神話は、つくられたものであり、神武天皇から仲哀天皇までの記録も、歴史的事実としては、信じられないことが多い、と説く。これは、津田左右吉氏の学説の骨格に、ほぼそのまま一致する。

しかし、津田左右吉氏の没後に発掘された埼玉県の稲荷山古墳出土の鉄剣銘に、「意冨比垝《おほびこ》」の名が記されていた。この「意冨比垝」は、『日本書紀』に、四道将軍のひとりとして活躍したとされる「大彦《おおびこ》の命《みこと》（『古事記』では、大毘古《おおびこ》の命《みこと》と記す）」とみられる。「大彦の命」は、第14代仲哀天皇より以前の第10代崇神天皇のころに活躍した人とされている。

『古事記』『日本書紀』の記す仲哀天皇以前の記事にみられる人物の実在性や史実性は、かなりあるのではないか。

公理主義と統計学

エウヘメロスと同じく、紀元前三〇〇年ごろ、アレクサンドレイアの数学者、ユークリッドは、『幾何学原論（ストイケイア）』をあらわした。これも、ギリシャ精神の重要な産物である。ユークリッドは、定義（用語の意味を正確に定める）、公理（自明な前提）、公準（仮定的な前提）をもとにして、すべての命題を証明していく体系的方法（公理的方法）を提示した。この方法は、その後、数学ばかりでなく諸科学をみちびくお手本となった。

ニュートンは、この幾何学の方法にならって、力学および宇宙論の研究を集大成し、『プリンキピア』をあらわした。

ドイツの数学者、ヒルベルト（一八六二～一九四三）以後の、現代の数学・科学分野では、議論の出発点となる前提（公理・仮説）は、明確に定義されたものであれば、かなり自由で大胆なものであってもよいとされる。自明な前提でなくてもよいとされる。そこからみちびきだされるものが、多くの事実やデータを、矛盾なく説明しうるものであるならば、もとの前提（仮説）をうけいれるべきであるとする（公理主義）。

私の年代論は、天照大御神以後の、神や天皇などの「代」の数だけ（続柄《つづきがら》などは別として）を、前提として考えれば、古代史についての、かなり矛盾をもたない大きな説明体系ができますよ、というものである。

現代、自然科学、社会科学、人文科学をとわず、「統計学」が、ひろく研究のための、基本的なツール、用語となっている。

京都大学大学院文学研究科准教授の大塚淳《おおつかじゅん》氏の手になる『統計学を哲学する』（名古屋大学出版会、二〇二〇年刊）という本がある。

大塚淳氏は、この本のなかでのべる。

「この本は何を目指しているのか。その目論見《もくろみ》を一言で表すとしたら、『データサイエンティストのための哲学入門、かつ哲学者のためのデータサイエンス入門』である。ここで、『データサイエンス』とは、機械学習研究のような特定の学問分野を指すのではなく、データに基づいて推論や判断を行う科学的／実践的活動全般を意図している。」

「現代において統計学は、与えられたデータから科学的な結論を導き出す装置として、特権的な役割を担っている。良かれ悪しかれ、『科学的に証明された』ということは、『適切な統計的処理によって結論にお墨付きが与えられた』ということとほとんど同義なこととして扱われている。しかしなぜ、統計学はこのような特権的な機能を果たしうる（あるいは少なくとも、果たすと期待されている）のだろうか。」

現代の統計学は、確率論を基礎とし、コンピュータによって計算力を獲得し、データから結論をうるためのアルゴリズム（計算約束）が、そうとうによくととのっている。「推論」が、機械的な計算によって行なわれるがゆえに、「推論」の客観性が保証される。

京都大学の教授であった西洋史家の会田雄次氏は、その著『合理主義』（講談社現代新書、一九六六年刊）のなかで記している。

「合理的なものの考え方をつきつめると、そこには、すべてのものを量において考え、質においては考えない、ということがあります。いっさいを量の変化において考え抜こうという精神です。」

現代では、野球や将棋や碁の勝率にしても、天気予報にしても、人口や農産物の量などの「もの」そのものの統計をとるよりも、「できごと」の回数の統計、ひろくいえば、「情報」についての統計をとることが多くなっている。

文献データにしても、考古学的データにしても、見方によっては、統計をとるべき対象は、山積している。それを処理する方法、道具もととのってきている。

現代の歴史研究において、統計的方法、データサイエンス的方法は、必須のものとなりつつある。

あとがき

この本を、亡き妻、玲子に捧げる。

昨年、二〇二三年の三月二十八日に、六〇年間、苦楽をともにした妻、玲子が、インフルエンザで急逝した。愕然とする出来ごとであった。私のほうが、先に逝《ゆ》くものとばかり思いこんでいた。

家の中のことは、妻にまかせきりであったので、茫然とした。

それから、もう一年たつ。

それぞれの人には、それぞれの生き方があり、それぞれの夫婦には、それぞれの行き方がある。

私たちにとって、私があなたに涙を捧げるよりも、とむらい合戦として本を書き、その本をあなたに捧げるほうが、ふさわしいであろう。そのほうが、きっとあなたも喜んでくれるであろう。

それで、この本を書き、あなたに捧げる。

嵐の日もあった。雨の日もあった。風の日もあった。いろいろ大変でしたね。ご苦労さま。長いあいだ、ほんとうにありがとう。深く感謝します。どうか、今は、静かに、安らかに、休んでください。冥福を祈る。

いっしょに、戦ってきた。その戦いのつみ重ねの上に、この本がある。

私があなたのところへ行くのも、そう遠くはない。

その日まで、私は、あなたの思い出とともに、なお、しばらくは、戦いつづけるつもりだ。

無理はしない。しかし、前へ進むつもりだ。

あなたは、気だてがよく、優しく、明るい人だったね。声が、とても、きれいだったね。

あなたは、よい夫にめぐまれたとは、いえなかったかもしれない。私は、あまりに粗野だったから。

そのうち、いっしょに旅行に行こうといっていたのも、はたせなかったね。

しかし、幸い、健康な、よい子、よい孫たちにめぐまれた。その点では、あなたも報われるところが、あったかもしれない。

「魏志倭人伝」は、記している。

「(倭人の葬式では、)喪主《そうしゅ》は哭泣《こっきゅう》するが、他の人は、歌い舞い、酒を飲む。」と。

『古事記』は、記している。

「(天照大御神が、天《あめ》の岩屋戸《いわやと》にこもったとき、) 天《あめ》の宇受売《うずめ》の命《みこと》は歌舞をし、高天《たかま》の原《はら》は動《とよ》み、八百万《やおよろず》の神々は、ともに笑《わら》った。」と。

私の太陽は、岩屋戸にこもった。私は、ひとり、筆硯《ひっけん》の舞をし、太陽復活の物語を書いた。

私の太陽も、復活して欲しいとの、願いをこめて。

孫娘たちが、ときおり、わが家の仕事を手つだうためにおとずれてくれる。

孫娘たちの中に、わが太陽のおもかげを見る。

日は、また、昇る。とにかく、前へ、進もう。やるべきことを行なおう。

末筆となってしまったが、このような本に、出版の機会を与えられた中央公論新社と、刊行にあたって多大のお力ぞえをいただいた同社書籍編集局の藤平歩氏とに、深甚の謝意を表する。

付表1　わが国における「昭明鏡」の出土地

番号	鏡種	出土遺跡	出土地名	面径(cm)	時期	中国製鏡か、倭製鏡か	備考	出典ページ
1	連弧文昭明鏡	宝満尾遺跡4号土壙墓	福岡県福岡市博多区下月隈字宝満尾250他	10.6	弥生後期（土壙墓）	中国鏡	「内而青而以而召而明而光而夫而日而」銘	①-P364 ③-P90
2	連弧文昭明鏡	東小田峯遺跡	福岡県朝倉郡筑前町東小田字峯	9.0	弥生中期（甕棺）	中国鏡	銘文あり（不明）	①-P394 ③-P90
3	連弧文昭明鏡	伊田字鉄砲町	福岡県田川市伊田字鉄砲町	不明	不明（箱式石棺墓）	中国鏡	「内而清而以昭而明光而夫□□之月而」	①-P408 ③-P90
4	連弧文昭明鏡（2号鏡）	三雲遺跡南小路地区	福岡県糸島市三雲字南小路	8.3	弥生中期（墳墓、甕棺）	中国鏡	「内而清而以而昭而明光而…」	①-P348 ②-P366
5	連弧文昭明鏡（3号鏡）	〃	〃	8.3	〃	中国鏡	「…而…清…」	①-P348
6	連弧文昭明鏡（4号鏡）	〃	〃	8.0	〃	中国鏡	「…昭而明光而…」	①-P348
7	連弧文昭明鏡（5号鏡）	〃	〃	6.2	〃	中国鏡	「…内而…夫…」	①-P348
8	連弧文昭明鏡（6号鏡）	〃	〃	11.4	〃	中国鏡	「…月…」	①-P348
9	重圏昭明鏡	隈・西小田遺跡第13地点（第23号甕棺墓）	福岡県筑紫野市西小田	9.9	弥生中期（墳墓、大形甕棺）	中国鏡	「内青質以昭明　光夫日　心忽揚而願忠壅塞而不泄」	①-P366 ②-P364
10	重圏昭明鏡	立岩遺跡（10号甕棺）	福岡県飯塚市立岩	15.9	弥生中期（墳墓、甕棺）	中国鏡	「内清質以昭明　光輝象夫夫日月　心忽揚而願忠　然壅塞而不泄」	①-P384
11	重圏昭明鏡	立岩遺跡（28号甕棺）	福岡県飯塚市立岩	9.8	弥生中期（墳墓、甕棺）	中国鏡	「内清質以昭明　光輝象夫日　心忽揚而願忠　然塞而不泄」	①-P384

参考	連弧文昭明鏡？	須玖岡本遺跡D地点	福岡県春日市岡本5丁目	破片	弥生中期（墳墓）	中国鏡	「…内清…」	①-P372 ②-P365 ③-P90
参考	連弧文昭明鏡？	須玖岡本遺跡D地点	〃	破片	〃	中国鏡	「…而以…之…」	①-P372 ②-P365 ③-P90
参考	連弧文銘帯鏡	（伝）北九州	（伝）北九州	7.1	不明	中国鏡	「内而清而以而昭而明而光而象夫而日而月」	①-P412
12	連弧文昭明鏡	六の幡遺跡29号甕棺墓	佐賀県三養基郡みやき町白壁字六の幡	11.9	弥生中～後期（甕棺）	中国鏡	「内清之以昭明　光而象夫日月　光忽壅塞而不」	①-P412
13	連弧文昭明鏡	二塚山遺跡76号甕棺墓	佐賀県神埼郡吉野ヶ里町大曲字東山	9.2	弥生中期（甕棺）	中国鏡	「内而青而以召明而光而象夫而日月而不」	①-P414 ②-P366 ③-P90
14	連弧文昭明鏡	三津永田遺跡石蓋甕棺墓	佐賀県神埼郡吉野ヶ里町三津字永田・西ノ田	9.0	弥生中期（石蓋甕棺）	中国鏡	「内而青而以召而明而光而夫而日」	①-P416 ③-P90
15	連弧文昭明鏡	石動四本松遺跡SJ032甕棺墓	佐賀県神埼郡吉野ヶ里町石動字四本松	12.6	弥生後期（木蓋甕棺）	中国鏡	「内而青而以而昭而明而　光而象而日而月而夫」	①-P416 ②-P366
16	連弧文昭明鏡	椛島山遺跡	佐賀県武雄市北町芦原字西平・東平・北平	10.3	弥生（墳墓、箱形石棺）	中国鏡	「内而清而以而質而昭而明而　光而日而月而夫而」	①-P432 ②-P366 ③-P90
17	連弧文昭明鏡	上志波屋遺跡箱形石棺	佐賀県神埼市神埼町志波屋	9.6	弥生（墳墓、箱形石棺）	中国鏡	「内而青而以召明　光而象夫而日之月而不□」	①-P418 ③-P90
18	連弧文銘帯鏡	原の辻遺跡石田大原344-A・B地区	長崎県壱岐市芦辺町深江鶴亀触・壱岐市石田町石田西触	8.8	弥生	中国鏡	「内…　光而象夫而日之月心□」	①-P438

参考	連弧文昭明鏡	(伝) エーガ崎遺跡	(伝) 長崎県対馬市峰町佐賀字内田ノ浦	12.5	弥生（箱形石棺）	中国鏡	「…明而　光而□而夫而日而月而之而不而□□」	①-P434 ③-P90
参考	連弧文昭明鏡	鴨居瀬古墳	(伝) 長崎県対馬市美津島町鴨居瀬	完形	不明（古墳）	踏みかえし鏡	「内而清而以而昭而明□而　光而日而月而」	①-P436
19	連弧文昭明鏡	宮地遺跡群	熊本県熊本市南区城南町宮地	破片	弥生後期	中国鏡		①-P450
参考	連弧文昭明鏡	熊野神社蔵鏡	（宮崎県）	14.5	不明	踏みかえし鏡	「内而清而以昭而明而光而夫之日之月□」	①-P478
20	連弧文昭明鏡	国森古墳	山口県熊毛郡田布施町川西字大力	9.1	古墳前期（古墳）	中国鏡	「内□□□□□□□□□□□　光而夫而日而月而」	①-P312
21	連弧文昭明鏡	中出勝負峠８号鏡	広島県山県郡北広島町壬生字西谷500	16.3	弥生後期（土壙墓）	中国鏡	「内而□而□而□而召而明而　光而□而日而月而」	①-P304 ③-P90
参考	連弧文昭明鏡	籠神社海部家伝世品	（京都府宮津市字大垣）	9.5		中国鏡	「内而清質以而昭而明而光而夫而日而月」	①-P164 ③-P90
参考	連弧文銘帯鏡	(伝) 原田山古墳	(伝) 三重県松阪市嬉野上野町	10.6	古墳（円墳）	中国鏡	「内而清而以而昭而明而　光而夫而日而月而」	①-P118
22	連弧文昭明鏡	花野谷１号墳	福井県福井市岡保	10.1	古墳前期（円墳）	中国鏡	「内而青而質而以而召而明而　光而象而夫而日而月而」	①-P56

出典：①下垣仁志著『日本列島出土鏡集成』（同成社、2016年刊）。
②井上洋一・森田稔編『考古資料大観 第６巻 弥生・古墳時代 青銅・ガラス製品』（小学館、2003年刊）。
③海部光彦編著『元伊勢の秘宝と国宝海部氏系図』（元伊勢籠神社社務所、1988年刊）。

付表２　「雲雷文内行花文鏡」の出土地（福岡県）

番号	出土遺跡	出土地名	面径（cm）	時期	中国製鏡か、倭製鏡か	備考	出典ページ
1	平原墳墓	福岡県糸島市有田１番地他	46.5	弥生末期（方形周溝墓）	中国鏡	10号鏡	①-図版10 ③-P352
2	平原墳墓	〃	46.4	〃	中国鏡	11号鏡	①-図版11 ③-P352
3	平原墳墓	〃	46.5	〃	中国鏡	12号鏡	①-図版12 ③-P352
4	平原墳墓	〃	46.5	〃	中国鏡	13号鏡	①-図版13 ③-P352
5	平原墳墓	〃	46.5	〃	中国鏡	14号鏡	①-図版14 ③-P352
6	平原墳墓	〃	27.1	〃	中国鏡	15号鏡　「大冝子孫」銘	①-図版15 ③-P352
7	平原墳墓	〃	18.8	〃	中国鏡	16号鏡　「長冝子孫」銘	①-図版16 ③-P352
8	三雲イフ遺跡	福岡県糸島市三雲イフ	破片	弥生末期（箱式石棺）	中国鏡		②-P84 ③-P348
9	一貴山銚子塚古墳	福岡県糸島市二丈田中字大塚	21.7	古墳前期（前方後円墳、竪穴式石室）	中国鏡	「長冝子孫」銘	②-P93 ③-P344 ④-10
10	本林崎古墳	福岡県糸島市本林崎	17.3	古墳前期（前方後円墳）	中国鏡		②-P96 ③-P356
11	井田原開古墳	福岡県糸島市志摩井田原152番地他	13.7	古墳中期（前方後円墳）	中国鏡		②-P101 ③-P342

12	飯氏馬場遺跡３号石棺墓	福岡県福岡市西区飯氏字馬場	7.9	弥生後期（箱式石棺）	倭鏡		②-P104 ③-P356
13	野多目前田遺跡	福岡県福岡市南区野多目字前田・古屋敷	18.1	中世（満）	中国鏡		②-P119 ③-P362
14	曰佐原《おさばる》遺跡	福岡県福岡市南区曰佐原	13.5	弥生後期（石蓋土壙墓）	中国鏡		②-P132 ③-P362
15	御陵古墳群（御陵６号墳）	福岡県大野城市字御陵	約13	古墳前期（組合式木棺直葬）	中国鏡	「長□□孫」銘	②-P156 ③-P364
16	笹原遺跡	嘉穂市笹原	12.5	弥生中～後期（箱式石棺）	中国鏡	「長宜子孫」銘	②-P203 ③-P386
17	伊加里石棺墓	福岡県田川市伊田字伊加里822	18.4	箱式石棺	中国鏡	「長宜子孫」銘	②-P214 ③-P408 ④-P13
18	宮原遺跡	福岡県田川郡香春町採銅所	19.5	弥生後期終末（箱式石棺）	中国鏡	「長生宜子」銘	②-P219 ③-P410
19	宮原遺跡	〃	12.3	弥生後期終末（箱式石棺）	中国鏡		②-P218 ③-P410
20	上所田石蓋土壙墓	福岡県京都郡みやこ町勝山箕田字上所田	18.5	弥生後期（石蓋土壙墓）	中国鏡	「長□□孫」銘	②-P240 ③-P404

出典：①『平原遺跡』（前原市教育委員会、2000年刊）
②『倭人と鏡　第２分冊』（埋蔵文化財研究会、1994年刊）
③下垣仁志著『日本列島出土鏡集成』（同成社、2016年刊）
④『古鏡総覧Ⅱ』（奈良県立橿原考古学研究所編、学生社、2006年刊）

付表３　「雲雷文内行花文鏡」の出土地（奈良県）

番号	出土遺跡	出土地名	面径(cm)	時期	中国製鏡か、倭製鏡か	備考	出典ページ
1	古市方形墳（東槨）	奈良県奈良市古市町車塚	19.1	古墳前期（方墳）	中国鏡	「長宜子孫」銘	①-P91 ③-P216
2	竹林寺古墳	奈良県生駒市有里町文珠山	不明	古墳前期（前方後円墳）	中国鏡	「長□子孫」銘	①-P93 ③-P220
3	小泉大塚古墳	奈良県大和郡山市小泉町大塚1701	19.8	古墳前期（前方後円墳、竪穴式石槨）	中国鏡	「長宜子孫」銘	①-P94 ②-P12 ③-P222
4	小泉大塚古墳	〃	15.0	〃	中国鏡		①-P95 ③-P222
5	大和天神山古墳	奈良県天理市柳本町天神	19.7	古墳前期（前方後円墳、竪穴式石槨）	中国鏡	「長□子□」銘	①-P105 ③-P222
6	大和天神山古墳	〃	20.4	〃	中国鏡	「長□子孫」銘	①-P105 ③-P222
7	大和天神山古墳	〃	15.4	〃	中国鏡	「長宜□□」銘	①-P108 ③-P222
8	大和天神山古墳	〃	23.8	〃	中国鏡	「長宜子孫」銘	①-P109 ③-P224
9	柳本大塚古墳	天理市柳本町大塚	39.7	古墳前期（前方後円墳）	倭鏡		②-P139 ③-P222
10	下池山古墳	天理市成願寺町川下り	37.6	古墳前期（前方後円墳）	倭鏡		②-P140 ③-P228
11	新沢500号墳	奈良県橿原市一町東常門字茶臼	15.3	古墳前期（前方後円墳）	中国鏡		①-P102 ③-P238

12	新沢500号墳	〃	17.9	〃	倭鏡		②-P160 ③-P238
13	新沢500号墳	〃	16.2	〃			②-P106
14	池ノ内１号墳	奈良県桜井市池之内字大福山	11.7	古墳前期（円墳、割竹形木棺直葬）	中国鏡		②-P22 ③-P234
15	新山古墳	奈良県北葛城郡広陵町大塚	16.2	古墳前期（前方後円墳、竪穴式石室）	倭鏡		②-P165 ③-P246
16	新山古墳	〃	16.5	〃	倭鏡		②-P166 ③-P246
17	新山古墳	〃	16.7	〃	倭鏡		②-P167 ③-P246
18	新山古墳	〃	16.5	〃	倭鏡		②-P168 ③-P246
19	新山古墳	〃	16.2	〃	倭鏡		②-P169 ③-P246
20	新山古墳	〃	16.2	〃	倭鏡		②-P170 ③-P246
21	新山古墳	〃	16.3	〃	倭鏡		②-P171 ③-P246
22	新山古墳	〃	16.5	〃	倭鏡		②-P172 ③-P246
23	新山古墳	〃	16.2	〃	倭鏡		②-P173 ③-P246
24	新山古墳	〃	16.5	〃	倭鏡		②-P174 ③-P246

25	新山古墳	〃	16.7	〃	倭鏡		②-P175 ③-P246
26	新山古墳	〃	16.7	〃	倭鏡		②-P176 ③-P246
27	新山古墳	〃	17.0	〃	倭鏡		②-P177 ③-P246
参考	(伝) ホケノ山古墳	奈良県桜井市箸中636	23.2	古墳時代前期（前方後円墳）	中国鏡	「長宜子孫」銘	①-P117 ③-P230
参考	(伝) 山辺郡		19.2	不明			①-P120

出典：①『倭人と鏡　第１分冊』（埋蔵文化財研究会、1994年刊）
②『古鏡総覧Ⅱ』（奈良県立橿原考古学研究所編、学生社、2006年刊）
③下垣仁志著『日本列島出土鏡集成』（同成社、2016年刊）

付表４　「雲雷文内行花文鏡」の出土地（福岡県、奈良県以外の府県）

番号	出土遺跡	出土地名	面径（cm）	時期	中国製鏡か、倭製鏡か	備考	出典ページ
1	坊所一本谷遺跡	佐賀県三養基郡上峰町坊所字一本谷	17.0	弥生（箱式石棺）	中国鏡	「長宜子孫」銘	②-P288 ⑤-P412
2	二塚山遺跡26号土壙墓	佐賀県神埼郡吉野ヶ里町大曲字東山	15.6（復元径）	弥生（土壙墓）	中国鏡		②-P298 ⑤-P414
3	三津西遺跡	佐賀県神埼郡吉野ヶ里町三津字永田	15.4	不明（表面採集）	中国鏡		②-P310 ⑤-P416
4	南角遺跡（大曲）	佐賀県神埼郡吉野ヶ里町吉田字南角	14.6	弥生後期後半～終末（土壙墓）	中国鏡		②-P311 ⑤-P416
5	柴尾橋下流遺跡	佐賀県佐賀市蓮池町古賀字四本松	14.5	弥生時代後期終末	中国鏡		②-P324 ②-P420
6	桜馬場遺跡	佐賀県唐津市桜馬場	18.5	弥生後期（甕棺の副葬品か？）	中国鏡	「長□子孫」銘	②-P348 ⑤-P426
7	戸坂遺跡	熊本県熊本市西区戸坂町北原	約15（復元径）	弥生終末期	中国鏡		②-P360 ⑤-P448
8	向野田古墳	熊本県宇土市松山町向野田	17.0	古墳前期（前方後円墳、竪穴式石槨）	中国鏡	「長宜子孫」銘	②-P365 ⑤-P452
9	持田38号墳	宮崎県児湯郡高鍋町持田字田中	15.4	古墳期（前方後円墳、竪穴式石槨？）	中国鏡		①-P399 ⑤-P468
10	桂見２号墳（第１主体部）	鳥取県鳥取市桂見字下地谷	20.2	古墳前期（方墳）	中国鏡	「長宜子孫」銘	①-P281 ③-P262
11	西影山74号墳	鳥取県鳥取市正蓮寺字子丸山	16.0	古墳中期（方墳）	中国鏡	「□□子□」銘	①-P283 ⑤-P262

12	壬生西谷遺跡	広島県山県郡北広島町壬生字西谷500	16.3	弥生後期終末	中国鏡		②-P450 ⑤-P304
13	竹田妙見山古墳	岡山県苫田郡鏡野町竹田字妙見	19.0	古墳前期	中国鏡		②-P478 ⑤-P302
14	湯迫車塚古墳	岡山市中区四御神・湯迫	19.4	古墳前期（前方後円墳、竪穴式石槨）	中国鏡	「長生宜子」銘	②-P504 ⑤-P290
15	花光寺山古墳	岡山県瀬戸内市長船町服部	24.5	古墳前期（前方後円墳）	中国鏡	「長宜子孫」銘	②-P506 ③-P 6 ⑤-P298
16	鶴山丸山古墳（1号鏡）	岡山県備前市畠田	27.1	古墳前期（円墳、竪穴式石槨）	倭鏡		③-P142 ⑤-P296
17	鶴山丸山古墳（2号鏡）	〃	20.8	〃	倭鏡		③-P143 ⑤-P296
18	鶴山丸山古墳（3号鏡）	〃	20.6	〃	倭鏡		⑤-P296
19	鶴山丸山古墳（4号鏡）	〃	20.8	〃	倭鏡		⑤-P296
20	鶴山丸山古墳（5号鏡）	〃	14.9	〃	倭鏡		⑤-P296
21	鶴山丸山古墳（6号鏡）	〃	17.3	〃	倭鏡		⑤-P296
22	池田山古墳	兵庫県尼崎市塚口町６丁目	18.1	古墳前期（前方後円墳、竪穴式石室）	中国鏡		①-P256 ④-P88 ⑤-P194
23	播磨大中遺跡	兵庫県加古郡播磨町大中	破片	弥生後期後半（住居跡）	中国鏡		①-P192 ④-P198

24	西条52号墳	兵庫県加古川市神野町西条	18.4	弥生後期後半（前方後円形墳墓、竪穴式石槨）	中国鏡	「□宜□□」銘	①-P194 ⑤-P198
25	長慶寺山１号墳	兵庫県加古川市上荘町薬栗	21.0	古墳前期（前方後円墳、竪穴式石槨）	中国鏡	「長宜子孫」銘	①-P200 ⑤-P198
26	岩見北山１号墳	兵庫県たつの市御津町岩見	19.4	古墳前期（円墳、竪穴式石槨）	中国鏡	「長生宜子」銘	①-P199 ⑤-P202
27	吉島古墳	兵庫県たつの市新宮町吉島字新山	19.5	古墳前期（前方後円墳、竪穴式石槨）	中国鏡	「□宜□□」銘	③-P11 ⑤-P204
28	吉田南遺跡	兵庫県神戸市西区玉津町枝吉	約19（推定）	弥生末期（庄内期、竪穴住居址）	中国鏡	「□□子□」銘	①-P229 ⑤-P194
29	板橋得能山古墳	兵庫県神戸市須磨区板宿町３丁目	15.4	古墳前期（円墳、竪穴式石槨）	中国鏡	「長宜子孫」？	①-P233 ⑤-P192
30	阿保親王塚古墳	兵庫県芦屋市翠ヶ丘町	16.4	古墳前期（円墳）	中国鏡	「□宜子□」銘	①-P252 ⑤-P196
31	瓜破遺跡	大阪市平野区瓜破	破片	古墳時代前期（方形周溝墓上の遺物包含層）	中国鏡		①-P160 ⑤-P176
32	八幡東車塚古墳	京都府八幡市八幡女郎花	22.3	古墳前期（前方後円墳）	中国鏡	「長宜子孫」銘	③-P７ ⑤-P156
33	椿井大塚山古墳	京都府木津川市山城町椿井字三階	27.8	古墳前期（前方後円墳、竪穴式石槨）	中国鏡	「長宜子孫」銘	①-P477 ③-P８ ⑤-P160
34	椿井大塚山古墳	〃	破片	〃	中国鏡		①-P476 ⑤-P162
35	三本柿ノ塚古墳	京都府相楽郡和束町門前44	13.9	古墳中期	倭鏡		①-P480 ③-P162 ⑤-P164

参考	（伝）山城南部出土		19.6				③-P14
参考	（伝）山城南部出土		18				①-P485
参考	（伝）山城南部出土		17				①-P484
36	円満寺古墳	和歌山県有田市宮原町東	17.3	古墳	中国鏡	「長生宜子」銘	①-P85 ⑤-P260
37	円満寺古墳	〃	19.0	〃	中国鏡		①-P86 ⑤-P260
38	清生茶臼山古墳	三重県松坂市清生町茶臼山	20.3	古墳前期（円墳）	中国鏡	「□宜子孫」銘	④-P88 ⑤-P118
39	瑞竜寺山山頂遺跡	岐阜県岐阜市上加納山	22.1	弥生後期（土壙墓）	中国鏡		①-P492 ⑤-P80
40	長塚古墳	岐阜県大垣市赤坂町矢道1丁目	18.1	古墳前期（前方後円墳）	倭鏡		①-P499 ③-P161 ⑤-P75
41	宇津木古墳	愛知県豊田市花本町宇津木107	15.9	古墳前期（前方後方墳）	中国鏡		①-P62 ⑤-P114
42	松林山古墳	静岡県磐田市鎌田	28.7	古墳前期（前方後円墳、竪穴式石槨）	倭鏡		①-P48 ③-P141 ⑤-P92 ⑥-P116
43	松林山古墳	〃	22.7	〃	中国鏡	「長宜子孫」銘	①-P49 ③-P 9 ⑤-P92 ⑥-P115

44	東坂古墳	静岡県富士市比奈字大坂上	17.4	古墳前期（前方後円墳）	倭鏡		⑤-P104 ⑥-P125
45	薬師堂山古墳	静岡県磐田市東貝塚字西原	15.8	古墳中期（前方後円墳、木棺直葬？）	中国鏡	「位至三公」銘	①-P50 ⑤-P92
46	国分山A墳	富山県高岡市伏木国分字岩崎	10.9	古墳（円墳）	倭鏡		①-P73 ⑤-P50
47	甲斐銚子塚古墳（中道銚子塚古墳）	山梨県甲府市下曽根町字山本	19.8	古墳前期（前方後円墳、竪穴式石室）	中国鏡	「長宜子孫」「寿如金石」銘	③-P15 ⑤-P60 ⑥-P129
48	軍配山古墳	群馬県佐波郡玉村町角淵字下ノ手606	13.2	古墳前期（円墳）	中国鏡		①-P362 ③-P17 ⑤-P24

出典：①『倭人と鏡　第1分冊』（埋蔵文化財研究会、1994年刊）
②『倭人と鏡　第2分冊』（埋蔵文化財研究会、1994年刊）
③『古鏡総覧Ⅱ』（奈良県立橿原考古学研究所編、学生社、2006年刊）
④『元伊勢の秘宝と国宝海部氏系図』（元伊勢籠神社社務所、1988年刊）
⑤下垣仁志著『日本列島出土鏡集成』（同成社、2016年刊）
⑥『倭人と鏡　その2』（埋蔵文化財研究会、1994年刊）

付表５　多鈕細文鏡の出土地

番号	遺跡名	所在地	面径	出土遺構	状態	出土年	備考
1	小郡《おごおり》若山遺跡	福岡県小郡《おごおり》市《し》小郡字若山	15.3	小さな穴	完形		１号鏡。弥生時代中期前半の土坑。
2	小郡《おごおり》若山遺跡	福岡県小郡《おごおり》市《し》小郡字若山	16.0	小さな穴	完形		２号鏡。弥生時代中期前半の土坑。
3	吉武高木遺跡	福岡県福岡市西区大字吉武字高木遺跡、３号木棺墓	11.1	大人用の甕棺墓	完形	1983年	銘文なし。弥生前期末〜中期後半。
4	本村籠《ほんそんごもり》遺跡	佐賀市大和《やまと》町《ちょう》大字池上字善光寺	10.6	大人用の甕棺墓	ヒビ	1990年	弥生時代中期初頭。
5	宇木汲田《うきくんでん》遺跡	佐賀県唐津市大字宇木字汲田	10.3	大人用の甕棺墓（第12号甕棺）	完形	1957年	細形銅剣。紀元前２世紀。
6	増田遺跡	佐賀県佐賀市鍋島町	10cm前後	不明	欠片	不明	甕棺に細片として。弥生時代前期末。
7	原《はる》の辻《つじ》遺跡	長崎県壱岐市石田町《ちょう》石田西触《にしふれ》	不明	不明	欠片	2002年	細形銅剣の破片９点。弥生前期末〜中期前半。
8	里田原遺跡	長崎県平戸市田平町　荻の下地区	8.9	甕棺内	上部欠損	2000年	半円形（かまぼこ型）小壺（城ノ越式）が共伴遺物。弥生中期初頭。
9	梶栗浜《かじくりはま》遺跡	山口県下関市富任字久保	8.8	大人用の石棺墓	欠損	1913年	銘文なし。弥生時代前期〜中期。
10	大県《おおあがた》遺跡（高尾山遺跡？）	大阪府柏原市大県《おおあがた》	21.7	不明（穴）？	完形	1924年	東京国立博物館蔵。弥生時代前期〜中期。
11	名柄《ながら》遺跡	奈良県御所市《ごせし》名柄字古大張（宇田中）	15.6	土壙（穴）	完形	1918年	外縁付鈕Ⅱ式銅鐸。弥生時代前期〜後期。
12	社宮司遺跡	長野県佐久市野沢大字原字者宮司	24.2	不明	破片		ペンダントに加工。断片を再利用。弥生中期。

装幀　中央公論新社デザイン室
図版　ケー・アイ・プランニング

安本美典

1934年、中国東北部（旧満洲）生まれ。京都大学文学部卒業。文学博士。産業能率大学教授を経て、現在、古代史研究に専念。『季刊 邪馬台国』編集顧問。専攻は、日本古代史、数理歴史学、数理言語学、文章心理学。主な著書に、『神武東遷』『卑弥呼の謎』『倭の五王の謎』『邪馬台国への道』『数理歴史学』『研究史 邪馬台国の東遷』『日本の建国』『データサイエンスが解く邪馬台国』『日本語の誕生』『日本語の成立』などがある。月に一度、「邪馬台国の会」主催で、著者の講演会を開催している。
「邪馬台国の会」ホームページ
https://yamataikokunokai.com/

「卑弥呼《ひみこ》の鏡《かがみ》」が解《と》く邪馬台国《やまたいこく》

2024年5月10日　初版発行

著　者　安本《やすもと》美典《びてん》

発行者　安部順一

発行所　中央公論新社
〒100-8152　東京都千代田区大手町1-7-1
電話　販売 03-5299-1730　編集 03-5299-1740
URL https://www.chuko.co.jp/

DTP　ハンズ・ミケ
印　刷　図書印刷
製　本　大口製本印刷

Published by CHUOKORON-SHINSHA, INC.
Printed in Japan　ISBN978-4-12-005782-3 C0021